巴蜀文化论集

主　编　袁　莎
副主编　王斌元　夏晓华

中国大百科全书出版社

图书在版编目（CIP）数据

巴蜀文化论集 / 袁莎主编 . -- 北京：中国大百科全书出版社，2022. 9

ISBN 978-7-5202-1207-6

Ⅰ. ①巴… Ⅱ. ①袁… Ⅲ. ①巴蜀文化—文集 Ⅳ. ① K871.34-53

中国版本图书馆 CIP 数据核字（2022）第 158749 号

出 版 人 刘祚臣
策 划 人 曾 辉
责任编辑 曹 来
特约编辑 郜建华
责任印制 魏 婷
封面设计 程 然
出版发行 中国大百科全书出版社
地 址 北京市阜成门北大街 17 号 **邮政编码** 100037
电 话 010-88390969
网 址 http: //www.ecph.com.cn
印 刷 北京君升印刷有限公司
开 本 710 毫米 ×1000 毫米 1/16
印 张 22.5
字 数 298 千字
印 次 2022 年 10 月第 1 版 2022 年 10 月第 1 次印刷
书 号 ISBN 978-7-5202-1207-6
定 价 99.00 元

巴蜀大地素有“天府之国”的美誉，是中华文明最早发生、发展的地区之一，造就了璀璨夺目、多元包容的巴蜀文化。丰富多彩的文化样态、历史悠久的文化遗存、数不胜数的文化大家、各式各样的文化习俗，让巴蜀文化成为中华文明“多元一体”总体格局的重要组成部分。

自古以来，多民族在迁徙流动中汇聚于此，多宗教在风云际会中激荡于此。多种文化要素的交往交流交融，最终形塑了巴蜀文化的鲜明性格，极大地丰富了中华文明的历史内涵。尤值一提的是，作为西南丝绸之路的主经之地，巴蜀地区还是连接古代中国和亚欧古老文明地区的重要通道，为中外文明交流互鉴做出了突出的贡献。

当前，中国特色社会主义进入了新时代。在中华文明“多元一体”的总体格局中，充分阐扬巴蜀文化的历史渊源和现代价值，绽放巴蜀多彩人文之韵，对于建设社会主义文化强国、铸牢中华民族共同体意识和推动构建人类命运共同体，都具有重要的价值和现实意义。本书汇聚了诸多学者多年研究中华文明和巴蜀文化的文章，相信能够对推动新时代下巴蜀文化的传承和创新，起到资料汇集和思想启迪的作用。

目录

中华文明“多元一体”格局中的巴蜀文化

巴蜀文化与铸牢中华民族共同体意识

巴蜀文化与儒释道

新时代巴蜀文化的传承与创新

序一

坚定文化自信　推动巴蜀文化焕发新活力

田向利①

文化是一个民族的灵魂和标志，是一个民族的精神家园，是民族认同和民族凝聚的基础。自中国共产党的十八大以来，以习近平同志为核心的党中央高度重视文化建设，习近平总书记曾在多个场合强调文化自信。在2020年9月28日中共中央政治局集体学习中，习近平总书记强调，在历史长河中，中华民族形成了伟大民族精神和优秀传统文化，这是中华民族生生不息、长盛不衰的文化基因，也是实现中华民族伟大复兴的精神力量，要结合新的实际发扬光大。“文化兴则国运兴，文化强则民族强。”文化自信是一个国家、一个民族发展中更基本、更深沉、更持久的力量。本次论坛以文化为主题，汇聚多方力量，积极助推中华文化、巴蜀文化的阐释、研究与传播，无疑是一件非常有意义的事情。

从古至今，巴蜀文化一直都是中华文化的重要分支。四川历史底蕴深厚，源远流长、博大精深的巴蜀文化在中华五千年的文化史上独放异彩，古蜀文化、三国文化、民族民俗文化、红色文化

① 田向利，四川省政协主席、党组书记。

等是中华民族文化的重要组成部分。在悠久绵长的发展历程中，巴蜀文化在多个方面都取得了非凡成就，历史名人群星灿烂，文化资源丰富多样，形成了自身的鲜明风格和独特魅力，并在历史的浪涛中愈加意蕴深厚。

——五千年来，才华恣肆的巴蜀文化，是辉煌灿烂的中华文化的一块亮丽瑰宝。这里孕育了以三星堆、金沙为代表的青铜文明，是国家首开学宫传播儒家“七经”从而形成历久弥新“蜀学”传统的地方，哺育出一代又一代文化名贤和“蜀学”精英。“文翁治蜀文教敷，爰产杨雄与相如。诗人从此蜀中多，唐有李白宋有苏。”这里有扬雄、卫元嵩、赵蕤等易学家，有张栻、唐甄、刘沅等思想家，有洛下闳、王灼、秦九韶等科学家，有陈寿、常璩、李焘等史学家，有魏了翁、杨慎、李调元等文献学家和博物学家；有严君平、郑子真、赵蕤、陈抟等大德隐士君子；还有杨锐、刘光第、廖平、宋育仁等经学家和改良学者，涌现出张道陵、张鲁、宗密、马祖道一、杜光庭等一大批著名宗教学者。他们创造了“文章冠天下”“蜀学垂无穷”，以及“易学在蜀”“天数在蜀”“史学在蜀”“方术在蜀”“宗教在蜀”等一个个文化奇观，极大地丰富了中华文化宝库。

——五千年来，兼容并包的巴蜀文化，奠定了巴蜀大地文化交融与民族团结的思想根基。巴蜀文化自初生以来，就是一个善于容纳和集结的开放性体系，一代又一代的先民们不断突破巴蜀地区的地理障碍，促进了与四方的交通和文化的交流，形成巴蜀文化多元、兼容、开放的明显特征。一直以来，这里都是多元文化的交融发展之地，伴随着不同历史阶段“五方杂处”带来的移民文化，巴蜀文化不断传承创新，并与楚文化、秦陇文化、滇文化、夜郎文化、藏彝文化等长期交织发展。文化的交融促进了民族的团结，从刘备入川到“湖广填四川”，四川历经了数次大移民，历经了多次民族大融合。今天，在巴蜀大地上，生活着汉、彝、藏、羌等 15 个世居民族，还有其他 41 个民族成分，是全国最大的彝族聚居区、第二大藏族聚居区和唯一的羌族聚居区，《康定情歌》《格萨尔史诗》等民族文化绚丽多姿，彝族火把节、广元女儿节等风俗习惯延续至今。

——五千年来，忠勇信义的巴蜀文化，丰富充实了以爱国主义为核心的中华文化价值观。蜀地具有“文化弥纯，道德弥臻”特色，巴蜀文化自从成为中华文化的重要组成部分以后，就一直秉承着维护国家统一的核心思想。西汉时期扬雄著《法言》，成为儒家大一统思想承袭和弘扬的集大成者。一方水土养一方人，巴蜀儿女长期在这样的文化熏陶下，厚植了忠于祖国、维护统一的核心理念。全面抗战时期，三百多万英勇战士参与抗战，同全国同胞一道书写了中华民族艰苦卓绝、气壮山河共御外侮的伟大史诗。这里孕育了朱德、邓小平、陈毅、罗瑞卿、张爱萍等一大批老一辈无产阶级革命家，也是张思德、黄继光、赵一曼等革命先烈和英雄的故乡。这里有着浓厚的红色文化，是四渡赤水、彝海结盟、飞夺泸定桥、爬雪山过草地等许多经典战役和奇迹的发生地，在其中体现出来的不怕牺牲、英勇奋斗、无私奉献的革命精神，成为四川乃至全国的一笔极其宝贵的文化财富。

——五千年来，崇德尚实的巴蜀文化，为巴蜀大地的繁荣发展带来了不竭动力。千百年来，吃苦耐劳、敢为人先、达观友善，成为巴蜀文化最鲜明、最突出的人文性格，这种人文精神给这片土地带来了千百年来的不断进取与始终繁荣。“九天开出一成都，万户千门入画图。”巴蜀地区经济、政治等各方面的发展在历史的长河中从来就没有停止过。巴蜀是最早出现城市文明的地区之一，早在新石器时代，这里就形成了以三星堆文明为代表的高度发达的古蜀文明，隋唐时期就有“扬一益二”之说。这里诞生了世界上历时最久的水利工程“都江堰”，人类最早利用天然气的“火井”，世界上第一张纸币“交子”，还是最早发明和运用雕版印刷术的地区之一。这样的文化熏陶之下，四川人民不断从中汲取不畏艰险、百折不挠的精神力量，越是艰难险阻越是奋勇向前：汶川特大地震后，以四川人民为主体、海内外中华儿女共同创造了伟大的抗震救灾精神；在同新冠肺炎疫情的殊死较量中，四川人民与全国人民一道，铸就了生命至上、举国同心、舍生忘死、命运与共的伟大抗疫精神。这些都是对巴蜀文化精神一脉相承、与时俱进的继承和升华，使巴蜀文化呈现出历史厚重与时代特色交相辉映的特征。

当前，世界百年未有之大变局加速演进，中华民族正处于实现伟大复兴的关键时期。习近平总书记强调："中华民族伟大复兴需要以中华文化发展繁荣为条件。"文化越来越成为国际竞争的重要影响因素，文化在国家综合国力中的地位和作用越来越重要。新的历史时期，解答好时代命题，我们需要从文化中不断汲取力量。

——以文化安心，则民族凝聚。文化具有构建民族心理、造就民族性格、形成民族传统、塑造民族精神的作用，文化及其认同是维系民族团结统一、国家稳定发展的纽带。中华民族之所以具有强大的凝聚力，具有超地域的认同感和归属感，其根本在于五千多年源远流长的深厚文化底蕴。我们要以中华民族的优秀文化塑造思想灵魂气节，让中华民族在任何境遇下都有安身立命的精神基地；要以文化的认同不断增强民族认同感、归属感、自豪感，以高度的文化自信维护祖国统一和民族团结；要以共有的价值观将中华儿女紧密地联系在一起，形成"同呼吸、共命运、心连心"的中华民族共同体。

——以文化立命，则人民向心。文化承担着以文载道、以文化人、以文育人的使命，文化的认知能够促进价值认同的形成，能够树立起一致的历史观、民族观、国家观、文化观，能够以共同秉持的理想信念、价值理念、道德观念，激发起人民的向心力，凝聚起推动社会进步的巨大精神力量。中华文化是中华民族的共有精神家园，其中所蕴含的社会理想、所弘扬的人生追求、所崇尚的精神气质，是推动中华民族向前向上的精神力量。习近平总书记指出，"中华民族在长期实践中培育和形成了独特的思想理念和道德规范，有崇仁爱、重民本、守诚信、讲辩证、尚和合、求大同等思想，有自强不息、敬业乐群、扶正扬善、扶危济困、见义勇为、孝老爱亲等传统美德。中华优秀传统文化中很多思想理念和道德规范，不论过去还是现在，都有其永不褪色的价值”。我们要深入挖掘中华文化蕴含的优秀精神，鲜明价值导向，强化道德力量，丰富精神世界，让中华文化展现出永恒魅力和时代风采。

——以文化固本，则创意盎然。作为中华民族创造力伟大明证的中华文化，也是滋养我们在新的历史条件下有新创造、新进步的重要源泉。中华文化包含着丰富的哲学思想、辩证思维和科学智慧，是我们在探索社会和自然规律的进程中能够不断前行的思想指引；中华文化中许多艺术形式、故事传说、人文遗迹、历史符号等，都是我们当下培育新的文化形式、文化作品、文化业态可以用活的文化创新元素。这些文化底蕴、文化资源，都能够转化为现实的文化生产力、文化竞争力和文化影响力。我们要重视发挥文化的创造力，让文化成为推动经济社会发展的重要力量，让文化与经济社会融合发展，产生出长持久、难替代的竞争优势。

——以文化强基，则国力提升。当前，世界多极化、经济全球化、社会信息化、文化多样化深入发展，各种思想文化交流交融交锋更加频繁，文化越来越成为综合国力竞争的重要因素，国家文化软实力成为综合国力和国际竞争力的重要组成部分。正如习近平总书记所指出的那样，提高国家的文化软实力，直接关系到“两个百年”的奋斗目标和中华民族伟大复兴中国梦的实现。在新时代的背景下，文化软实力的提升不仅仅要苦练自身“内功”，更重要的是加强中华文化主动地“走出去”。要向世界人民讲述中国故事，传播中国思想，阐释中国价值，展示中国形象，以人类命运共同体价值观增强中华文化的影响力和感召力，将我国的发展优势转化为国际竞争中的话语优势。

中国共产党的第十九届五中全会明确提出到 2035 年建成文化强国的远

景目标，中共四川省委第十一届八次全会提出，要推进文化繁荣发展，推动“巴蜀文化焕发新活力”。“晓看红湿处，花重锦官城。”在文化自信上升到国家战略高度的今天，四川将坚守文化根脉，充分挖掘四川丰富的文化资源和独特的文化魅力，塑造新时期四川精神和文化形象，推动文化的传承发展在巴蜀大地生动开展。这其中，应当注意把握以下五个方面：

一是要勇担责任。文化立世、文化兴邦，文化的发展首先必须承担起应尽的社会责任。从维护国家统一和民族团结的角度出发，当前讲文化责任，就是要维护中国共产党领导下的中国特色社会主义伟大实践。推动巴蜀文化焕发新活力，首先必须坚定走中国特色社会主义文化发展道路，始终坚持以习近平新时代中国特色社会主义思想为指导，在政治方向、舆论导向、价值取向上立场坚定，树立强烈的文化自觉，强化主动的文化担当，旗帜鲜明反对和抵制各种错误观点，维护好意识形态领域工作的安全，巩固团结奋斗的共同思想基础。

二是要鲜明导向。站在社会治理的层面，文化治理现代化是国家治理体系和治理能力现代化的重要组成部分，文化制度是国家制度的重要内容和有机组成部分。文化治理作用的发挥，深深体现在其对于核心价值观的引导上。核心价值观事关一个民族的精神追求，事关一个民族和国家对于是非曲直、真假美丑的判断标准。中国共产党的第十九届四中全会明确，要坚持以社会主义核心价值观引领文化建设制度。社会主义核心价值观是当代中国精神的集中体现，凝结着全体人民共同的价值追求，是我们克服各种艰难险阻、保持社会稳定大局的重要支撑。因此，推动巴蜀文化焕发新活力，要坚持以社会主义核心价值观为指引，提升思想内涵和精神价值，用正面的声音占领阵地，使体现社会主义核心价值体系的文化成为主流主导，以鲜明、正确的道德立场，发挥文化以文化人、引导社会、教育人民的功能。

三是要注重传承。文化是历史的延续，也是时代的写照，基础在薪火相传。巴蜀文化丰富多样，古蜀文明独具魅力，民族文化绚丽多姿，红色文化基因深厚，是我国独具特色的优秀文化高地与精神沃土。推动巴蜀文化焕发新活力，要注重这些精神财富的继承和延续。要加强巴蜀文化的研究阐释，搭建学术科研平台，整合优秀阐发力量，深化对巴蜀文化的挖掘整理和价值提炼，并赋予其新的时代内涵和表现形式。要建设巴蜀文化传承体系，积极开展巴蜀文化普及活动，让巴蜀文化走入社会、进入人心，落地生根，接续相传。要坚持继承与发扬相统一，在文化传承的同时，积极推进内容创新、形式创新，使巴蜀文化在新的时代迸发出新的生机活力。

四是要擦亮招牌。推动巴蜀文化焕发新活力，还要善于用好文化金字招牌，着力促进巴蜀文化与经济社会深度融合。从当前经济发展情况看，文化内涵成为产业产品提档升级不可或缺的重要元素，将丰富的文化元素注入经济发展的广阔领域，有利于促进产业产品向高端化转型，形成持久的竞争力。因此，要纵向延伸文化产业链上下游，将巴蜀文化与创意内容、新兴媒介技术相结合，把文化理念渗透到产品的设计、生产、营销各个环节，增加产业的文化含量和附加值，增强文化对品牌塑造的推动作用，促进产业和产品升级；要横向拓展文化产业宽度，要深耕历史、传统、民俗等文化资源，将巴蜀文化与旅游、建筑、体育、音乐等产业相结合，发挥文化对优化经济结构的推动作用，带动文化新消费，形成文化新业态。

五是要交流互融。文明因交流而多彩，文明因互鉴而丰富。推动巴蜀文化焕发新活力，需要守正创新，需要不忘本来、吸收外来、面向未来，博采众长，广泛吸纳中外文化优秀成果，更好构筑巴蜀精神、创造巴蜀价值、展现巴蜀力量。文化在传播中增强生命力。我们要不断拓展对外文化交流渠道，创新文化传播方式，多种渠道展示巴风蜀韵，增强巴蜀文化的认知度、影响力、吸引力，推动巴蜀文化走向全国、走向世界。

序二 巴蜀文化的当代价值和世界意义

袁莎①

山川秀丽的巴蜀大地造就了丰富独特、多元包容的巴蜀历史和巴蜀文化。巴蜀文化是中华文明发生、发展最早的地区之一，有着独立、悠久的文化始源和文化模式，以及丰富多彩的民族文化资源，是中华文化“多元一体”总体格局的重要组成部分。

习近平总书记在考察重庆、江苏等地时指出，从巴山蜀水到江南水乡的千年文脉，是中华民族的代表性符号和中华文明的标志性象征，是涵养社会主义核心价值观的重要源泉。习近平总书记提出“长江文化”新概念，为我们保护好、传承好、弘扬好长江文化和巴蜀文化，延续历史文脉，坚定文化自信指明了前进的方向。

一、巴蜀文化是中华文明“多元一体”总体格局的重要组成部分

巴蜀文化是中华文明发生、发展最早的地区之一，有其独立而悠久的始源、独特的文化模式和文

---

① 袁莎，中央社会主义学院党组成员、副院长。

明类型。岷江上游的营盘山遗址、四川盆地东边的巫山猿人古人类遗址，都充分说明了巴蜀地区的确是中国乃至东亚大陆文明的重要起源地。三星堆和金沙青铜文化的重大考古发现告诉我们，早在先秦时期，古蜀地区就已经出现了一支拥有灿烂青铜文化、大型城市和古蜀文字的高度发达而连续发展的古代文明。不仅如此，由三星堆文明和金沙文明所深刻揭示出来的古蜀的独特文化模式、文化类型和悠久始源，使它们在中国文明起源形成的研究中占有特殊的学术地位，雄辩地证明了植根于四川盆地的古蜀文明是中国古代文明的一个重要组成部分，是中国古代区系文明中具有显著地域政治特征和鲜明文化特色的典型代表，从而为中国文明起源的“多元论”提供了坚实的考古学证据，也大大丰富了“中国文明多元一体形成发展”论断的理论内涵。巴蜀文化与齐鲁儒学、三晋法学、荆楚道家等，共同形成了中华文化“和而不同”“多元通和”的重要特色。

巴蜀地区人杰地灵，在哲学、文学、艺术、宗教、科技等方面都对中国文明有着十分重要的贡献。巴蜀诞生了司马相如、扬雄、陈子昂、苏轼等文学巨匠和伟大词人，诞生了张栻、唐甄、刘沅等伟大思想家，诞生了洛下闳、王灼、秦九韶等伟大科学家，以及张道陵、宗密、马祖道一、杜光庭等宗教学者和宗教领袖。巴蜀地区还是中国道教的发祥地之一，在中国道教史上具有十分重要的地位。在道教的形成和发展过程中，巴蜀文化起着十分关键的作用。西汉时期，巴蜀地区的大学者严君平开创了将道家之学与巴蜀方术传统相结合的学术和宗教传统。东汉时期，张道陵入蜀，修道于鹤鸣山，将老子之学与巴蜀文化传统相融合，道教这才正式创立。

由此可见，巴蜀文化是中华文明“多元一体”总体格局的重要组成部分。如果没有对巴蜀文化的深入研究，便不能构成中国文明起源和发展认知的完整图景。中国文明研究中的不少问题，可能必须借由研究巴蜀文化才能得到答案。

二、巴蜀地区在西南民族交往交流交融中做出了突出贡献

巴蜀地区位于中国西南腹地，南邻云南、贵州，西接西藏，北接陕西、甘肃、青海，自古以来就是各民族迁徙流动的汇聚之地和南来北往的重要通道。

先秦时期，由于以三星堆文化为重心的古蜀文明的历史性传播和推动，中国西南地区的文化发展得到了极大的推进。由于成都平原古蜀文明的吸引力和凝聚力，先秦中国西南地区的文化从分散的后进状态逐步走向文明，初步形成了在古蜀文明影响和制约下的政治和文化的一体化状态，这对秦汉时代西南民族地区纳入中国文化大家庭起到了十分重要的作用。

秦统一巴蜀以后，很快就开展大规模的栈道建设，解决了巴蜀地区和关中地区的交通问题。《战国策》和《史记》都描述了当时畅通无阻的交通状态："栈道千里，通于蜀汉。""栈道千里，无所不通。"

在此基础上，巴蜀地区很早就形成了一个非常开放的文化格局。通过各民族之间不间断的文化交流、文化互动和文化交融，巴蜀地区逐渐形成了"多元通和"的文化传承样式和宗教信仰形态。

在四川省甘孜州丹巴县，受道教影响，当地藏族百姓请道士做法事、占卜、禳灾驱邪。在梭坡乡，百姓家里锅庄房或是门楣上、粮仓上基本都有道教的各色字符。当地的喇嘛、更伯和道士，在人们的日常生活和生产过程中同时或交互发挥作用。

在藏彝走廊东缘的甘孜州丹巴县境内，墨尔多神山下的墨尔多寺就是典型的多元宗教并存的寺庙。苯教、藏传佛教的不同教派、汉传佛教、道教等在这里和谐共生。墨尔多寺传承的是藏传佛教格鲁派的宗教仪轨，兼具苯教、汉传佛教、道教等特色，同时供奉多个宗教、教派的众多神灵，不同宗教信仰的信众来此朝拜，亦在此寺院和睦相处。

巴蜀地区不但在促进西南民族交往交流交融以及捍卫中华民族共同体

层面上发挥了十分重要的作用，巴蜀地区保存的丰富原生性形态人文景观还是宗教多元主义、跨宗教理论分析的典型样本，对丰富宗教市场论、宗教生态论、宗教对话等探讨具有重要学术价值。

三、巴蜀地区在中外文明交流互鉴中发挥了枢纽性作用

南方丝绸之路，是史籍所载最早的中西交通线路。一系列史实证明，最早从中国进入印度地区从事商业活动的就是巴蜀人士，巴蜀商贾长途贩运丝绸等蜀物到印度引起了丝绸的传播，由丝绸的传播从而导致了丝绸之路的开通，进而促进了中国与欧亚文明的交流和互动。

南方丝绸之路是将巴蜀文化与古代欧亚文明相联系的重要的、不可或缺的环节。南方丝绸之路使得巴蜀文化冲破了自身的地域特色进而具有大西南意义和国际文化交流意义。“凿空西域”的张骞也是巴蜀人士，他从西域探险归来后指出：从西北或是北方草原地区去中亚，路途遥远、环境险恶，而从南方丝绸之路出发，经缅甸、印度到达中亚、西亚则容易得多。唐代高僧释义净在《大唐西域求法高僧传》中，也记录了西晋时期佛教通过西南丝绸之路西行求法，以及与印度佛教交流互动的重要信息。

南方丝绸之路不仅仅是一条交通要道或贸易通道，也是古代中国同东南亚、南亚、西亚乃至欧洲等地各文明之间碰撞、交流、互动的重要纽带，由此也奠定了巴蜀文化在世界古代文明中的重要地位。巴蜀地区是西南丝绸之路的出发点和主经之地。只有将巴蜀文化放入“南方丝绸之路”和中外文明交流互鉴的大背景中，才能更加深入地认识其文化性质及历史意义。小屯出土的武丁大龟被鉴定为马来半岛所产。三星堆遗址、成都金沙遗址出土了大量来自缅甸、印度的象牙，三星堆遗址还出土数千枚来自印度洋和南海的海贝。三星堆出土的青铜人物雕像、金杖和金面罩与近东文明密切相关。这些集结在巴蜀地区的外来文化因素充分说明了巴蜀在中外文明

交流互鉴中的枢纽性作用。

习近平总书记强调：“文化是一个国家、一个民族的灵魂。文化兴国运兴，文化强民族强。没有高度的文化自信，没有文化的繁荣兴盛，就没有中华民族伟大复兴。”巴蜀文化是中华文明“多元一体”总体格局的重要组成部分。巴蜀地区在促进西南民族交往交流交融，以及捍卫中华民族共同体方面发挥了十分重要的作用。而且，在南方丝绸之路的赋能下，巴蜀文化还冲破自身的地域特色，进而具有大西南意义和国际文化交流意义。在建设社会主义文化强国、实现中华民族伟大复兴中国梦，以及提升中华文化海外影响力的历史进程中，巴蜀文化必将发挥日益重要的作用！

中华文明“多元一体”
格局中的巴蜀文化

巴蜀文化学认知指向

白庚胜[1]

所谓指向，指的是人们在一定条件下的思维判断方向。巴蜀文化学指向，显然指的是在一定条件下建立巴蜀文化学的思想指向。其中包括了认知、判断、构建的方向性内涵。巴蜀文化学属巴蜀文化考察、发掘、保护、传承、研究结果的学术总结行为，标志着其认知走向自觉、其思维走向成熟、其理论臻于体系化。而确立其新走向的表现是中华人民共和国建立以来、特别是改革开放以来在巴蜀大地上所进行的，以三星堆与金沙、资阳遗址连连发掘、非物质文化遗产保护传承、康区少数民族文化考察研究等标志性成果与突破性进展。与时俱进地继承创新有关认识论与方法论，进行新的理论总结与学科建设，建立起有关学术体系已经迫在眉睫，且具有划时代意义，有助于解明巴蜀文化主体性，客观揭示其本质、特征、内核，合理说明它对中国历史文化的价值、意义和作用。科学界定它在人类文明上占有的地位，有助于繁荣新时代中国特色社会主义的人文科学伟大事业。

巴蜀文化学指的是以在巴蜀这个广阔空间所存在的一切文化主体及其文化事象、文明成果为对象的学问体系。建立这一学术体系，必须有效地学习继承，同时与时俱进地开拓创新，尤其在理论思维判断方面，必须有一整套认知系统与认知方法构成的指向，以尽力使我们的认知结果更接近

---

① 白庚胜，第十三届全国政协常委、中国作家协会副主席。

事实的真相、更符合历史的真实、更反映客观的本质。为此，笔者就建立巴蜀文化学应该注意的指向问题做有关建议如下，以与学界同仁共享共勉。如下：

一、概念指向

巴蜀文化学是巴蜀文化的理性认知行为，包括其学术理念、学术精神、学术态度、学术方法、学术成果等要素。从狭义的角度看，其对象当然是巴蜀时期在这一特定自然与社会空间内存在的文化事象。而从广义的角度看，巴蜀文化指的是从古至今以巴蜀为核心层层放大的大西南文化圈内的一切文化现实与文化遗产，而且包含有文化与文明两个层次，夷夏两个板块，夷中有本土与外来两个单元，夏中含秦、楚、闽、粤、中原多种要素。

二、性质指向

巴蜀文化学属新兴人文科学，主要回答巴蜀文化是什么，它从哪里来，它往哪里去，它有什么用，它由谁创造，它受谁影响。而以三星堆遗址、金沙遗址为代表的巴蜀物质文化与精神文化又远远超越了一般意义上的文化层次，具有国家、城池、冶金、文字等文明因子，我们也就不能仅囿于一般的文化学眼光对待它，而应该站在文化学加文明论的视野去审视它，切勿贬低其价值、意义，曲解其作用、地位。

三、结构指向

巴蜀文明建筑在巴蜀文化基础之上，并延续至现当代四川、重庆与部分荆楚、湘楚文明。尽管它存在断层，有过分解，有过其他文化的一次次补充，但那只是一种文明发展过程的节奏性、化合性表现，而不是异质文明的超时空存在，在其地幔运行着的永远是巴蜀的地火。不能对这一整体文明做零碎化、片段化、疏离化把握，更不能将之与本土文化，尤其是与中华文明等量齐观，或者是对立、对抗。必须通过学术的形式加以确认的是：巴蜀文明独具特色，但只是中华文明共同体内一个特色鲜明的分支和局部。

四、主体指向

巴蜀文化学的承担者理所当然是当代中国人文科学工作者，尤其是作为巴蜀文化学主要学术力量的各领域、各门类专家学者，但巴蜀乃至其关联区、辐射区、影响区的各族民众也是其主体之一。尽管这个部分的成分比较复杂，但其主干始终是炎黄子孙，或称华夏民族，也可统称为汉藏语系各民族，切不可错乱主体客体，反客为主，甚至胡言其与外星人的关系。

五、要素指向

巴蜀文化学的要素取决于巴蜀文化本身的要素。巴蜀文化有多复杂，巴蜀文化学就应该有多难应对，甚至比之更丰富，亦即道高一尺，魔高一丈。不争的事实是，巴蜀文化无论重叠附着、融合有多少不同文化因子，其主干、主导、主流是中华民族文化，仅因特殊的地理、交通条件的影响而不断受到过外来某些种族及其文化的一定影响，以及中华民族及其文化内部的不同族系、不同族系内的不同语支、不同语支内的不同民族、不同民族内的不同方言区及其文化的互相催化，切不能自我否定、自我孤立、自我封闭，或是排他地、平面地对待开放、活跃、立体、多维的巴蜀文化。

六、空间指向

巴蜀文化的空间有多大，巴蜀文化学的空间就有多大，甚至还要大得多，因为巴蜀文化学比巴蜀文化更跨越时空，凡它的影响所及都是该学科的必然关注所在。至于严格意义上的巴蜀文化空间以成都平原为原点，以巴山蜀水为内核区，以周边的西康区、武陵山区、秦岭地区为边缘区，而滇云、黔贵、岭南、楚桂、甘青南部尽在其直接辐射范围之内，并与我国中原、中南、东南、西北，以及南亚、东南亚、中亚、西亚地区及其文化遥相呼应。过秦岭通往关中、经荆楚通往中原、经康巴通往青藏、经博南通往南亚与两河两域、经滇南通往印度支那的陆上通途，还有缘长江直达吴淞口的水路、穿越横断山脉的六江水路等，成了巴蜀文明与外部世界“同此凉热”的神经网络。其间，所陈布的汉、藏、羌、彝、纳等民族文化，滇、黔、楚、秦、陕、甘、藏等地域文化，佛、儒、道、毕摩、达巴等宗教文化是何等的多样、绚烂、璀璨，岂能视而不见、充耳不闻，一知半解、不求甚解？而是必须辨其经纬、判其源流、析其支脉，既看到其个性、特殊性，又兼顾它们的统一性、整体性、联系性，在大西南、大中国、大欧亚文化格局中，确定其方位，思考其问题，并解疑释惑，探讨巴蜀文明的本体、结构、功能，破解纵目像、大立人、金杈杖、印度洋贝等埃及文明、苏美尔文明、印度文明与炎黄、杜宇、蚕虫、氐羌、濮越、僰夷文化乃至文明间千丝万缕的联系和复杂、多样的交往、交流与交融信息。

七、时间指向

巴蜀文化学是新兴的学科，但它的研究对象异常古老，就其学科本身也起步于 20 世纪 30 年代的最初文物发现。据碳 14 鉴定可知的巴蜀文明不过距今 3 000 多年，但作为其基础的巴蜀文化却与整个中华文化起点基本一致，甚至可以推溯至李白所称的“四万八千岁”，也可推及西邻5万年前的丽江人、170万年前的元谋人。而其间，曾有多少天崩地裂、多少物换星移？又经历过多少种族迁徙、朝代更替、金戈铁马？涌现过多少英雄豪杰？书写过多少宏大的史诗？在这一河不舍昼夜的东逝水中，凡旧石器、新石旧、土器、陶器、青铜器、铁器时代相延不衰，举稻作、蚕桑、酒、茶发明创造而未绝，更清流、道学、儒教演绎而精进，孕育了生生不息的巴蜀儿女、巴蜀精神、巴蜀力量，值得我们以时间为经线，精准确定其有关时代、时期、时段、时点，使一切从朦胧变为清晰，从神幻趋向实在，从迷信转为科学。

八、资料指向

巴蜀文化学的诞生与突围在某种意义上受制于资料占有崭新性及其应用、处理能力的突破。它已经并必须继续开放、多元，博采多种手段，从口头地到书面的、从制度地到技术的、从物质地到精神的、从地面地到地下的、从极古地到当代的、从主体民族地到少数民族的资料，都一应关注、综合利用、互相观照，尤其要把基因研究成果应用到这一综合探检工程之中，从公说公有理、婆说婆有理，到存异求同，以更加接近真理，更能揭示真谛。

九、方法指向

以研究巴蜀文化为天命的巴蜀文化学成败与否，取决于是否掌握有科学的方法论。笔者认为，最根本的方法，仍然是物质决定精神、精神反作用于物质，经济基础决定上层建筑的历史唯物主义，以及有条件地、系统地、发展地、辩证地认识问题、分析问题与解决问题的辩证唯物主义。这是天经地义的，但仅有它还不够，还要把它落实到可操作的具体方法。如，考据的、统计的、比较的、分析的、田野的、大数据的方法都必不可少；以历史学、地理学、生态学、人类学、语言文字学、工艺学、生物分子学等学科知识及其手段综合驾驭、尽得其功，不能仅仅满足于用一种手段、一种方法赢得几杵疏钟、半江渔火、两行秋雁、一枕清霜，而要致力于完全、彻底。

十、学科指向

巴蜀文化学要形成学科并获得优势，必须在学科主体、学科本体、学科历史，以及学术理念、学术语汇、学术方法、学术成果、学术人才、学术队伍、学术平台诸方面建立起完整的教学、研究、评估、交流、推广体系、人才培养体系，并有现代性的观照。否则，若无以整体、高端推进其可持续性发展，无从拓展其深度与广度，就不能把该学科提升为显学、强学与绝学。

巴蜀文化对增强中华文化认同的意义

罗布江村[①]

习近平总书记在中国共产党的第十九大报告中鲜明提出“铸牢中华民族共同体意识”，这一思想把握的是几千年历史演进的客观规律，揭示了新时代民族工作的主题、主线，彰显了团结凝聚各族人民、共同实现伟大梦想的信心、决心。

纵观中国历史演进的特点，正如中央民族工作会议上指出，各民族共同开发了祖国的锦绣河山、广袤疆域，共同创造了悠久的中国历史、灿烂的中华文化。这一特点造就了各民族在分布上的交错杂居、文化上的兼收并蓄、经济上的相互依存、情感上的相互亲近，形成了你中有我、我中有你，谁也离不开谁的“多元一体”格局。加强中华民族大团结，长远和根本的是增强文化认同。文化认同是最深层次的认同，是民族团结之根、民族和睦之魂。中华文化认同的内容应该包括三个层面，即各民族的自我认同、各民族之间的相互认同、中华民族层面上的一体性认同。巴蜀文化是中华文化的重要内容，也是中华优秀传统文化的起源，所以深入挖掘、整合巴蜀优秀传统文化，对于增强文化认同和促进民族团结有着重要的现实意义。

---

① 罗布江村，西南民族大学教授，原四川省政协副主席，西南民族大学党委书记、副校长。

一、多元复合的巴蜀文化圈

著名社会学家、人类学家费孝通先生的研究成果曾开创了全新的民族文化研究格局，他提出：中华大地由六大版块构成，即北部草原区、东北高山森林区、青藏高原、云贵高原、沿海区、中原区，版块之间由三大民族走廊连接，即西北民族走廊、藏彝走廊、岭南走廊。巴蜀大地位居祖国西南，地处版块与走廊之间，自古以来就是各民族南来北往的汇聚之地，多元文化混融交织于此，区域内自然生态独特，文化形态多样，文化资源富集，是重要的历史文化沉积带，在区域发展和文化建设格局中具有特殊地位。

从宏观上看，巴蜀文化圈的西部，是世界屋脊雪域高原；东部，是自古拥有得天独厚农耕条件的天府之国；南部，是高山平坝易守难攻的云贵高原地区；北部，既有广袤的草原、恶劣的气候、连年的战争，又有联通欧亚文化贸易的丝路古道河西走廊。巴蜀独特的地理环境造就了多元包容的历史与文化，而多元的巴蜀文化又不断丰富、滋养着中华文化。

巴蜀独特文化形成的原因，也正是这种独特的地理环境和人文环境造就的。从民族迁徙的驱动力来看，北部地区广袤的草原是游牧民族生活的居所，但多变的气候、自然灾害频繁、缺乏天堑而连年征战，这些也是促成古代游牧民族向南迁徙进入巴蜀之地的重要驱动力。反观联通欧亚文化贸易的丝路古道河西走廊，给商人、僧侣、冒险家、传教士提供了稳固的通道和广阔舞台，同时又为南部和中部民族穿过巴蜀文化圈向北迁徙提供了绝佳环境；南方丝绸之路和茶马古道的兴起又是这些民族在此南向穿过巴蜀文化圈回迁的历史实证。南部是充满高山平坝河谷的云贵高原，相对良好的自然条件和相对丰富的物产资源，易守难攻的自然生态便利，成为各族群向南穿越巴蜀之地来此定居繁衍的理想目的地。东部，是自古拥有得天独厚农耕条件的川西坝子天府之国，成为周边民族迁徙的理想国，这也成就了成都这座城市数千年来城址未迁、城名未变、较少遭受战火袭扰的基本条件。最后从巴蜀文化圈的西部来看，千百年来，雪域民族为了更好的生活、更丰富的物质条件，通过贸易、文化、交流等多种形式来到巴蜀大地，为巴蜀文化的丰富、壮大贡献了自己的力量。

二、绚丽多姿的巴蜀文化资源

20 世纪 80 年代以前，学术界探索中华文明起源的普遍观点是以中原文化为中心的一元论，认为中华文明是以黄河流域为基础发展而来，并以其为中心向四周辐射，逐渐形成了中国不同的地域文化。随着各地考古工作的持续推进，陆续在中原文化周边发现多个文化有自己独立的文明起源。据此以费孝通先生为代表的学术界提出中原文明既不是最早的文明，更不是唯一的文明，中华民族应当是“多元一体”的格局。①

巴蜀文化的重要代表——成都广汉三星堆文化，它彻底改变了过去世人对古蜀国处于蒙昧时期的看法，证实了古蜀国拥有灿烂的文化，是长江上游古代文明的中心。三星堆文化具备独立的文明起源模式，是一个拥有青铜器、城市、文字符号和大型礼仪建筑的灿烂的古代文明，三星堆遗址中出土的青铜面具、金器等文物与中原文明迥然相异，海贝、象牙、青铜人像群等大量文物说明该文明拥有独立的宗教系统、艺术系统、生产系统，证实了巴蜀文化的独立个性。同时古蜀人创造的三星堆文化又是一种复合型文化样态，呈现着相当深厚的开放性、包容性、混融性，其中既有中亚、西亚的文化元素，又有浙江良渚文化、山东龙山文化、山西陶寺文化等的风格。

---

① 费孝通主编：《中华民族多元一体格局》，北京：中央民族大学出版社，2018 年版，第 40 页。

巴蜀大地作为历朝历代的重要战略区，从古至今始终占据着极其重要的地位。中国古代夏朝、商朝乃至西周，其国土疆域范围都未囊括今西南地区，正是因为繁荣灿烂的三星堆文化在西南地区的传播和影响，云贵高原古代民族在古蜀文明影响下才逐步形成了各自的地域文化。秦灭蜀后，蜀人南迁。至西汉时，中央王朝才一举征服西南地区，最终奠定祖国西南的疆界。因此，以三星堆文化为代表的古代巴蜀文明，对祖国西南疆域的奠定，发挥了极其重要的先导作用。

西汉时期把西南地区纳入中国疆土之内；汉代刘邦从蜀汉起兵，最终消灭项楚；三国蜀汉将巴蜀地区视为重要基地；西晋通过巴蜀地区，大军水路东下消灭东吴；宋、元皆以巴蜀为中心，最后统一了中国南方。唐朝以后，巴蜀地区是历代中央王朝与吐蕃交流联系的枢纽。因此，巴蜀文化在中国文明史中占据着非常高的地位。

纵观巴蜀文化，无论哲学、文学、宗教，还是中医学、科技，都对中国文明有着重要贡献。在文学方面，巴蜀文化群星荟萃，汉代巴蜀文学中的辞赋在众多文学形式中最具代表，其中西汉的司马相如、扬雄、王褒是当时著名的辞赋大家，唐朝的李白、杜甫，宋朝的“三苏”，才高八斗，诗文冠天下。除此之外，还有对唐诗的发展产生重要影响的陈子昂、女诗人薛涛、名扬海内外的大词人韦庄等。宋朝时期，号称“眉山三苏”的苏洵、苏轼、苏辙被列为“唐宋八大家”之中，在中国古代文学史上具有重要地位。在哲学方面，汉代杨雄对“玄”的阐释在中国古代哲学思想上影响颇深，理学不断发展的宋代，巴蜀地区也涌现了一批卓越的理学大家，如张行成、魏了翁、陈抟、周郭颐等人。明代的杨慎以博学立言影响一代学风，清朝的唐甄可与明清之际的大哲学家黄宗羲齐名，清末民初的廖季平的著作对康有为的维新变法影响深重。在史学方面，陈寿的《三国志》、常璩的《华阳国志》均为颇负盛名的史书……因此，巴蜀文化是中华文化长河中璀璨的明星。

三、结语

深入挖掘整理巴蜀文化的历史渊源、发展脉络，在提倡铸牢中华民族共同体意识的当下具有重要意义。不仅能使巴蜀文化在西南地区各民族交流交往交融和中外文明交流互鉴中发挥的重要作用更加凸显，还能使巴蜀文化在中华文化“多元一体”格局中的独特价值得到彰显。从历史深处走来的、极具地域特色的巴蜀文化研究将为进一步铸牢中华民族共同体意识、提升中华文化海外影响力提供新的理论维度和实践角度。

参考文献

[1] 中国社会科学研究院考古研究所：《新中国的考古发现和研究》，北京：文物出版社 1984 年版。

[2] 陈连开：《关于中华民族的含义和起源的初步探讨》，《民族论坛》1987 年第 3 期。

[3] 李宗放：《四川古代民族史》，北京：民族出版社，2010 年 6 月。

[4] 费孝通：《中华民族多元一体格局》，北京：中央民族大学出版社，2018 年 10 月。

[5] 国家民委民族问题五种丛书编委会《中国少数民族》编写组：《中国少数民族》，北京：人民出版社 1981 年版。

[6] 《中国大百科全书·民族卷》，北京：中国大百科全书出版社 1986 年版。

浅谈巴蜀文化带文明共同体的构成

刘作记 陈慧芳[①]

中国共产党的第十九届五中全会提出：在"人类命运共同体理念深入人心"的时代背景下，五中全会在文化、生态文明、区域协调发展、文明共同体等诸多方面提出了远景目标。

文化："繁荣发展文化事业和文化产业，公共文化服务体系和文化产业体系更加健全，二〇三五年基本实现建成文化强国、国家文化软实力显著增强，人民精神文化生活日益丰富，中华文化影响力进一步提升，中华民族凝聚力进一步增强。"

生态文明："深入实施可持续发展战略，完善生态文明领域统筹协调机制，构建生态文明体系，提升生态系统质量和稳定性，促进经济社会发展全面绿色转型，建设人与自然和谐共生的现代化，美丽中国建设目标基本实现。"

区域协调发展："推进区域协调发展，坚持实施区域重大战略、区域协调发展战略、主体功能区战略，健全区域协调发展体制机制，构建高质量发展的国土空间布局和支撑体系。"

文明共同体："统筹推进经济建设、政治建设、文化建设、社会建设、

---

① 刘作记，国杰老教授科学技术咨询开发研究院执行主任、中国农业大学中国荒漠化研究中心客座研究员、清华大学出版社第八事业部顾问；陈慧芳，北京兼葭教育科技有限公司董事长、北京市教委、北京市妇联、河北省妇联等单位相关国学项目负责人。

生态文明建设的总体布局，生态文明建设实现新进步，国土空间开发保护格局得到优化，生态环境持续改善，生态安全屏障更加牢固。”

仁者乐山，智者乐水；蜀国多仙山，峨眉邈难匹；儒释道文化几千年来在这里熠熠生辉。以四川盆地为中心的巴蜀文化带，自古在文化、生态、旅游等方面拥有得天独厚的地理优势，产生了独特的巴蜀文化，引得国内国际旅游爱好者争相一去。

一、巴蜀文化带

巴蜀文化带，地域上指重庆、四川盆地的文化。滥觞于商代，周初被封为子国，称“巴子国”。巴，《说文解字》：释义“巴，巴虫也，或曰食象蛇。”为吞食大象的巨蟒，中心区域为川东（含重庆）及鄂西地区，涵盖陕南、汉中、黔中和湘西等地。蜀，《说文解字》：释义“葵中蚕，也从虫，上‘目’象蜀头形，中象其身蜎蜎。”为“葵中之蚕”，主要地理位置涵盖四川盆地川中西。《世本》《史记》和《华阳国志》等史籍均认为蜀之先源于黄帝，是黄帝族降居若水（雅砻江）和岷江上游的昌意——高阳一系的后裔。因此巴蜀文化从根源上是华夏文化的一支，具有与其他华夏文明诸多在普遍性和超越性方面的一致性。

巴蜀文化绵长久远，主体气质成于秦汉，巴的进取与蜀的兼容合二为一。

巴蜀文化在其独特的地域上造就了巴蜀先民封闭中有开放的特点：在其相对封闭的地域内逢山必开道，遇水必造桥，五千年来一直秉承着开拓创新的精神，创造了性格鲜明的灿烂文化。具有较强的文化辐射力，除与中原、楚、秦文化相互渗透影响外，主要表现在对滇黔夜郎文化和昆明夷、南诏文化的辐射，在金属器、墓葬形式等方面还对东南亚产生了深刻、久远的影响。

开放中有封闭的历史个性：西晋裴秀《图经》说巴蜀是“别一世界”，杜甫称蜀人为“新人民”，认为蜀地“异俗嗟可怪”。全面抗战时期入蜀的学者有感于古蜀国文化遗物的特异，提出了“巴蜀文化”的专门概念。无不传达着巴蜀文化独特的民族、习俗、文化的特异之处。在世界文化中亦是极具个性的“川渝味”。

封闭性造就的独特性是巴蜀文化独立于世界文化的基础，开放性又使巴蜀文化在交流中进取与兼容，两者相得益彰，互相促进，不断发展。

巴蜀文化神秘而灿烂，可坐享天成，亦可行卒而生；可无为逍遥，更因刀剑而存。文化上兼容儒、释、道。以道，注川人风骨；以儒，举川人仕进；以释，去川人彷徨；进退之间，优游自在。

世界几大宗教中唯一在中国土生土长的宗教是道教，道教的创教之地就在巴蜀。即今四川省都江堰市青城山腰，有一道教名观——古常道观，建筑雄浑庄严。金碧交辉，环境摇青耸翠，泉林交荫。观后有一岩洞，后世遂称为“天师洞”，内有张天师石刻像。观前有古银杏一棵，传为天师手植。

印度、中亚和西亚同中国古代的联系主要通过西域、南海，滇缅五尺道和牦牛道三种途径。古巴蜀位于这三条途径的交汇处，体现了佛教南传与北传在这里交汇的特点。近年来巴蜀地区发现不少东汉晚期的佛教造像：绵阳何家山 1 号崖墓出土的摇钱树上的铜铸佛像，乐山柿子湾 1 号崖墓和麻浩 1 号崖墓的石刻佛像，流失到日本的几尊摇钱树佛像。还有佛教类造像，如西昌以及绵阳何家山 2 号墓出土的摇钱树西王母额中有小圆圈，似为佛教白毫相特征。摇钱树上常见莲花、羽人与西王母相伴，这是佛教传入初期仙佛相混的特征。

巴蜀作为佛教禅宗的重要阵地，产生过一大批杰出人物，如唐代修禅十大家中就有巴蜀人马祖道一、圭峰宗密等五家，他们在全国禅宗内力量最为雄厚。宋代时，巴蜀禅宗在全国已占绝对优势，并形成了自身的传承系统。故佛学界有“言蜀者不可不知禅，言禅者尤不可不知蜀”之说。四川的寺院丛林与四川禅宗的发展是密切相关的。巴蜀地区的著名禅林寺院有成都的昭觉寺、大慈寺、文殊院、宝光寺，梁山（今梁平）的双桂堂，遂宁的广德寺，内江的圣水寺，重庆的华岩寺等。

南传与北传佛教在唐代以后的巴蜀出现了斑斓驳杂、复杂交流的局面，使巴蜀成为中国佛教石刻造像最多的省份，其分布之广、造像之多、题材之富、技术之精，为全国所仅见。直到今天，四川盆地中广元的千佛崖和皇泽寺，巴中的南龛和水宁寺，安岳的千佛寨、玄妙观、卧佛院、华严洞、毗卢洞，大足的北山、南山、宝顶山，邛州的花置寺，大邑的药师崖，夹江的千佛崖，蒲江的飞仙阁等地的佛教石刻造像仍然保存完好，名扬远近。

乐山凌云寺大佛通高 71 米，头高 14.7 米，足背长 11 米，赤足上可围坐百人。始建于唐玄宗开元元年（713），完成于唐德宗贞元十九年（803），前后历时 90 年，经过唐代高僧海通禅师、剑南节度使章仇兼琼、剑南西川节度使韦皋等累代修筑，才成了今天这样的规模。

巴蜀地区，聚居和杂居着汉、藏、彝、土家、羌、苗、回、纳西、傈僳、布衣、满、蒙古等 14 个少数民族。汉族构成巴蜀地区人群的主体，主要聚居于四川盆地内。而盆地四周的高山、高原区则主要为少数民族的聚居地或生活区。西部高原和山地主要是藏、彝、羌等少数民族聚居区，盆地东缘山地主要是土家族和苗族聚居区。其他人口较多的十多个少数民族则散居于四川和重庆各地，少数民族总人口数有 300 万。

春节贴春联之习起源于巴蜀。后蜀时，孟超自吟“新年纳余庆，嘉节号长春”一联贴在宫门上，代替过去贴桃符、门神，这就是中国春联之始。

巴蜀节令习俗最大的不同之处是俗众参加的游乐，“西蜀游赏之盛甲于天下”，其游赏习俗常同各种艺术表演相结合，“倡优歌舞，娥媌靡曼”，体现了蜀人重文学儒雅之风的特色。如每年四月十九日浣花夫人诞日举办“浣花大游江”，这就是自唐代以来成都独有的习俗。这一天倾城出动，锦江舟接樯衔，两岸彩棚连座，十里不断。地方官带头出游，叫作“遨头”，百姓人家则自带座具“遨床”，因此这一活动又叫“遨游”。

巴蜀文化五千余年，从秦汉到现代，产生了司马相如、扬雄、陈子昂、李白、苏轼、张木式、杨升庵、张问陶、李调元、郭沫若、巴金等文化巨匠。在许多文化领域，诸如汉赋、唐诗、宋词、巴学、蜀学、史学、道教、天文、易学等方面，都处于全国前列。巴蜀文化宗教与齐鲁的儒学、三晋的法学、荆楚的道家，共同形成了中国古代文化的显著特色。

“巴蜀文化”作为学术术语提出已近90年，郭沫若、卫聚贤、顾颉刚、徐中舒、蒙文通、冯汉骥、任乃强、缪钺、张秀熟、邓子琴等国学大师对巴蜀古史传说、古代历史、民族、学术、宗教和考古等方面进行开拓性研究，取得了一批划时代的成果。在西南地区，四川大学和重庆大学等素来是巴蜀文化研究的带头人，90多年来先后出版和发表了约450余种论著，巴蜀考古也获重大成果：三星堆遗址的发现和研究，以成都“宝墩文化”命名的古城遗址发掘，三峡古人类遗址的发现，都凝聚了川大学人的心血，1999年川大师生对三峡李家坝原始人遗址的抢救性发掘，被评为该年度“十大考古发现”。博物馆4万余件以巴蜀及西南文化为主要内容的文物收藏，为研究工作提供了丰富的实物条件。

四川大学早在1991年即已成立巴蜀文化研究中心，1997年开始的“211工程”，又将巴蜀文化研究列为重点建设课题，有中国古代史、考古学、专门史三个博士点和博士后流动站，为巴蜀文化高级人才的培养提供了学术保障。

把学术文化研究成果，创造性、精准性地应用于国民经济中的文化再生产，提升文旅的文化品质和亮点。学术力量注入巴蜀文化发展，必将使巴蜀文化在人类文化交流发展中大放异彩，对人类命运共同体做出独特的贡献。

二、巴蜀旅游带

食必常饱，然后求美；衣必常暖，然后求丽；居必常安，然后求乐。第二次世界大战后世界旅游业的兴盛，是在全球经济恢复、发展、繁荣的基础上逐渐兴起的；而根本上是人类满足基本物质生活后，精神文化生活的内在驱动力促成的。

旅游资源，广义上可以分为自然资源和人文资源两大类。自然资源，包括自然环境、自然要素、自然物质和自然现象构成的自然景观。人文资源，包括实物形态的文物古迹，无形的民族风情、社会风尚等。而从现实角度，只有经过人为的转化，自然资源才能由潜在旅游资源变为现实的旅游资源，自然旅游资源同样具有文化性。

为爱丈人山，丹梯近幽意。去巴蜀旅游，你无法拒绝她火辣辣的美食，无法拒绝她惊艳的自然风光，更无法拒绝她的古蜀文化。巴蜀最大的特色是雄险幽秀的自然景观，往往包含着人杰文昌的深厚的文化内涵。如：剑门蜀道具有丰富的三国蜀汉文化和梓潼文昌文化，以及女皇武则天故里的文化内涵；九寨黄龙一线具有夏禹文化、古蜀岷山文化、三国蜀汉文化的内涵；泸沽湖具有“母系王国”的文化内涵，等等。

蜀山如鸟道，剑阁郁嵯峨。螺髻九十九里，世界自然遗产九寨沟、黄龙寺，世界文化遗产都江堰、青城山，世界自然和文化双遗产峨眉山、乐山大佛，世界自然遗产中国四川大熊猫栖息地等享誉中外。稻城亚丁自然保护区、伍须海、燕子沟、七洞沟、海螺沟、四姑娘山、三星堆、武侯祠、杜甫草堂、宽窄巷子、蜀南竹海、西岭雪山、米亚罗、毕棚沟、红原大草原、若尔盖，黑水达古冰川、蒙顶山、八台山、鱼泉山、花萼山国家级自然保护区、龙潭河、大竹河、佛爷山、观音峡、东林山森林公园、白鹿恐龙园等名胜古迹自然风光独具魅力，大熊猫国家公园主要区域在四川。旅游产业已成为巴蜀的重要支柱产业之一。

巴山蜀水，自古有雄险幽秀之称：仙女山、金佛山、长江三峡、大巴山、凤凰山、花萼山、光雾山、华蓥山。经过当代的开发，今天更增加了“神奇瑰丽”的特色：黄龙山水的瑰丽，熊猫世界的趣，恐龙世界的奇。从线路上看，有西北线的九寨、黄龙、四姑娘山、贡嘎山，有北线的剑门蜀道，有东线的三峡风光，有南线的蜀南竹海风光和泸沽湖探秘。整个巴蜀景观布局疏密相间，如金线穿珠，珍珠满盆，几乎每个县都有可供旅游的景点。

旅游者以追求精神享受为目的，根本上是文化消费者。旅游的本质属性是文化消费，发展到今天，已经从大队人马的上车睡觉、下车拍照、回来瘫软的时代迈向特色小众、精准定位，文化的深层次挖掘与呈现，更加注重体验互动和获得感的时代。无疑，旅游的文化性竞争日益凸显，由文化发展旅游、繁荣经济，已成为世界旅游发展的大趋势和主潮流。

因此，旅游业的核心产品只能是文化产品或文化含量高的产品，旅游经营者只有为消费者提供高质量的文化产品，才能从交换中实现盈利的目的。

旅游文化的继承性、地域性、民族性和时代性特征，内在要求巴蜀文化带的旅游在充分继承巴蜀文化带的历史文化和新时代、新文化内容的基础上因地制宜，最大限度地发挥其地域性和民族性特色。

巴蜀旅游资源的开发者不仅要了解旅游资源本身的特征和功能，还必须了解游客所追求的文化特征，开发出满足各类旅游的文化旅游产品。我们必须在这一形势下适时调整战略，适应、甚至引领这一潮流，在这一潮流中成为世界级文化旅游目的地。

三、巴蜀生态带

中华民族向来尊重自然、热爱自然，绵延五千多年的中华文明孕育着丰富的生态文化。中国人自古认为“天地与我为一，而万物与我并生。”“财成天地之道，辅相天地之宜”。把天、地、人统一起来、把自然生态同人类文明联系起来，按照大自然规律活动，取之有时，用之有度。

巴蜀生态带以重庆、四川盆地为核心区域，四川盆地是中国四大盆地之一，位于四川省内的“紫色盆地”，总面积约26万多平方千米，位于亚洲大陆中南部、中国西南部，囊括四川省中东部，由青藏高原、大巴山、华蓥山、云贵高原环绕而成，可明显分为边缘山地和盆底部两大部分。边缘山地从下而上一般具有2—5个垂直自然带。自西向东分为成都平原、川中丘陵和川东平行岭谷。四周为海拔2 000—3 000米的山脉和高原所环绕，北面是大巴山、米仓山、龙门山，西面是青藏高原边缘的邛崃山、大凉山，南面是大娄山，东面是巫山。

巴蜀生态带蕴含丰富的自然资源：动物资源、植物资源。

动物资源：巴蜀生态带是中国动物种类最多、最齐全的地区之一。据统计，除鱼类外，盆地底部共有动物417种，盆地西缘、北缘和南缘山地分别为487种、317种和288种，其中经济动物均占一半以上。盆地西缘山地是中国特有而古老动物保存最好、最集中的地区，属于一类保护动物的有大熊猫、金丝猴、扭角羚、灰金丝猴、白唇鹿等。还有珍贵特有动物小熊猫、雪豹、鬣羚、短尾猴、猕猴、毛冠鹿、水獭及鸳鸯、血雉、红腹角雉、绿尾虹雉、白腹锦鸡、红腹锦鸡等。盆地西缘的平武、青川、北川、宝兴、天全、洪雅、马边等地，均为中国大熊猫的主要分布区。已设立唐家河、王朗、卧龙自然保护区、蜂桶寨、喇叭河等7处大熊猫、金丝猴等自然保护区，是构建大熊猫国家公园的主要区域。酉阳、马边、平武等盆地边缘山地溪沟中的大鲵及长江、金沙江中的中华鲟、白鲟也为四川所特有，均属国家保护动物。

植物资源：植物近万种，古老而特有种之多为中国其他地区所不及。在盆地边缘山地及盆东平行岭谷尚可见水杉、银杉、鹅掌楸、檫木、三尖杉、珙桐、水青树、连香树、领春木、金钱槭、蜡梅、杜仲、红豆杉、钟萼木、福建柏、穗花杉、崖柏、木瓜红等珍稀孑遗植物与特有种。在湿热河谷可见桫椤、小羽桫椤、乌毛蕨、华南紫萁、里白等古热带孑遗植物。四川盆地的地带性植被是亚热带常绿阔叶林，其代表树种有栲树、峨眉栲、刺果米槠、青冈、曼青冈、包石栎、华木荷、大包木荷、四川大头茶、桢楠、润楠等，海拔一般情况下在 1 600—1 800 米以下。其次有马尾松、杉木、柏木组成的亚热带针叶林及竹林。边缘山地从下而上是常绿阔叶林，常绿阔叶与落叶阔叶混交林，寒温带山地针叶林，局部有亚高山灌丛草甸。

生态文明建设是关系中华民族永续发展的根本大计。人法地，地法天，天法道，道法自然。不违农时，谷不可胜食也；数罟不入洿池，鱼鳖不可胜食也；斧斤以时入山林，材木不可胜用也。

更有自周朝延续到清朝的虞衡制度和法令，使生态发展成为国家意识形态、民众生活状态。《周礼》有“山虞掌山林之政令，物为之厉而为之守禁”，“林衡掌巡林麓之禁令，而平其守”。秦汉时期，虞衡制度分为林官、湖官、陂官、苑官、畴官等。法令：周文王《伐崇令》规定：“毋坏室，毋填井，毋伐树木，毋动六畜。有不如令者，死无赦。”

以史为鉴，可以知兴替。生态兴则文明兴，生态衰则文明衰。以巴蜀动植物资源为核心的巴蜀生态旅游，结合今天的森林教育、康养、休闲为一体，推进生态文明区域顶层设计和制度体系建设。从历史中总结经验教训，从实践中探寻规律方法，科学把握人与自然的关系，正确处理生态文明建设问题，在“时、势”大背景下使巴蜀生态、旅游、文化、文明再上一历史的新台阶。

四、建议与方法

以现有参与单位为基础组建“巴蜀文化联盟”，推举联盟主席及主席单位，设立秘书处负责日常工作，进一步联合各地文旅、生态资源等机构扩大联盟外延体系，形成以巴蜀文化带为核心促进巴蜀生态带、旅游带融合发展，构建巴蜀地区新产业体系，响应国家西部大开发政策，以文化引领，多头并举，促进中国西部地区绿色发展，实现中华民族伟大复兴的西部梦。

（一）充分发掘文化内涵，提高巴蜀文化品位

巴蜀文化底蕴深厚，开发利用潜力巨大。深入调查研究，大力加强对历史文献的收集整理和开发利用，使蕴含在生态、旅游资源中的文化潜能得以充分释放；要充分发挥历史、文学、建筑、工艺美术、园林、服装设计，以及音乐、书法、绘画、雕刻（塑）、装潢等专业人员的智慧，充分依靠艺术手段和科学手段，将生态、旅游资源进行艺术化处理，使生态、旅游资源的文化内涵能够生动、形象地展示出来；要通过举办一系列的生态、旅游节庆活动或者建设一批主题文化公园来显示博大精深的巴蜀文化内涵；要特别重视生态、旅游文化策划工作，切实解决存在的整体生态遭破坏、旅游形象不够清晰、产品文化档次不高、市场文化营销策略不高明的问题，真正把生态、旅游提高到一个新水平。

（二）加强了解生态、旅游消费者的文化需求

作为生态、旅游经营者必须了解生态、旅游消费者的文化需求和文化精神特征。比如，要研究不同的生态、旅游消费群体，把握消费者的文化消费心理。如当今世界一部分人长年生活在拥挤喧嚣的城市中，过着节奏紧张、竞争激烈的生活，许多人想放松情绪，希望返璞归真，回归自然，因而生态旅游、农家乐、农业观光游等应运而生，并逐步成为时尚。

外国旅游者更希望能够了解中国的社会经济文化发展状况，了解中华民族的生产、生活、信仰、娱乐等方面的习俗。一般而言，生态、旅游者的文化消费心理，可从审美、求新、求知、求乐、怀旧、偏爱、共鸣、从

众等，要针对这些心理需求，开发一些有特色的项目。

（三）进一步调整和优化生态、旅游开发格局

当前，生态、旅游需求消费的重心正在由观光型向文化型、保健型和生态型等方面转化。打造一批生态、旅游精品，重点开发有关生态文化、健康娱乐、度假休闲、会务和商务型旅游产品，以及独具文化特色的商品。要突出抓好自然生态游、湖光水色游、田园风光游、湿地草场游、农业观光游和农家乐等场地建设。要加强度假村、野外宿营地、户外活动中心和社区文化活动中心的建设。要改善城市的总体环境，建立大型的会议服务中心，积极争取各种学术、经贸、体育、文化等国内国际会议在中国举行。在文化特色商品方面，要积极开发雕塑、陶瓷、建筑、烟花、湘绣、书画、竹木等工艺品。各地都要围绕自身独有的文化特色来展开。

（四）全面加强生态、旅游文化建设

生态、旅游业是一项涉及“吃、住、行、游、购、娱”六要素的综合性产业，其文化建设除抓好生态、旅游资源文化内涵的挖掘外，还要抓好旅行社、旅游宾馆、旅游车船公司等企业、旅游目的地的文化建设。企业的有形产品，除了要具备实用的功能外，还必须满足顾客求美、求新、求知的文化功能。作为主要接待的旅游饭店，要突出其建筑文化、装潢文化、功能文化和服务文化的建设，重视大堂文化、楼门文化、卫生间文化、餐厅文化和休闲娱乐文化等方面的设计和建设。旅游目的地要营造一种浓厚的文化氛围，借以提高旅游区的品位和档次。市场营销，除加大产品的文化内涵外，营销人员自身的文化素质、言谈举止、礼节礼仪都要体现一个民族、一个区域的文化特征，给人以鲜明的高品位文化形象。

参考文献

［1］中国共产党第十九代表大会五中全会公报。
［2］习近平：《推动我国生态文明建设迈上新台阶》，《求是》2019 年第 3 期。
［3］乐后圣：《文化军事战略》，北京：新华出版社，2011 年版。
［4］卢德之：《共享文明—人类文明融合发展的最新形态》。

国际视野下巴蜀文化的十大特色

谭继和[①]

一、《蜀道风流》电视专题片的特点

《蜀道风流》引起海内外热切关注，有三大优点：

（一）重视“平民视角”

注重平民全方位具象文化生活的精彩翔实，具体生动的实际细节同四千五百年巴蜀文明的宏大叙事与历史进程相结合，讲出利于传播的鲜活故事，展现最精彩、最有活力的人的活动。如开篇以深山竹林中，竹编艺人为都江堰编卵石竹笼的故事，引出都江堰工程的宏大叙事，使人思考都江堰活的长城是普通大众活的灵魂筑成的，特别感人。

（二）重视“心灵记忆”

历史与现实“错综古今”（司马相如语）相结合；有形的“蜀道”与无形的“风流”相结合；“蜀道难，难于上青天”的心灵震撼与“蜀道易，易如履平地”的心灵享受相结合；让亲历者追忆细节，让见证者感悟得失，让思想者升华境界；讲出心田里浸润出来的故事，讲出社会公众效应的故事；展现人的色彩、人的情感和人的思想，有利于铸造文化为魂的精神

---

① 谭继和，四川省政府文史研究馆馆员，四川省社科院二级研究员，四川省历史学会会长。

家园。

（三）重视“共同体”认知

人类与大自然同命运的共同体、中华广域文化共同体、中华民族命运共同体、巴蜀地域文化共同体、巴人共同体与蜀人共同体……这些视角，通过“文化中国”的认知，紧密融汇在一起，促进和提升对巴蜀文化的本土文化的自信。

二、国际视野下巴蜀文化的十大特色

（一）在中华广域文化共同体的全局观、整体观视野下，研究、阐释和宣传巴蜀地域从古到今的文化品性、文化成就、文化特点和亮点，用新的概念和文化标识阐发巴蜀地域文化在整个中华广域文化共同体中的历史方位及其历史贡献。

1. 古巴蜀文明是中国文化内部的多个发源地域之一。它的神奇、神秘、神妙特色，是在华夏老祖宗薪火相传的“最早的中国”“华夏大九州”大一统观念的祖源记忆范畴内，在中原文化为凝聚向心力的核心引领下形成的。巴蜀人对华夏九州大一统的理念、对中国大一统的身份认同，与中原人是一样的，从来不是独立的，更不是秦国灭巴蜀后才进入华夏文明的。但在华夏文明范围内，巴蜀人有自己不同的地域特色文化解读。如“三皇”，中原释为燧人氏、伏羲氏、神农氏等数种说法，而巴蜀则称“三皇”为天皇、地皇、人皇。人皇有九囿（即九州），有兄弟九人。巴人与蜀人共居“一囿”为梁州，说明巴与蜀的兄弟关系早在古老的“人皇九囿”时代（按：李学勤先生认为人皇时代应是新石器时代）的梁州地域内已经形成。今天有些学者把华夏文明与巴蜀文明、良渚文明并列为上古各自独立的“三大文明”，此种说法还很流行。这是错误的、有害的误导，更不利于国际传播。

2. 地域文化的比较研究是需要的，但应放在统一的中国广域内，对各地域不同发展模式与发展途径的差异，加以比较研究。如把巴蜀文化个性特色的亮点，同河洛、燕赵、吴越、齐鲁、荆楚、湖湘、关陇、岭南等地方文化比较研究，更能突出巴蜀宣传的社会效果。

（二）用老百姓能懂、国际社会能理解的话语，宣传巴蜀对中华农桑文明起源的三大贡献。

1. 以“都广之野”为文化地标的中国农业三大起源地之一，以“天府之国”为文化地标的优越秀冠的天府农耕文明。

2. 以蚕丛氏由食虫野蚕变为掌握栽桑丛聚养家蚕的故事，讲“天府丝绸，文明摇篮”，巴蜀对中华独特的唯一的丝绸文明起源的贡献。老官山汉墓提花机是中华丝绸文明的标志性遗产。

3. 北方丝绸之路上发现“五星出东方利中国”的蜀锦肩膊故事，体现了蜀人对“中国身份”的文化认同和凝心聚力于大一统中国的文化自信的宣传手段，是古代丝绸之路上首次出现的“文创智慧”。

（三）讲初唐四杰王勃“观景物于蜀”，点赞蜀中山水是“宇宙绝佳的景观”（原话：“宇宙之绝观也”）的写诗故事，解读“三九大”中的“九大”所体现的巴蜀生态绿舟的神奇。

（四）“水润天府”理念与蜀水文明的国际传播。

水是文明之母，文明伴水而生，是国际社会的共识。不同的是：西方文化由毕达哥拉斯总结为“水是万物的原则”，东方文化由李冰总结为“珍水万世万代”（原话：“珍水万世焉”）。这个理念是从出生于西蜀羌乡的大禹以“上善若水，道法自然”理念治理岷江开始的，形成江沱文化为核心的成都平原扇形水系与都江堰水利工程遗产。

（五）对“三九大”中三星堆文化的解读众说纷纭。

宜于从本土文化的原始崇拜与世界原始民族的祖先崇拜不同讲起，力破西方文化神权国家学说的话语体系，建立本土文化“神仙”为特征的浪漫主义文化创造力的认知体系。把文献记载的古蜀五祖蚕丛、柏灌、鱼凫“皆仙化”，望帝成杜鹃、开明上天为开明兽的羽化飞仙故事与三星堆、金沙文物中的青铜鸟崇拜与神树崇拜、羽人崇拜与太阳神鸟崇拜互相印证，说明以“羽化飞仙”为特征的翱翔宇宙、控引天地（司马相如语）的蜀人本土文化想象力的高超。岷山小昆仑是古蜀神仙道和中华神仙说的起源地，后来的道教就是以古蜀神仙说为核心创立的。至今成都人的“九天”仙乡人居与逍遥自在似神仙的生活方式，以及浪漫梦幻的巴蜀精神创造力，就是巴蜀文化基因土生土长、传承薰育的结果。这是本土文化话语，是巴蜀祖先崇拜的祖源文化。三星堆文化是蜀文化以重仙化为特色的浪漫主义、梦想主义、理想主义的原创之路的源头之一，与西方文化、中亚西亚文化“神权国家”的话语有本质的不同，不能拿“神权国家”来解读三星堆，要有三星堆金沙的本土概念体系和话语体系。

（六）宣传巴蜀是中华怡人文化的体验地，宣传“安逸”（源起蜀人运用诗经和庄子话的方言）、“巴适”（源起巴人形容小垻吊脚楼上吃粑粑很舒适的方言）是巴蜀怡人文化心灵享受的习惯用语。

1. 宋代浣花大游江、小游江、大慈寺夜市、遨游、遨头与遨床。

2. 中华茶文化、盖碗茶文化、茶馆文化的起源地。

3. “味之君子”盐与盐茶道。

4. 川菜美食之都。

5. “蜀国弦”与蜀派古琴。

6. 川剧、清音与说唱艺术。

（七）宣传与阐释成渝双子星座为标志，以城乡一体为特征的巴蜀城镇网络体系形成发展的历史。

从巴的三峡文化、罗家坝遗址、城坝遗址到蜀的宝墩文化、三星堆文化、十二桥文化、商业街战国船棺葬等讲起，讲述巴蜀中心聚落到古国王都的形成说明巴文化与蜀文化早在“其维首在陇蜀”（《史记·天官书》）时代即已是同根同源发展起来的，几千年共一家，刚柔相济、阴阳相合的巴蜀文化共同体。

成渝双城经济圈的建设，其根与魂是双城文化圈的建设，这是成渝文化圈历史发展的必然趋势和现实需求。巴与蜀的差异互补是共同发展的动力，巴与蜀的特色整合是合作发展的方向，巴与蜀互争短长是兄弟情感基础上的互相学习，各显奇瑰。

（八）巴蜀名人辈出，多千古风流人物。

巴蜀名人的特点是：

1. 巴蜀历史名人在中华名人星空中恒占重要位置，灿若星辰，不少居于北斗星辰的引领地位。“天地有大文，吾蜀擅宗匠”，故巴蜀有“文宗在蜀”“才女在蜀”两大特点。

2. “（才华）奇瑰、（胸襟）磊落，唯蜀有才。”（孙中山语）

3. 蜀中父老，“盖多非常之人，做非常之事，然后成非常之功”（司马相如《难蜀中父老》语）。巴蜀人勇于创新，敢为人先，是非常创新、非常创造的非常之人。

（九）蜀学是巴蜀文化的学术内核，是巴蜀文化之魂。

蜀学的特征是重今文经学，重文史，重民生。蜀学的内涵与范畴是：以蜀解儒经为本，融汇释道，会通诸子百家，这是形而上；贯串百科六艺，直至于琴棋书画，这是形而下。

（十）从古至今，巴蜀创造了百项左右中国第一与三十多项世界第一的历史文化纪录，应面向国际宣传。

国际视野看巴蜀文化四大特征：

1. 巴蜀生态的神奇。

2. 巴蜀文态的神秘。

3. 巴蜀心灵美学享受的神妙。

4. 巴蜀非常人才的创新创造。

从三星堆文化看古代文明的本质特征

段　渝[1]

殷商时代，在秦岭以南、横断山纵谷以东的长江上游地区，以今成都平原广汉三星堆为中心，分布范围北达陕南汉中，东至长江三峡，南临古代南中，西及横断山东麓的古蜀王国，是一个神权与王权高度结合，实行神权政治的古代王国[2]。从物质文化上看，三星堆文化的古代文明特征是显而易见的：宏阔的古城、灿烂的青铜制品群、滥觞的文字、伟大的艺术、盛大的礼仪中心等等。但是，三星堆文化所呈现出来的那些古代文明的非物质文化特征，却并不是那么容易一眼看穿的，必须通过多层面、多角度的分析才有可能揭示出来。本文试对此略做分析，就正于海内外博学通人。

一、分层社会的复杂结构

王权形成并诞生于分层社会之中。在文明社会之前的酋邦（Chiefdom）时代，社会分层还是一种比较简单的等级制结构，不论在深度还是广度方面都还没有达到国家形态的复杂社会水平。只有在文明时代，复杂的分层社会中所诞生的王权，才具备了对社会政治、经济、意识形态的全部垄断

① 段渝，四川师范大学巴蜀文化研究中心主任。

② 段渝：《商代蜀国青铜雕像文化来源和功能之再探讨》，《四川大学学报》1991 年第 2 期。

权，即凌驾于整个社会之上的至高无上的统治权力。

在三星堆文化的时代，古蜀王国已经是一个在中央集权统治之下的高度复杂的分层社会。这个复杂的分层社会由区分为阶级的各个人群所共同构成，存在着统治阶级和被统治阶级的区别，其间的界线壁垒森严，各阶级的内部又有着不同的阶层和职业集团。

古蜀王国的统治阶级由国王、王室子弟、姻亲、贵族、臣僚和武士等构成，也包括分布在各地的大大小小的地方性族群之长，他们都是世袭贵族，世世代代享尽荣华富贵。

《古文苑》载扬雄《蜀都赋》“密促之君”下章樵注引《蜀记》说：“上古时，蜀之君长治国久长。”《全汉文》载扬雄《蜀王本纪》也说：“蜀王之先，名蚕丛，后代名曰柏濩，后者名鱼凫。此三代各数百岁，皆神化不死。”

这里的“治国久长”也好，“各数百岁”也好，其实都是指统治阶级的世官、世职制度，也就是所谓世袭制度。三星堆1号祭祀坑和2号祭祀坑出土的各式青铜人像、人头像[①]，其间的时代相距达百余年以上，可是它们却在若干基本形制方面，比如面相、表情和衣式、冠式、发式等方面颇为一致，具有明显的继承性，意味着它们所象征的历代统治者集团完全是一脉相传、世代相袭的，在政治上所实行的是王位和贵族的世袭制度。

古蜀王国统治阶级的上层和核心是一个权势倾人的神权政治集团，这种情况可以从三星堆1、2号坑内出土的大量青铜制品、黄金制品、象牙、海贝和玉石器得到确切证明。三星堆出土的青铜器的总重量达1 000千克以上。如此巨量的青铜器，需要5—20倍的铜矿石才能熔炼出来[②]，也就是说，

① 本文所引三星堆考古资料，除特别注明外，均见四川省文物考古研究所：《三星堆祭祀坑》，北京：文物出版社，1999年。

② 青铜制品与青铜原料的熔炼比例至少为1∶5，若是贫矿，比例可高达1∶20以上。参考中国古代冶金编写组：《中国古代冶金》，北京：科学出版社，1976年。

需要5 000千克—20 000千克铜矿石原料，才能炼出三星堆出土的青铜器，这还不包括制作青铜器所必需的锡和铅。成都平原本土缺乏制作青铜器的铜、锡、铅等原料，这些原料只能通过某些途径，远距离地从其他地区进口。我们曾经从四川与云南青铜器合金成分相近的角度，推论三星堆青铜器的原料很有可能来自四川盆地以南的云南地区①，而金正耀教授等对三星堆青铜器高放射性铅同位素的研究成果②，当可以充分证实这一假说。三星堆古蜀王国要获得铜、锡、铅等青铜原料，其获取途径主要包括贡纳、贸易以至掠夺，其交换代价无疑是十分巨大的。因为，贡纳必须以征服为前提，而征服又必须以豢养一支强大的军队为前提，付出包括武器装备、军事训练、组织管理、指挥系统、食物供应等在内的人力、财力、物力和组织等方面的沉重代价。至于征服而后的占领，则情形更为复杂。其实掠夺也是如此，倘若没有供养一支强大的军队，要从遥远的云南地区掠夺回如此巨量的青铜原料，是绝不可能的。即令是远程贸易，也必须付出商队组织、军事保护，以及用以交换的物品等代价。能够以付出如此高昂的代价来占有并享用这些贵重物品的，除了核心统治者集团而外，没有任何个人和社会集团能够做到。至于其珍贵价值远远超过青铜器的黄金制品，以及数量庞大的整支象牙，和专门用于重大祭祀和礼仪场合的成批玉石制品，其获取和制作过程及其使用权力，也都同样不是除了核心统治者集团而外的其他任何个人和社会集团所能够拥有的。这就说明，居于三星堆古蜀王国最上层的核心统治者集团——神权统治集团，垄断了这个王国的所有青铜原料和其他贵重珍稀物品的获取、占有和使用等一切权力。

三星堆遗址巨大的城墙也是神权统治者集团高高在上的重要证据。据试掘，城墙横断面为梯形，墙基宽40余米，顶部宽20余米。调查与勘测

---

① 段渝：《四川通史》第1册，北京：四川大学出版社，1993年，第146页。

② 金正耀等：《广汉三星堆遗物坑青铜器的铅同位素比值研究》，《文物》1995年第2期。

结果表明，三星堆遗址古城东西长 1 600—2 100 米，南北宽 1 400 米，现有总面积 3.5—3.6 平方千米，其规模超过了早商时期商王朝统治中心的郑州商城。修建如此高大坚固的城墙，开掘如此巨量的土方，加上土方运输、工具制作、城墙设计、城垣施工、食物供给、组织调配、监督指挥，以及再分配体制等一系列必需的庞大配套系统，足以表明统治者集团控制着足够支配征发的劳动力资源，控制着众多的人口，控制着丰富的自然资源和生产资源，控制着各种各样的劳动专门化分工和各种类型的生产性经济。神权统治者从把自然资源、生产性资源和劳动力资源物化为大型城墙建筑的角度，来显示国家的巨大威力，来标志神权与王权的强大和尊严，来象征统治权力的构造物和它的无限支配能力。而城圈的广阔，则表明城内的社会生活、政治结构早已超出酋邦制水平。结合对众多劳动者的统治和对丰富自然资源和社会财富的控制来看，已有一个集权的国家组织，应当是没有疑问的[①]。这个集权的国家组织的核心，便是政教合一的神权统治者集团，他们拥有并掌握着政治、经济、军事、宗教、意识形态等一切大权。

在核心统治者集团的外围，是由各级臣僚和分布在各地的大小权贵以及众多的地方性族群之长所组成的统治阶级中下层，他们的权力或大或小，各受其上层或王室的直接指挥和制约，整个统治阶级呈现为一种层层从属的金字塔结构或品级结构。

三星堆古蜀王国的统治阶级豢养了一支常设的武装力量。在三星堆遗址两个祭祀坑内出土了大批玉石兵器，主要有戈、矛、剑等形制，虽然它们在这里充当的是礼仪用器的角色，但它们毫无疑问是从实战使用的兵器演化而来的，而戈、矛、剑正是商周至春秋战国时期古蜀王国最富特色也是最重要的作战武器。在三星堆 2 号祭祀坑中还发现了 20 件青铜戈，均为三角形援直内无胡戈。这批青铜戈的特点，在于上下援均作无刃的锯齿形，

① 段渝：《巴蜀古代城市的起源、结构和网络体系》，《历史研究》1993 年第 1 期。

显然它们同样也是充作礼仪用器的。但同样显然的是，它们也毫无疑问地是从实战兵器演化而来的。在陕南汉中地区，也就是在古蜀王国的北部边疆，历年来发现了大量三角形援直内无胡青铜戈，均为蜀戈，占当地所发现的全部青铜戈的84%，与古蜀文化特有的陶尖底器共存，这就清楚无误地说明了三星堆礼仪青铜戈从实战武器演化而来的事实[①]。三星堆祭祀坑中还发现了不少全身披挂戎装的青铜甲士雕像，既有站立甲士像，又有跪坐甲士像，可以充分证明古蜀王国常设武装力量的存在。在古蜀王国腹心地区的成都新繁水观音和彭县（今彭州市）竹瓦街发现的大量属于殷末的各式青铜兵器，以及在作为古蜀王国北部边疆重镇的陕南汉中城固发现的80多件商代中、晚期的三角形援蜀式青铜戈，更加证明了古蜀王国豢养了一支强悍的职业军队的事实。

古蜀王国的被统治阶级包括各种生活资料、生产资料和精神资料的生产者。大体说来，有各种农业生产者、陶工、木工、漆工、雕刻工、纺织工、酿造工、矿工、石工、玉工、运输工、冶炼工、建筑工、艺人，以及其他各方面的劳动生产者。此外，还有专门的商人阶层，在神权统治集团的支配下，从事对内对外的各种交换和贸易活动。

统治阶级与被统治阶级之间有着壁垒森严的界线，不得逾越。三星堆遗址内多出生产工具的区域，与基本不出生产工具但却出有大批玉石礼器和雕花漆木器等奢侈品的区域之间；几乎完全没有随葬品的狭小墓葬，与瘗埋着巨量青铜器、金器、玉石器、象牙、海贝的大型祭祀坑之间，形成无比强烈的反差和对照。而三星堆遗址内出土的两具双手反缚、跪坐、无首的石雕奴隶像，则意味着统治阶级不但可以剥夺并无偿占有被统治阶级的剩余劳动，而且还握有对被统治阶级的生杀予夺大权。这些，非常深刻而活生生地刻画出了古蜀王国这个神权政体的性质。

---

① 段渝：《巴蜀青铜文化的演进》，《文物》1996年第3期。

二、基本资源的占有模式

按照马克思主义创始人的观点，当社会由于自己的全部经济生活条件而必然分裂成为两大对立阶级时，为了压制阶级之间公开的冲突而出现了第三种力量，这个第三种力量便是国家。恩格斯在《家庭、私有制与国家的起源》这篇重要著作中阐释说：

“由于国家是从控制阶级对立的需要中产生的，同时又是在这些阶级的冲突中产生的，所以，它照例是最强大的、在经济上占统治地位的阶级的国家，这个阶级借助于国家而在政治上也成为占统治地位的阶级，因而获得了镇压和剥削被统治阶级的新手段。因此，古代的国家首先是奴隶主用来镇压奴隶的国家。”[①]

根据恩格斯的看法，统治阶级对被统治阶级所实施的镇压和剥削手段，是通过在经济上所占有的统治地位以及由此所形成的政治组织（国家）而获得的。

恩格斯以后，由于大量新材料特别是人类学和考古学资料的发现与积累，使学术界对于国家起源的问题得以进行更加细致的研究，获得了若干新的进展。其中最重要的成果之一，是在理论上提出了分层的概念，并且提出和进一步完善了基本资源的概念。

社会各人群对于基本资源的不同关系，形成经济分层，它是一切社会分层和权力分层的基础。统治阶级之所以能够在经济上获得统治地位，首先是通过控制并占有基本资源来获得的。美国人类学家弗里德（Morton H.Fried）在其名著《政治社会的演进》（1967）中指出，只要有获取基本资源的不平等情况，就有分层存在，伴随着分层的是社会分化为根本不同的

① 恩格斯：《家庭、私有制和国家的起源》，《马克思恩格斯选集》第4卷，北京：人民出版社，1972年，第165页。

经济集团，那些获取基本资源较多或者获取基本资源不受限制的人构成一个阶级，那些获取基本资源受到限制或者很少能够获取同样资源的人构成另一个阶级。按照弗里德的解释，所谓基本资源，不单是指人们生存和再生产所必需的包括食物、工具等在内的各种消费品，还包括这些消费品的来源①。对此，美国人类学家哈斯（Jonahan Haas）在《史前国家的演进》中进一步补充阐释说，基本资源还应该包括获取和制造维持人的生存和再生产的必需品的那些手段。这些手段包括：食品、用于获得或生产食品的工具、制备食品的工具、对付自然环境的防卫手段，以及对付入侵社会环境的防卫手段，等等②。这些分析，提供了关于古代社会从经济分层到政治分层的认识基础。

以下，我们对古蜀王国的基本资源占有模式进行一些初步分析。

1. 对基本生活资源和生产者的占有与控制

基本生活资源主要是指维持生活所必需的食物。古蜀王国的各级统治者、大大小小的奴隶主，数量不少。从方圆3.5—3.6平方千米的巨大的三星堆古城看，其中必然聚集着大批权贵和显宦。作为商代古蜀王国次级中心城市的成都③，由近年成都市金沙遗址考古发掘的新材料再次证实④，商代晚期它同样是一座颇具规模的早期城市，其中照样聚集着大批权贵和显宦。这些为数众多的权贵和显宦之所以能够花天酒地，为所欲为，生活得很奢侈，最基本的前提就在于他们占有并控制了全部土地资源、生产资源、食

---

① Morton H.Fried，*The evolution of political society*，New York，1969，p.187. 弗里德：《政治社会的演进》，纽约，1969年，第187页。

② Jonahan Haas，*The evolution of the prehistoric state*，New York，1982. 哈斯：《史前国家的演进》，纽约，1982年。

③ 笔者在1992年举行的“纪念三星堆考古发掘六十周年暨巴蜀文化与历史国际学术讨论会”上提出，作为一座早期城市，成都形成于商代晚期。见段渝：《巴蜀古代城市的起源、结构和网络体系》，《历史研究》1993年第1期。

④ 北京大学考古文博学院、成都市文物考古研究所：《金沙淘珍》，北京：文物出版社，2002年。以下引此，恕不一一注明。

物资源以及大量的食物生产者。古蜀王国的贵族统治者们嗜酒如命，三星堆遗址中发现了大量式样不同、制作精美的青铜和陶质酒器①，为这些贵族和权贵们所专有，其腥闻在上、长夜之饮的奢靡场面可以想见。大量的酒必然是以消耗巨量的粮食原料为前提的。这种情况十分明显地说明，古蜀的贵族统治者已经控制了食物生产，控制了食物生产者，而这些又毫无疑问是以对于土地资源的控制和占有为前提的。这种现象，不但是贵族统治者阶级占有了农业劳动者阶级剩余劳动的证据，而且也是他们控制了基本生活资源的证据。

2. 对手工业生产者及其产品的占有和控制

规模庞大的三星堆古城，巨量青铜原料的开采、加工、运输、冶炼、翻模和铸造，大批玉器和石器的生产和加工，大片宫殿、居宅的建筑，以及成都羊子山高达10米、总面积约10 733平方米、使用泥砖130多万块、用土总量达7万立方米以上的三级四方形大型礼仪性土台②，成都十二桥商代大型木结构宫殿建筑③，成都金沙遗址出土的大批青铜器、金器、玉石器和重达1吨以上的象牙，大量的、各式各样精美的金、玉、铜、石、陶质等工艺美术品，如此等等，均无不出自各类专门手工业劳动者之手。而所有这些物质成果并且连同蕴涵在其中的全部精神成果，都统统被贵族统治者们一一攫取，全部据为己有。这就充分表明，这些手工业生产部门已经全部成为显贵们直接控制的生产领域，所有生产者及其产品都成为他们贪得无厌的巨大物质享受和奢侈糜烂生活的重要源泉。

3. 对生产资源包括基本资源和战略性物资的占有和控制

在古代文明之初，铜矿、锡矿、金矿、玉矿等自然资源，往往是一个

---

① 林向：《蜀酒探源》，《南方民族考古》第1辑，成都：四川大学出版社，1987年。

② 四川省文物管理委员会：《成都羊子山土台遗址清理报告》，《考古学报》1957年第4期。

③ 成都市博物馆：《成都十二桥商代木结构建筑发掘简报》，《文物》1987年第12期。

文明古国各种资源中最为重要、并且是最富于战略意义的资源，同时也是一国之中最为重要的物资财富。

三星堆遗址出土的重达1 000千克以上的青铜制品，所消耗的铜矿砂、锡矿石等原材料达5—20倍以上，足见制造青铜器所需的铜、锡矿原料之多，表明神权与王权控制并占有着这些最重要的战略物资资源，或掌控其来源，或获取它们的各种手段。

三星堆遗址出土的各种黄金器物多达100件以上，不仅其金器数量之多，而且其金器形体之大，均为商代中国所仅见①。黄金自古被视为珍宝。人们总是将黄金器物世代相传，从不轻易抛掷，所以亘古以来，考古中发现的黄金器物并不多见。可是仅仅在古蜀国故都废墟的一角，便埋藏着如此丰富的纯金器物，这不能不使人感到古蜀国的神权政治领袖们是何等严密地控制着金矿的开采、黄金的加工和金器的制作，并把所有黄金据为己有。

三星堆遗址出土的玉石器，绝大多数发现于显贵们的居住区和两个祭祀坑当中，这同样表现了玉石资源为统治阶级所控制和独占的事实。

4. 对生产工具以及劳动分工的占有和控制

迄今为止，有关商代末叶之前古蜀窖藏和墓葬中埋葬生产工具的最早材料，见于四川新繁水观音墓葬②和两次在四川彭县竹瓦街发现的青铜器窖藏③。从新繁水观音晚期墓葬开始，蜀墓中埋葬大量成套的金属生产工具的习俗成为传统，并且生产工具还往往与青铜礼器和兵器等形成组合关系，这是很能说明问题的。青铜礼器和兵器是贵族身份和地位的重要代表和象征，在古代“事死如事生”观念的支配下，贵族墓葬中埋葬青铜器数量的多寡，代表着墓主生前地位的高低与身份的尊卑贵贱。蜀墓中青铜生产工

① 段渝：《商代黄金制品的南北系统》，《考古与文物》2004年第2期。

② 四川省博物馆：《四川新繁水观音遗址试掘简报》，《考古》1959年第8期。

③ 王家祐：《记四川彭县竹瓦街出土的铜器》，《文物》1961年第1期；四川省博物馆：《四川彭县西周窖藏铜器》，《考古》1981年第6期。

具与青铜礼器和兵器共生的情形显然意味着，对于墓主来说，埋葬青铜生产工具，与埋葬青铜礼器和兵器具有同样的内涵和意义，具有同等重要的地位。在先秦时期，“国之大事，在祀与戎”[①]。这种体制和观念表现在墓葬中，就是大量埋葬各式精美的青铜礼器和兵器：礼器代表“祀”，象征着对宗教礼仪的占有和控制；兵器代表“戎”，象征着对武装力量的占有和控制。而蜀墓中与青铜礼器和兵器共生的大量青铜生产工具，其意义显然是代表着劳动分工，象征着对生产工具和劳动分工的占有和控制。从整个蜀墓的发展序列来看，墓主生前地位越高，墓葬规模越大，随葬的金属生产工具的数量就越大，品种就越多。四川新都大墓可以说是一个典型代表[②]。这种情形再清楚不过地表明，随葬金属生产工具数量的大小、品种的多少，是与墓主生前的身份和地位有直接关系的。对金属生产工具的占有数量和种类，成为对劳动分工领域的占有深度和广度，以及以此来区分尊卑贵贱的一个十分重要的标志，从一个重要侧面反映出社会分层的情况。

蜀墓和窖藏出土的金属生产工具，大多数是刀、凿、斧、斤、削、锯、锛等，与手工业有着密切关系。这种情形意味着，古蜀的青铜手工业工具是属于官方所有的，手工业生产和分工完全被贵族统治者所控制和垄断。

5. 对宗教礼仪用器以及宗教性建筑的占有和控制

三星堆遗址出土的全部青铜器群、玉石器群、黄金器物群以及某些陶器群，在性质上多属礼仪之器，均在礼仪和祭祀场合使用，无一不为神权政治集团所独占。兀立在成都平原一望无垠的原野川泽上的三星堆古城城墙，也是古蜀神权无比强大的表征，它以无法抗拒的物质形式的力量来威慑万民的心灵，从而达到巩固神权统治的目的。由此可见，宗教神权是古蜀王权最为重要的组成部分，是王权的核心。

---

① 《左传·成公十七年》。

② 四川省博物馆：《新都战国木椁墓》，《文物》1981年第6期。

以上分析表明，在古蜀王国，基本资源是由国家和统治阶级所占有的。其中，自然资源、战略性物资资源和宗教礼仪资源，由统治阶级当中的核心统治者集团代表神权国家所垄断占有，生活资源如粮食、酒类、肉类等和一些生产性资源（如生产工具）则由各级统治者所分别占有，国家则以收取贡赋的形式同各级统治者分享这些资源。

三、再分配系统的运作机制

关于古蜀王国的再分配系统的运作机制问题，可以从以下4个方面进行分析。

1. 农业产品的再分配模式

在古代社会，一切农产品的流动模式，总是从次级聚落流向中心城邑，供各个脱离食物生产的阶级和阶层消费，而次级聚落的食物资源，都从广大农村直接流动而来。

三星堆古城、成都金沙和十二桥遗址，都分布有不少平民的居址、作坊和工场，表明其中存在着大量的非食物生产者。他们当中，有建筑者、运输者、各门各类的手工业生产者，以及艺术者等等，也有贵族统治者们的家奴。这是一大批脱离食物生产的人群，他们的基本生活资料，须由周边甚至远地的农村生产，直接或间接地流向这些中心城邑。这部分农业产品，连同被中心城邑内麇集着的大批贵族显宦们所消耗、挥霍的大量粮食、酒类、肉类、瓜果、蔬菜，以及其他各种食品，均由各个次级聚落和低级聚落以交纳贡赋或其他形式无偿提供。

2. 畜牧和渔猎产品的再分配模式

三星堆遗址出土大量各种兽类的遗骨遗骸，如鹿骨和一些大型动物的遗骸等等。这些动物和野兽，都是狩猎或兼事狩猎、畜牧的部落为中心城邑的统治者提供的，也是一种由次级或低级聚落向高级中心流动的模式。

成都金沙遗址发现了大型占卜用龟甲，十二桥遗址除出土各种兽类遗骨外，也还出土不少龟甲，都是占卜所用的。据动物学家研究，成都十二桥出土的占卜用龟甲是陆龟的腹甲，而陆龟并不出产在成都平原[①]。可见，十二桥出土的陆龟是从外地引进的。根据《山海经·中次九经》《华阳国志·巴志》、左思《蜀都赋》刘逵注引谯周《异物志》等记载，岷山和川东各地出产大龟。古蜀王国在这些地方虽有若干文化传播和渗透，然而究非蜀土，蜀王政令也不能直接抵达。因而，出产在这些地方的大龟，只能是通过贸易交换方式引入古蜀中心城邑，是一种双向性的物资流动模式。

3. 手工业产品的再分配模式

一是贵重的手工业产品，如金器、青铜器、玉石器和雕花漆木器等，仅在中心城邑出现，表现出单向性的流动模式。

二是珍稀原材料，如金、玉、铜、锡、铅、象牙、海贝等资源的流向，可分为几种情况：其中出产在蜀地的，呈单向性地流往中心城邑；不产于蜀地的，则以贡纳或交换等形式，呈单向或双向性地流往中心城邑。如海贝和象牙，分别出产在印度洋和南亚地区，这些产品就只可能通过直接或间接的贸易双向性地交换而来。

三是青铜兵器的流动。三星堆遗址以外各地发现的蜀式青铜兵器，在出土地点均未发现铸铜作坊的遗迹。而在三星堆遗址，却发现大量铸铜的坩埚和铸出铜器后取出的模具碎块，以及大量熔炼青铜器后遗留下来的炼渣，表明三星堆遗址有大型青铜器作坊和工场。这些现象可以说明，包括兵器在内的金属军事装备，在古蜀王国是由中心城邑直接流向次级城邑或各个军事据点的，属于单向性的流动模式。

四是大型礼器群的流动，仅仅出现在古蜀核心统治者集团所在的三星堆古城和作为次级统治中心所在的成都金沙遗址，分布范围极为有限，其

① 转引自王毅：《成都市蜀文化遗址的发现及其意义》，《成都文物》1988年第1期。

成品的制作就在这两座城市内，或部分来源于次级城邑，呈现为封闭式、单向性的流动模式。

4. 富于特殊用途的自然资源的再分配模式

这类自然资源，本身其实是大自然极其普通的赐品，例如土、石、木材等。但由于这类自然资源可以充作各种各样的生产和生活材料，所以被赋予了某种权力或神秘力量的内涵。

据《华阳国志》及其他舆地之书的记载，在成都平原古蜀王国的故土上，有数量众多的巨石建筑，这就是为学者们所盛称的“大石文化遗迹”，来源于古蜀人对其先民及其居住环境的怀念，被作为一种国家崇拜性质的纪念性建筑，矗立在成都平原古蜀王国故土各处。成都平原是一个大河冲积扇平原，本土不产任何大石。作为古蜀王国大石文化建筑材料的巨石，都是从邛崃山开采，经过千辛万苦运送到成都平原，再立于各地的[①]。这种流动，是一种单向性的流动模式。

此外，海洋生物资源的发现应当引起充分注意。三星堆 1、2 号坑内出土了数千枚海贝，其原产地主要是印度洋深海水域和南海，是古代南亚和东南亚地区的通用货币。三星堆出土的海贝，均从印度和东南亚地区交换而来，它们不仅被古蜀王国的权贵们作为财富的象征，更是作为垄断对外贸易的标志。[②]海贝的发现，表明了古蜀王国的权贵们对于外贸及其手段的独占。显然，从对外贸易而言，这是一种互动的、双向性的物资流动模式。

再分配模式体现了生产、消费、交换、分配体系的全过程及其运作机制。古蜀王国的再分配模式，根据上面的分析，大致可以归结为三类结构：第一类是各次级聚落或族体间广泛的互惠性交换和贸易。对于这种结构，

---

① 冯汉骥：《成都平原之大石文化遗迹》，原载《华西边疆研究学会会志》第 16 期，转载《冯汉骥考古学论文集》，北京：文物出版社，1985 年；童恩正：《古代的巴蜀》，成都：四川人民出版社，1979 年，第 83 页。

② 段渝：《古代巴蜀与近东文明》，《历史月刊》1993 年第 1 期。

我们这里不多做分析论述。第二类是各种物资从次级聚落向中心城邑的单向性流动以至高度汇聚，主要物资种类有食物、贵重手工业生产品、艺术品、奢侈品，尤其是富于王权权威和神权权威，以及具有重大战略意义的自然资源和物资。第三类是从中心城邑反向流动于各次级聚落和军事据点的单向性流动，这类物资主要是青铜兵器。第二类物资流动的大规模化及其在中心城邑的集中化所表现出来的高度社会控制，与第三类物资的反向流动所表现出来的对专职暴力机构的控制和垄断，充分说明古蜀王国的王权行使范围和程度，都已远远超出酋邦制组织的酋长权力，达到国家政权的水平。这一方面意味着古蜀王国的城乡连续体、文明中心和原始边缘等多重结构体系的形成；另一方面则深刻地揭示出，在古蜀王国的再分配体制中起决定作用的控制系统，是凌驾于社会之上的国家政权，其核心是王权和神权，其典型物化形式是金杖、青铜雕像群、青铜礼器、青铜兵器、玉石器、城墙、宫殿建筑和大型祭坛。

四、统治集团的分级制体系

权力系统的研究，是了解权力性质、权力行使的广度和深度的关键。在这方面，历史文献基本上是一片空白，什么也没有留下来，但通过对考古材料的分析将可以弥补这个缺憾。三星堆出土的大型青铜雕像群，便是其中的秘密之所在。

我们曾经指出，三星堆青铜人物雕像，包括各式立人像、跪坐人像、人头像、人面像，以及金杖、金面罩等，是古蜀王国采借外来文化并加以创造性适应整合的一种对权力内涵的表现方式。[①]这些采借移入的文化因素，

① 段渝：《论商代川西平原青铜文化与华北和世界古文明的关系》，《东南文化》1993年第2期。

因其处处充满着的神秘王国气氛，因其为古代蜀人所从未曾见，也为整个古代中国所从未曾见，而这恰好适应了古蜀王国在神权的庇护下强化王权的需要。例如，作为王权、神权和财富垄断之权三位一体的最高权力象征物的金杖，无疑就适应了代表蜀王统一政权和群巫之长的标志物那样一种现实需要；而大型青铜雕像群不仅显示了蜀王对物质财富的垄断和在精神世界中的巨大威慑力量，并且还活生生地展现出古蜀王国的神权与王权结构，即群巫从属于大巫、诸王从属于蜀王这一现实的权力结构，也足以使诸神和诸王对于大型礼仪中心的朝拜奢望得到充分满足。同时，这种文化采借和移入，由于在某种程度上有助于古蜀王国的地方主义运动，有助于同"大国商"相抗衡，也特别有助于王权的神化，因而被古蜀加以采借并同自己的文化进行了创造性的整合。

那么，青铜雕像群反映了一种什么样的历史文化背景呢？美国著名文化人类学家 M. 萨林斯和 L. 塞维斯在《文化的进化》中指出，环境（包括自然环境和社会环境）的适应可能引起文化的变迁，但以不影响基本结构为限。[①] 青铜雕像群等新的文化因素集结在古蜀王国的出现，对于土著文化来说，无疑是一种变异。但发生变异的根本原因，不在于社会基本结构的变化——古蜀王国的核心统治者集团依然是以鱼凫王为代表的王者和巫师——而在于适应一种由新的统治层级和结构所造成的新的统治机制。这就是以蜀王为核心的一个统治空间更广、族类更多的政治实体的形成，即以古蜀为中心、包括西南诸民族在内的多元一体的统治的形成。

三星堆 1、2 号祭祀坑出土的青铜人物雕像有好几种形制，各式之间存在着服式、冠式和发式上的若干区别。服式上，有左衽长袍、对襟长袍、右衽长袖短衣、犊鼻裈（短裤裙）等，各不相同。冠式上，有兽面（或花状齿形）高冠、平顶冠、双角盔形冠等区别。发式上，有椎结、辮发、光

① ［美］M. 萨林斯、L. 塞维斯：《文化的进化》第 3 章，杭州：浙江人民出版社，1987 年。

头等区别。不论从人类学还是从中国古代文献对古代民族的识别标准来看，衣、冠、发式都是区分族别的最重要标志，此外还有语言、饮食等。三星堆文化的语言和饮食今已难以详考，但就其衣、冠、发式而言，一、二号坑出土的青铜人物雕像群明显地表现了不同族类的集合。证之史籍，不难看出这些族类包括氐羌和西南诸族。

根据结构分析，这些雕像所代表的社会地位至少有两个层级。二号坑所出连座通高 260 厘米、与真人大小基本一样的头戴兽面（或花状五齿）高冠的青铜大立人像，衣襟前后均饰异形龙纹，双手前伸围抱，做手握象牙状，可以肯定是群像之长、一代蜀王，即古蜀王国的最高政治领袖，同时又是主持宗教礼仪活动的神权领袖，即群巫之长、一代大巫师。第二个层级是各式人头雕像，其间看不出有明显的高低贵贱之分，它们共置一处，无主次之别，意味着地位基本没有差别，当然更不可能是用作祭祀礼仪牺牲（人牲）的代用品。各坑人像与礼器共存的情况，表现出众多族类举行共同祭祀礼仪活动的情景。这个青铜雕像群结构的核心，便是青铜大立人。

青铜大立人头戴兽面高冠，其形象与金杖图案上的人头像一致，表明是最高神权政治领袖。它身着左衽长衣，脑后椎结，与《蜀王本纪》所记载的蜀人“椎结左衽”完全一致，确切表明是蜀国之王、群巫之长。其余各式人头雕像，则是各族首领、次级群巫。不论群巫之长还是群巫，在当时都被各地奉若神明，代表着各地大大小小的神。

在古代社会，各国之君、各族之长同时又是其治民所尊奉的神，这是一种普遍现象。又因为这些君长们主持各种祭祀仪式，垄断天人之际的交通，正如《国语·楚语》所记载的重、黎“绝地天通”一样，因而同时又成了掌握神权的巫师。于是，君统与神统就这样巧妙地结合在了一起。既然三星堆古蜀王国把西南夷群巫聚集一起，共奉蜀之主神，那么，这种群巫与群巫之长、各国之君与天下共主的关系，就形成了一种多元一体，有层次、有主从的层级结构关系。[①]

三星堆青铜大立人，由于其巫师的形象特别突出，由于它高居于群像之上，既有王者之风，又有主神之仪，因此无疑是群巫之长。其他人头像、人面像则多为西南夷形象，或氐羌人形象，它们代表着蜀王治下各地的各级统治者、各族之长或群巫。由此看来，青铜雕像群所表现的内涵，是一个以古蜀王为核心的、有众多族类拥戴的统治集团的层级权力结构。

包括出土青铜雕像群的1、2号祭祀坑时期的三星堆文化面貌，是成序列地继承和演进的，表明从三星堆遗址二期以来，古蜀的社会基本结构未变，统治者族属未变。同一时期三星堆文化的空间分布，除三星堆遗址及其周边区域而外，从考古文化上显示出来的还有成都金沙和十二桥遗址商代文化层、羊子山土台、指挥街遗址、新繁水观音遗址、雅安沙溪遗址、汉源和石棉商代遗址和遗存、重庆忠县㽏井沟遗址、汉中城固青铜器群等，以及古文献如《华阳国志·蜀志》所记载的岷江上游的蜀文化等一大片连续性空间，它们不论在文化面貌还是文化内涵上都同属于三星堆文化，因此均应纳入古蜀文化区范畴[②]。它们与古蜀文化的关系，是蜀文化结构框架中各个层面和各个支撑点同文化中心的关系。其空间构架可以从这样两个方面来认识：

第一，从平面结构看，三星堆遗址与其他遗址的关系，是一种中心遗址与边缘遗址的关系；

第二，从垂直结构看，它们之间又是一种高级中心与次级中心和一般性聚落的关系。

平面与垂直两种结构，使我们能以立体的视角清楚地看出商代古蜀王国的统治在空间上的广延性和层级性，从而看出王权行使的广度和深度。

---

① 段渝：《商代蜀国青铜雕像文化来源和功能之再探讨》，《四川大学学报》1991年第2期。

② 段渝：《三星堆文化·绪论·古蜀文化区》，成都：四川人民出版社，1993年，第9—12页。

从时序的角度看，根据从考古学地层理论发展而来的人类学“年代－区域原则”（age-area principle），在一定条件下，广为分布的文化因素比分布受到限制的文化因素的历史更悠久；一种文化因素的空间分布越广，其历史就越悠久。由此判断，分布在成都平原到汉中盆地的与三星堆文化相同的遗址，由于在当地找不到其起源、演变的序列，而三星堆遗址本身有着清楚的起源、发展和演变序列，年代又早于那些遗址，因而它们必定是三星堆文化在空间上的延伸，三星堆遗址则是同一文化的传播源所在。同时，三星堆文化本身持续发展达上千年之久，又充分说明了古蜀王国的统治在时间序列上所达到的高度稳定性。

空间上的连续性和时间上的稳定性，无可置疑地表明：三星堆作为蜀王之都，是最高权力中心之所在；其他位于不同层级和边缘地区的各级次中心及其支撑点，则是这个中心在各地实施统治的坚强基础和有力支柱，只是其族别各异而已。这种情况，与青铜雕像群所呈现出来的统治结构完全一致，这同时表明，古蜀王国的最高权力中心控制着分布有众多族类的广阔地域，这片广阔地域内的各个地方性族系之长，都是臣属于古蜀国王权的小国之君，既是蜀之附庸[①]，又是共奉蜀国主神的群巫。这一点，同商代诸方国与商王朝的关系极为类似。

通过以上分析，我们一方面揭示出商代蜀国王权的宗教神权性质，另一方面揭示出古蜀王国统治集团的分级制体系，看出它王权行使的基础在很大程度上来源于对广阔地域上各个地方性族系之长的直接控制。

五、余论：古代文明的本质特征

通过以上对三星堆文化的主要物质文明要素所蕴含的深层政治结构及

① 方国瑜：《中国西南历史地理考释》上册，北京：中华书局，1987年，第15页。

其运作机制所进行的分析论述，我们不难看出，物质文明其实是人类文化进化到一定阶段的产物，是文明社会的物化表现。国内学术界一向以“三要素”（城市、文字、青铜器）来界定古代文明，仅仅是从考古学上即从物的方面来界定文明的若干种基本方法中的一种。这种方法有它的好处，那就是直观、易找，但要用这种直观的方法来研究古代文明，就显得远远不够了。文明既然是人类文化发展演进到较高级阶段的产物，而人类创造这些物质成果是在一定的社会组织内进行的，那么，从功能的角度而言，它就是一种组织行为，组织结构在古代文明的创造中起着关键作用，只有当组织结构发展到一定水平时，才可能产生相应的物质文化形式。所以，对古代文明的研究，除了要研究它的物质成果外，还必须研究它的政治组织结构及其运作机制，才可能从比较完整的意义上透彻地阐释一个古代文明社会，也才能够从中发现文化发展演变的动力系统及其各种机制。

美国著名文化人类学家塞维斯（Elman R. Servise）在其名著《国家与文明的起源》（1975）中对古代文明特征的阐释包括4个方面：①权力系统通过宗教这种诱取赞同的方式来获得对民众的统治权；②通过裁决或解决内部争端或利益冲突来进行社会管理；③提供军事上集中的攻击和防御优势；④提供再分配系统或贸易网络的经济利益[①]。塞维斯所论述的这4点，其实也是古代文明社会的政治组织结构体系的部分内容，它们包括宗教神权系统、制裁系统、军事系统和再分配系统等子系统。由这4个系统整合成为古代文明政治体系中的权力关系，以及权力统治之下的各种社会关系及其相应的组织结构。物质文明的大部分成果是由于组织系统的某种相应需要而产生的，比如，青铜器产生于祭祀或宴享的需要，文字产生于管理或祭祀的需要，城市产生于防御、治水、宗教或展示权力的需要，大型礼仪建

① Elman R.Service，*Origins of the state and civilization*，Toronto，1975，p.291–p.296. 塞维斯：《国家与文明的起源》，多伦多：1975年，第291—296页。

筑产生于宗教的需要，如此等等。以致在一定的意义上我们可以说，物质文明系统是古代社会的权力系统、宗教系统、军事系统等的功能性表现。反过来也可以这样来认识：物质文明所蕴涵、所体现的深层内容，是古代社会的政治组织系统和它的各个子系统，如权力结构、管理体制和宗教传统等社会关系及其意识形态。一言以蔽之，物质文明是古代社会政治组织各种功能的物化表现[①]。由此可以说明，国家组织是古代文明发生发展过程中起根本的、决定性作用的因素，也是古代文明的最本质特征。

虽然，古代文明中的个别物质文明要素可以分别产生在一些酋邦制水平的社会里，但是，多项物质文明要素的集中出现或共同出现，却只能产生在国家水平的社会里，这是为世界古代文明史所充分证实了的，所以不能以单个出现的物质文明要素作为文明社会诞生的依据。克拉克洪（C. Kluckholm）强调，至少要有两个物质文明要素再加上大型礼仪中心同时出现在同一个社会里，才可以称得上文明[②]，这是很有道理的。从中国的情况来看，早在考古学上的龙山时代，即距今 4 500 年左右以前，在黄河中下游的河南、山东地区，黄河上游的河套地区，长江中游的两湖地区，长江上游的成都平原出现了若干古城群；长江下游的环太湖流域出现了大型中心聚落；黄河上游的甘肃东乡林家出现了零星、小件的青铜器；黄河下游的山东邹平丁公出现了成行的陶文。但这些物质文明要素却并没有同时出现在同一个社会里，因此还不能以此作为中国古代文明诞生的依据。从政治社会的发展角度看，文明要素的单个出现，意味着在酋邦组织中还没有产生复杂社会的更高需要，还没有形成它的社会组织基础和经济技术条件。成都平原及其他地区的早期城址群就是这样，由于没有能够证明存

---

① 段渝：《略论古蜀文化的物资流动机制》，《社会科学报》1990 年 12 月 6 日。

② C.Kluclholm, *The moral order in the expanding society*, 1961, p.400. 克拉克洪：《扩张社会中的道德秩序》，1961 年，第 400 页。

在阶级冲突，因而必然导致建立一支常设武装力量来支撑凌驾于整个社会之上的政治组织——国家的考古材料，因而对它们城墙形成的原因，就不能解释为国家政权作用的结果[①]。要判断当时社会究竟是国家还是酋邦，必须对各种资料加以全面的综合分析，考古学“三要素”可以作为衡量标准之一，但不全面，还必须从政治社会的角度看它是否有跨血缘的地缘性组织的材料，以及是否有公共权力机关的材料。这些材料尤其是武装力量和政权机构的材料，一般说来可以从考古材料中发现，就像我们从三星堆遗址的考古材料中所大量发现的那样。

由上述各点可见，古代文明最重要的特征，在于从史前的酋邦社会里发展出了一个能够控制并占有基本资源的政治组织，它掌握了基本资源，控制了经济命脉，垄断了行使权力的经济手段，为了保证经济权力的稳固和扩大，又发展出了常设武装力量和意识形态权力，这就是国家。由此便导致了物质文化形态方面作为古代文明诞生标志的各种要素的集中出现。这一结论，可以使我们更加清楚地看出古代国家形成过程中权力运作系统所产生的积极而重要的作用，而这将有助于增进我们对中国上古国家的社会和政治结构的深入透彻了解，从而更好地把握古代文明各种物化形式的深刻内涵。

---

① 段渝、陈剑:《成都平原早期城址初探》,《天府新论》2001 年第 6 期。

“纵目”信仰下的“瞽巫”传统

——三星堆青铜鼓目面具考

郜建华[①]

巴蜀文化历史悠久，有着十分独特的文化品格和思维观念，是中华文明“多元一体”总体格局的重要组成部分。众所周知，在三星堆考古中，发现许多突出“眼睛”、造型十分奇特的人面像，有的双目鼓出、十分夸张，有的双目圆睁、神情得意，有的双目低垂、精神内敛……不一而足，别具一格。除了青铜人面像，另外发现很多带有“眼形”元素的铜饰件，丰富多彩、形式多样，不但有常见的菱形眼睛构件，还有祥云形、树叶形、圆柱形、圆孔形等多种样式。由此，可见“眼睛”元素在三星堆文化中占据着十分重要的地位。三星堆为什么要突出“眼睛”，“鼓目”青铜面具究竟有什么内涵？这些都是值得我们去思考的问题。

一、纵目之神：巴蜀文化中的“纵目”崇拜

不少学者将青铜人面像笔直突出的眼睛定义为“直目”，并援引晋代郭璞的注，将“直目”等同于“纵目”，从而认定三星堆青铜“直目”人面像

---

① 郜建华，中央社会主义学院中华文化教研部，从事中华优秀传统文化、中国哲学、中华文化与宗教中国化等相关研究。

是神灵烛龙或蜀王蚕丛的形象，这种理解可能是有误的。

据古籍记载，上古时期有一个“人面蛇身”的“直目”神，他的名字叫烛龙，据《山海经·大荒北经》记载，烛龙居住在位于“西北海之外，赤水之北”的章尾山上，他是“人面蛇身而赤，直目正乘”。郭璞将这里的“直目”注解为“纵目”，他说：“直目，目纵也。”不少学者认为，“纵目”就是眼睛鼓出来，突出眼眶。如黄永林教授指出，“直目”即“纵目”，是眼睛凸出来的形象。[①] 黄教授还通过考证“蜀”字来论述“纵目”的内涵。他指出，“蜀”是一个象形字，它的上部为目，暗合三星堆中的竖目文化。蜀的下部为虫，为蛇形，这正符合《山海经》中的烛龙形象。[②]

笔者认同郭璞的观点：烛龙的“直目”可以被解释为“纵目”。但是，这里“纵目”不是指的眼睛凸出眼眶，而是指正立、直立或者竖立着的眼睛。一般而言，“纵”与“横”相对。清代王先谦在注解《荀子·赋篇》“以能合纵”时指出，“纵”有竖立之义，他说：“纵，竖也。”[③]另外，南北称纵，东西为横，“纵目”应该就是指南北方向的眼睛。若以河图的方位看，人面南而立，左为东，右为西，上为南，下为北。“横目”指的是左右方向的眼睛，指代的是普通人，《庄子天地》称一般人为“横目之民”。“纵目”指的是南北方向，也就是上下走向的眼睛，同于佛道教中所说的“天目”或“天眼”。“纵目”是神灵的特征，而“横目”是凡人的形象。

再说蚕丛，蚕丛是“蜀”的创始者，他是公认的最先将蜀人凝聚在一起的领袖。据晋代常璩《华阳国志》记载，周朝丧失天下一统后，蜀侯蚕丛最先称王。蚕丛曾“教民蚕桑”（五代蜀冯鉴《续事始》），他也因此被

---

① 黄永林：《三星堆青铜直目人面像的历史文化意义研究》，武汉大学学报（哲学社会科学版）2004年第5期。

② 黄永林：《三星堆青铜直目人面像的历史文化意义研究》，武汉大学学报（哲学社会科学版）2004年第5期。

③ 王先谦：《荀子集解》，北京：中华书局，1988年版，第479页。

被奉为“蚕神”“青衣神”。他还聚民为市，“所止之处，民则成市”。蚕丛是一位亦人亦神的宗教首领，并且“神化不死”（《蜀王本纪》，旧题汉扬雄撰），为他建立的“祠庙遍于西土，罔不灵验”（《三教搜神大全》，刊刻于1909年，作者不详），因此被供奉为蜀人的祖先神和保护神。

根据记载，蜀侯蚕丛有一个重要的特征就是“其目纵”，“其目纵，始称王”（《华阳国志》）。据记载，蜀侯蚕丛死后，是用石棺石椁安葬，自此之后，这也成为蜀地的丧葬风俗。后来，人们也将石棺石椁称作纵目人之冢。

蚕丛死后被民众奉为青衣神，青衣神形象即为三只眼睛。其中两只眼睛与平常人一样，只是额头上还有一只直立着的眼睛。据中华民国时期的《邛崃县志》记载，蜀地古庙之中，大多供奉蓝面神像，神像的额头正中有一只纵目。《邛崃县志》指出，蜀地供奉的蓝面神像应当就是蚕丛：“蜀中古庙多有蓝面神像，面上瑰碌如蚕，金色，头上额中纵目，当即沿蚕丛之像。”①

这与上文所说的蚕丛纵目的记载正相吻合。这也再次证明了，“纵目”应当理解为额头上直立着的天目。

“纵目”是神灵的重要特征，“纵目”之人是神化不死的。“纵目崇拜”在巴蜀文化中有着十分重要的地位。在巴蜀地区，许多神像均有“纵目”形象，如斗姆（五斗夷神）、二郎神、川主（李冰）、鳖灵等在巴蜀地区都是三只眼的“纵目”形象。

二、瞽巫说——三星堆青铜鼓目人

在三星堆出土的众多文物中，最为知名的当属青铜“鼓目”面具②。四

---

① 刘夐：《邛崃县志》，1922年铅印本。

② 不少学者将其称作为“三星堆青铜直目人面像”，参见：黄永林：《三星堆青铜直目人面像的历史文化意义研究》，武汉大学学报（哲学社会科学版）2004年第5期。

川广汉三星堆遗址2号坑就出土了三件体型庞大的青铜鼓目面具，面具可分为大小两型，其中两件较小，一件较大。

三件青铜鼓目面具有一个共同特征，就是眼睛造型极度夸张，眼球呈圆柱状向前纵伸凸出，特别是较大的那件面具，眼睛突出居然长达16厘米。这真的很难想象，什么人才会有这样奇特的眼睛，古人为什么要打造这样的青铜面具。

关于三星堆“鼓目”青铜人面像，学界一直争论不休。有人认为这就是蜀王蚕丛的形象，有人认为“鼓目”代表超乎寻常的视力，有人认为这是古蜀人独特的生理特征。此外，还有巫师说、天眼说，更为夸张的还有外星人说，甚至眼镜说或望远镜说等。那么，三星堆青铜面具“鼓目”面具究竟代表什么人?

由上文对“直目”“纵目”的分析讨论可知，三星堆青铜“鼓目”面具明显有别于上文所说的“纵目”神：“直目”或“纵目”是额头上竖立着的天目，而非水平方向的“横目”，更非鼓出来的眼睛。可见，三星堆青铜“鼓目”人面像并非蜀王蚕丛的形象。

人类不可能有那样鼓出来十几厘米的眼睛，三星堆青铜面具中的“鼓目”造型应该不是写实，而是出于现实需要，采用这样一种艺术表现方式，借“鼓目”以彰显他们某种超乎常人的本领——通神之能力。

三星堆青铜面具大体可分为两类：一类是眼睛凸起者，往往雍容大气，神情得意，面容愉悦；另一类眼睛没有凸起，则显得局促失落，神情黯然。笔者认为，眼睛凸起的，是可以通灵降神的巫师；而眼睛正常的，是不能够通灵降神的普通人，也就是庄子所说的“横目之民”。

种种迹象表明，青铜“鼓目”人很有可能是解开三星堆宗教文化密码的关键钥匙，他们很有可能是三星堆宗教仪式的组织者、主持者和实践者，很有可能是三星堆宗教文化的核心传承者。

三星堆青铜“鼓目”人有可能是眼睛看不见的瞎子。汉代刘熙《释名》

说："瞽，鼓也。"将"瞽"解释为鼓出的鼓。汉代许慎《说文解字》说："春分之音，万物郭皮甲而出，故谓之鼓。"由此可见，"鼓"与"瞽"意思是相通的。古人认为，"瞽"可以通晓天道、沟通天人。三星堆青铜"鼓目"人很有可能是代表上古时期的瞽师或瞽巫。

在中国古代的文化传统中，盲人和瞽者常常被看作是有道之士，认为他们不但能够精通音律、听风辨气，而且能够知晓天道、沟通神灵，不少盲人还在中国古代的国家机构中担任着十分重要的职务。如唐昭宗时，"有道士许岩士、瞽者马道殷，出入禁庭，骤至列卿宫相"[①]。究其根源，则有着十分深刻的文化传统和思想根源。

古人认为，巫能够与无形的世界沟通，可以通过祭祀、占卜、舞蹈等方式沟通鬼神，"巫，能事无形，以舞降神者也。"（《说文解字》）正因为古人认为巫有这样的特殊能力，所以巫逐渐从人群中脱颖而出，成为一个专门的职业，并在古代社会中起着越来越重要的作用。

欧洲历史上巫术的出现，据认为不晚于旧石器晚期。中国史学工作者也把龙山文化、大汶口文化出土的有关器物，如玉琮、獐牙钩形器等作为巫师的法具来解释[②]，但仍属推测。在文献上，中国古代有关"巫"的起源与演变，详细记载于先秦"绝地天通"的传说中。当昭王向观射父请教"绝地天通"时，观射父指出，上古时期，司民之官与司神之官各异。巫觋则是能沟通神灵之人，他说：

"古者民神不杂。民之精爽不携贰者，而又能齐肃衷正，其智能上下比义，其圣能光远宣朗，其明能光照之，其聪能听彻之，如是则明神降之，在男曰'觋'，在女曰'巫'，是使制神之处位

① 薛居正等：《旧五代史》，北京：中华书局，1976年版，第776页。

② 参看宋兆麟：《巫与巫术》，成都：四川民族出版社，第2—3页。

次主，而为之牲器时服。”[①]

观射父认为，要想成为沟通天人的巫觋，也需要具备一定的条件，不但要求精神专一，而且要有远超常人的感知能力，而神灵的降附也是对巫觋角色的认可和肯定。那些被明神所降附的人，女性称为巫，男性称为觋。马林诺夫斯基曾指出，原始灵媒往往要依靠个人的天赋[②]，与观射父所说相合。那么，瞽者作为巫师有什么过人之处呢？

首先，古人认为唯有“瞽史”知晓天道。

春秋左丘明《国语》记载了一段鲁侯与单子关于“瞽史”和“天道”的对话。当鲁侯询问单子晋国之乱是天道还是人祸的时候，单子回答说，我不是瞽史，所以我并不能通晓天道，他说：“吾非瞽史，焉知天道。[③]”

可见，古人认为知晓天道的唯有瞽史。史官是通过观天测影、掌抱天时，来了解天道。瞽师则是通过听风辨音、候气测律，也能掌握天时、物候之变化，洞察“精气”流行与天道循环的规律。在这个意义上，所谓的“瞽史之道”中也包含着一定的人文精神。

春秋时，有不少名望很高的瞽史，如周之苌弘、鲁之梓慎、晋之士弱、郑之裨灶等，他们自称知“天道”，故能测验天象、预知人事，其事迹散见于左丘明《左传》和《国语》。

比如裨灶，《左传》中对他的记载较多，据说他十分精通预测，裨灶前期的预言（襄公二十八年、三十年、昭公九年、十年）似乎没有问题，而他后来则受到不少质疑与挑战。有一次，他预言陈国复封五十二年之后会亡国，子产对此提出了疑问，裨灶是这么解释他的预言的，他说：

---

① 左丘明：《国语》，韦昭注，胡文波点校，上海：上海古籍出版社，2015年版，第376页。

② ［英］马利诺夫斯基：《巫术科学宗教与神话》，上海：上海社会科学院出版社，第76页。

③ 左丘明：《国语·周语下》，上海：上海古籍出版社，2015年。

“陈，水属也；火，水妃也，而楚所相也。今水出而火陈，逐楚而建陈也。妃以五成，故曰五年。岁五及鹑火，而后陈卒亡，楚克有之，天之道也，故曰五十二年。”[①]

由上可见，瞽史的理论看起来还是比较精致的，有时还十分灵验，其背后应该有一定的道理。但若是认为“天象变化决定人间吉凶”“国家兴衰存亡由斗转星移支配”以及“预知灾害、动乱”，那肯定是有问题，关于这一方面，老子也说过：“前识者，道之华，而愚之始。”

其次，瞽史精通音乐，而巫师正是以乐舞降神。

正如古籍《阴符经》所说，“聋者善视，瞎者善听，绝利一源，用师十倍”。瞽者正因其目不可视，他们听力反而更加灵明，对天地万物的觉知和感悟也明显有别于常人。

在中国古代的官府中，有一些重要官职依例须由盲人来担任。如周代设有“瞽矇”之职，有上瞽四十人、中瞽百人、下瞽一百六十人，负责抚琴鼓瑟、讽诗歌乐。[②]但凡遇到大祭祀、大飨、大射和大丧，都要有“师瞽登歌”。

另外，根据瞽师的才能和智慧，还可将其分为大师和少师。“大师掌六律、六同以合阴阳之声。”[③]精通音乐的瞽宗死后甚至会被封为乐祖。[④]

先秦最为著名的音乐大师，人称乐圣的师旷也是盲人，常自称盲臣、暝臣，传说师旷精通鸟兽之语言，他一抚琴，能使凤凰来仪。先秦古籍《庄子·齐物论》说师旷“甚知音律”，《洪洞县志》云：“师旷之聪，天下之至聪也。”

---

① ［清］阮元校刻：《十三经注疏》，北京：中华书局，1980年版。

② ［清］阮元校刻：《十三经注疏》（《周礼·春官宗伯第三》），北京：中华书局，1980年版。

③ 孙诒让：《周礼正义》，北京：中华书局，1987年版。

④ 卫湜：《礼记集说》，文渊阁四库全书本。

最后，古人认为瞽者具有较强的与神相交通或者能够获得神界信息的能力，能够对神祝祷，聆听神的应答和神的启示。

正因为瞽者看不见有形的世界，他们观察世界的方式也与一般人不同。瞽者认识世界的方式，与老子所描述的静观、“玄览”十分相像。如果借用道家的说法，可以说瞽者认识世界的方式正好“暗合道妙”。道家认为，万物都有无形与有形这两个维度。人很容易只关注有形有象的世界，而忽略无形无象这个维度。老子认为，作为这个世界的根本——道是无形无象，视之不见、听之不闻、搏之不得，难以用语言形容。老子说：“五色令人目盲，五音令人耳聋，五味令人口爽。”

人一旦被感官所左右，就不能正确认识客观世界。因此指出：要认识“道”，就必须超越耳闻目见的感官经验，超越对于有形世界的认识。而方法就是“涤除玄览”，老子说：“涤除玄览，能无疵乎？”河上公注：“心居玄冥之处，览知万物，故谓之玄览。”意思就是超越具体的感官，依靠心灵的直觉去感知并认识万事。老子认为，人越是清静，越是返璞归真，越能够认识世界的真相。所以，他极力提倡“致虚极，守静笃”，劝导人们“塞其兑，闭其门，终身不勤”，如此则能够“不出户，知天下；不窥牖，见天道”。反之，“开其兑，济其事，终身不救”，被感官世界所左右，则会“其出弥远，其知弥少”。

庄子继承了老子的这种“玄览”的思想，提出的“以神遇而不以目视”的玄学认识论，指出人应当超越目视耳听等感官认识，以心神感知事物的变化发展。这与瞽者认识世界的方式——静观、玄览，正好是相通的。而庄子所说的“无听之以耳而听之以心；无听之以心而听之以气”①，与瞽者的观物之法——听风辨音、候气测律，也正好是不谋而合的。

《阴符经》也指出，“眼睛”是人养生、修道的枢机之所在。《阴符经》

---

① ［清］郭庆藩：《庄子集释》，北京：中华书局，1961年版。

说："瞽者善听，聋者善视。绝利一源，用师十倍；三反昼夜，用师万倍。心生于物，死于物，机在目。"①

因此，古人相信巫师或瞽史是神秘力量的拥有者或神的化身。甚至是被儒家尊为"万世师表"的孔子，也十分尊重瞽者和乐瞽。《论语·子罕》说孔子见到瞽者，必定会从座席上起身相迎，哪怕是年轻人也是如此；孔子如果从瞽者身边走过，必定会疾行而过以示恭敬："子见齐衰者、冕衣裳者与瞽者，见之，虽少，必作；过之，必趋。"《论语·乡党》说孔子见到瞽者，必礼貌待之："见冕者与瞽者，虽亵，必以貌。"

众所周知，孔子十分崇敬周公旦。郝铁川在《周公本为巫祝考》一文中，论证了周公旦也精通祭祀和巫祝。②由此可见，"瞽史通神""巫能通灵"在上古时期是较为普遍的一个时代观念，孔子之所以尊瞽与之应不无关系。

三星堆大型青铜"鼓目"立人与各种形态的青铜立人、青铜跪人，以及在神树、神坛、祭树等场所参与祭祀的众多人物，共同构成了一个庞然有序的巫祭集团。毫无疑问，在这个巫祭集团中，那些眼睛突出的"鼓目"巫师居于十分核心的地位。他们的塑像高大魁梧，神情自信，精神愉悦。"鼓目"巫师是沟通人神的关键，由于具备通神能力，他们也因此成为神灵的化身或代言人，成为人与神、人类世界与神灵世界的重要使者。本文称其为"瞽巫"。"瞽巫"所崇拜、所沟通的神灵，很有可能就是上文所提到"纵目"神，如烛龙或蚕丛等。

总而言之，在巴蜀文化中，"纵目"是神的形象，而"鼓目"者为可以通神之"瞽巫"。三星堆青铜鼓目人面像为能够通神的"瞽巫"，而文献中"纵目"的烛龙、蚕丛很有可能就是"瞽巫"所信奉的神灵。

---

① 《道藏》第2册，上海：上海书店，1987年版，第737页。

② 郝铁川：《周公本为巫祝考》，《人文杂志》1987年第5期，第75—78页。

三、“纵目信仰”为筑牢中华民族共同体意识提供了重要思想资源

巴蜀文化独特的纵目崇拜，在促进西部民族交往、交流、交融中发挥了重要作用，为筑牢中华民族共同体意识提供了重要思想资源。

一方面，纵目崇拜在巴蜀、甘南、西藏等地的民族融合与宗教文化融合中发挥了重要作用。

在巴蜀、甘南以及西藏等地，拥有“纵目”或“天眼”的三眼神在民间有着十分广泛的信仰。

这一点，黄永林教授已经在《三星堆青铜直目人面像的历史文化意义研究》一文中详细论述了。黄教授指出，蚕丛、川主、土伯、马王（凉山彝族神）、青衣神（青羌神）、斗姥（五斗夷神）、摩利支天神（西藏佛教神）、灵官（道教护法神）等都是直目三眼；乐山乌尤寺中的唐代铁铸乌尤神（民间谓之鬼王）、青城山隋代石雕张道陵天师的额上也赫然直立着所谓的第三只眼。[①] 巴蜀地区崇拜炎帝的习俗有着十分悠久的历史，彝和白马氐等古蜀族后裔皆以十分隆重的祭典祭祀炎帝。炎帝炳灵也是纵目神。[②]

甘肃文县、武都等地不少民众信仰的狩猎神亦是“纵目”三眼。时至今日，这一地区以白马氐称呼的少数民族，仍然保存着祭祀“纵目神”的宗教习俗，他们在年终祀祖时，所祀“直目三眼天王”，头顶着道教五梁冠，额上的“纵目”十分明显。这与巴蜀文化中的纵目信仰可以说是不无关系。

藏传佛教佛像造型各异，种类繁多，很多佛像如释迦牟尼佛、阿弥陀佛、观世音菩萨、白度母、绿度母等额头上都有所谓的“白毫”。据佛经

---

① 黄永林：《三星堆青铜直目人面像的历史文化意义研究》，武汉大学学报（哲学社会科学版）2004 年第 5 期。

② 黄永林：《三星堆青铜直目人面像的历史文化意义研究》，武汉大学学报（哲学社会科学版）2004 年第 5 期。

记载，佛陀有一个非常重要的法相，就是佛的眉间有白毛，柔软如兜罗绵，其色雪白，光洁清净，这就是佛三十二相中的“眉间白毫相”。据说，“白毫相”是佛在因位时，见众生修三学，称赞其美而不毁訾，有谤者则遮制守护而感得的妙相。佛教认为，能见到佛陀的白毫之相，可除去无始劫以来生死之罪。正是由于白毫相如此重要，观想白毫也就成为佛教修行的一种法门。然而，在藏传佛教秘密部的佛像，额头上往往不是“白毫”，而是绘有形态明显的“纵目”。如本初佛、马头明王、大威德金刚、胜乐金刚、密集金刚、时轮金刚、喜金刚等额头上都是纵向的天目。这与巴蜀文化中的纵目崇拜可能存在较强的关联。

另一方面，纵目信仰是道教思想的重要源头，在促进西南民族融合、筑牢中华民族共同体意识的历史进程中发挥了重要作用。

张道陵是东汉道教的创始人，被道教徒尊封为张天师。张道陵正是在巴蜀地区创立道派。青城山隋代石刻张天师像正是三只眼的“纵目”形象。

由此可见，道教吸收并发展了巴蜀文化中的纵目信仰，大量的纵目神也因此被纳入道教的神仙谱系中。明代张宇初《正统道藏》洞真部之《清微元降大法》中记载了多位纵目神，如烁罗鬼国的六天鬼王、五部鬼师等，他们皆被道教天师张道陵所降伏，皈依正道，由鬼成仙，成为道教中驱鬼降邪的神将。[①] 随着道教的兴起和广泛传播，不少巴蜀地区的民众亦将对始祖蚕丛的“纵目”崇拜转移到对道教神仙的崇拜中来。

后世道教崇拜的二郎神形象更是说明了巴蜀地区“纵目”崇拜之盛。灌口二郎神杨戬是道教与民间信仰中的一个重要神灵，又被称为二郎显圣真君、灌口二郎、二郎真君等，其典型特征就是脸上有三只眼睛。

虽然二郎神这个称谓在唐朝以后才开始出现并流行，但是在此之前对

① 黄永林：《三星堆青铜直目人面像的历史文化意义研究》，武汉大学学报（哲学社会科学版）2004 年第 5 期。

于二郎神具体人物形象的崇拜已经在巴蜀地区十分盛行了。二郎神本尊来源目前有李冰及次子、赵昱、杨戬、蚕丛等不同来源说法，这些神话人物的地望均为巴蜀地区，尤其二郎神为李冰次子的说法在四川地区广为流传。巴蜀民众感李冰治水的功德尊其为“川主”加以立祠供奉，川中“川主”神像为“纵目”形象亦是沿袭巴蜀先民对蚕丛“纵目”的信仰。

二郎神信仰兴起在西南地区，同时也正是蚕丛信仰盛行的地区，且二郎神与蚕丛皆为“纵目”形象。道书《灌江备考》中甚至说：“二郎为蚕丛之后，故额上有一纵目”[①]。由此可见，二郎神信仰与蜀人对“青衣神”蚕丛氏“纵目”崇拜有着密切的关系。

二郎神是巴蜀、甘南民间信仰中影响最广的道教神祇，不但是道教信仰和纵目信仰的典型代表，也是能够推进西南民族交往交流交融、不断铸牢中华民族共同体意识的重要神话人物。

二郎神崇拜始于巴蜀地区，后随着道教在全国的传播流行到了全国。源自巴蜀地区“纵目”崇拜也随着道教及二郎神信仰在全国的普及而传播开来。

从烛龙到蚕丛，从三星堆青铜鼓目直立人像到藏传佛教秘密部佛像，从道教“二郎神”到白马氐族的“狩猎神”，“纵目信仰”在巴蜀文化中一直占据着十分重要的位置。在巴蜀文化中，“纵目”为神灵之形象，“鼓目”为可以通神之“瞽巫”。青铜鼓目立人“瞽巫”在三星堆巫祭集团居于核心地位，是三星堆宗教仪式的主持者、参与者和实践者。深入研究“瞽巫”传统，对于我们重新理解先秦典籍中的“尊瞽传统”和“崇盲文化”，重新理解道家哲学“玄览”“感通”“神遇”的直觉认识论，都有着十分重要的启发意义。“纵目信仰”不但是促进西南地区宗教融合、文化发展的重要思想资源，也是促进西南地区民族融合和铸牢中华民族共同体意识的重要抓手。

① 詹石窗：《詹石窗正说西游》，沈阳：辽宁教育出版社，2012年版，第88页。

天府文化的源流、特质及其相关概念探析

潘殊闲[1]

历史上的四川虽偏于西南一隅，但一向为蜀道难与蜀道通、观念保守与思想开放、自古文宗出巴蜀与自古文人例到蜀的诸多奇妙的二元组合。何以会有这样的现象？原因当然是有很多的。其中，以成都为中心的成都平原、都江堰灌区和天府之国是揭秘这种现象的重要窗口。本文以天府文化为具体观照对象，试图对其源流、特质及其相关概念进行辨析，以求教各位方家。

一、天府文化的源流

所谓天府文化，是指某一地区被称为“天府”之后的文化。天府，就其文字含义来说，天有天帝、皇上、天子、上部等含义，府有府库、官署、府邸、宅邸、聚结等含义。中医谓人有五脏六腑，六腑也写作六府。就人体而言，“天府”指的是一腧穴，即“腋内动脉手太阴也”[2]。“天府”也指官职，据《周礼》郑玄之注，“天府”是“掌祖庙之宝藏者”[3]。如果“天府”指区域、地域（即所谓天府之国），大概有四种理解：一是天帝（帝王）所

---

① 潘殊闲，西华大学人文学院副院长、四川省巴蜀文化研究会副会长。

② ［宋］史崧音释：《灵枢经》卷一，文渊阁四库全书本。

③ ［汉］郑玄注，［唐］贾公彦疏：《周礼注疏》卷十二，［清］阮元编纂：《十三经注疏》，上海：上海古籍出版社，1997 年版，第 716 页。

居之府（地区），一是天帝所藏之府库，一是天帝所赐之府（地区），一是天帝所造之府（地区）。四层含义都是褒义、美名，所指无非言此地域（区域）风调雨顺，物阜民丰，文明大化。

历史上，“天府”具体指的是哪里？溯源“天府”之来历，可以看到“天府（之国）”这个名称经历了几次变化。最早出现在秦国，指秦国统治的区域，尤其是关中平原。关中即秦中，这个地方自古就号称“陆海”“天府”，尤其在秦朝时期修建郑国渠之后，一时富甲天下，被古人誉为“金池汤城，沃野千里，天府之国”①。汉代刘向等的《战国策·秦策》记述了纵横家苏秦对秦惠文王说的一段话：“大王之国，西有巴、蜀、汉中之利，北有胡、貉、代、马之用，南有巫山、黔中之限，东有肴、函之固。田肥美，民殷富，战车万乘，奋击百万，沃野千里，蓄积饶多，地势形便，此所谓天府，天下之雄国也。”②汉代班固等的《汉书·张良传》有大体相同的记叙，唐人颜师古在注释中这样解释“天府”：“财物所聚谓之府。言关中之地，物产饶多，可备赡给，故称天府也。”③秦末汉初，张良在论证定都关中时说：“关中左崤、函，右陇、蜀，沃野千里……此所谓金城千里，天府之国也。”④所以，这时的“天府之国”，主要指的是以关中平原为核心的“沃野千里”，一个富庶之地，其范围包括巴蜀。历史上最早单称四川为“天府”则出自诸葛亮的《隆中对》：“益州险塞，沃野千里，天府之土，高祖

---

① ［汉］司马迁：《史记》卷二十九《河渠书》载：“韩闻秦之好兴事，欲罢之，毋令东伐，乃使水工郑国间说秦，令凿泾水自中山西邸瓠口为渠，并北山东注洛三百余里，欲以溉田。中作而觉，秦欲杀郑国。郑国曰：‘始臣为间，然渠成亦秦之利也’。秦以为然，卒使就渠。渠就，用注填阏之水，溉泽卤之地四万余顷，收皆亩一钟。于是关中为沃野，无凶年，秦以富强，卒并诸侯，因命曰郑国渠。”北京：中华书局，1999 年版，第 1197 页。

② 缪文远、缪伟、罗永莲译注：《战国策》，北京：中华书局，2012 年版，第 63 页。

③ ［汉］班固：［唐］颜师古注：《汉书》卷四十，北京：中华书局，1999 年版，第 1574 页。

④ ［汉］司马迁：《史记》卷五十五《留侯世家》，北京：中华书局，1999 年版，第 1632 页。

因之以成帝业。”[①]汉代的益州郡包括今四川盆地和汉中盆地。因为四川盆地周围都是崇山峻岭，交通闭塞，古称“四塞之国”。在冷兵器时代，它具有易守难攻的特殊战略地位，因而避免了史上多次战争的破坏，得到了相对安定的社会环境，更有利于其社会经济的发展。所以诸葛亮等有眼光的战略家都把四川当作可以立国的根基之地，并誉之为“天府之土”。加之因都江堰水利工程带来的便利，四川盆地成为富庶之地，故晋代常璩在所著《华阳国志》中称：“蜀沃野千里，号称‘陆海’，旱则引水浸润，雨则杜塞水门，故《记》曰：水旱从人，不知饥馑，时无荒年，天下谓之天府也。”[②]到西汉以后，由于富饶的巴蜀越来越居显著地位，“天府”一名便逐渐成了蜀中的代名词。

聚焦到四川，最初的天府是因为从大禹到开明的治水，再到李冰修建都江堰，再到文翁治理湔江，使以成都平原为核心的区域由困居困业到宜居宜业再到优居优业的演变。换言之，历史上最早在四川地区使用“天府”概念的就是指都江堰灌区。都江堰灌区包括了成都平原及其周边地区。由都江堰灌区再延伸到整个四川盆地，再后则泛称整个四川。

当然，历史上被称为“天府（之国）”的并不仅仅只有关中、成都平原，还有华北北部、江淮以南地区、太原附近、闽中、盛京、汉中地区等，在当今，人们又评选了新的十大天府，即成都平原、台湾嘉南平原、伊犁河谷、山东半岛、闽南丘陵平原、三江平原、雅鲁藏布大拐弯地区、呼伦贝尔、苏北平原、宁夏平原。成都平原居首。这充分说明以成都平原为核心的这个天府之国有悠久的历史、灿烂的当下与光辉的未来。

事实上，今天人们谈论最多的以成都平原为核心的天府之国的文化

---

① ［晋］陈寿：《三国志》卷三十五《蜀书》五《诸葛亮传》，北京：中华书局，1999 年版，第 678 页。

② ［晋］常璩：《华阳国志校补图注》卷三《蜀志》，任乃强校注，上海：上海古籍出版社，1987 年版，第 133 页。

（以下简称“天府文化”）是有生命力的活的文化。综览这个天府文化的发展流变，可以清晰地看到其经历了发源、形成、鼎盛、中落、复兴几个明显的阶段。具体而言，天府文化发源于古蜀时期，形成于秦汉时期，鼎盛于唐宋时期，至元明清出现衰落，自近现代以来逐渐复兴。

1. 天府文化的发源期。史前时期的成都平原是不宜居的，因为平原西北部的岷江自源头至成都平原垂直落差有几千公尺，每当雨季，成都平原则变成一片汪洋。据相关史料记载，古蜀时期的蜀国经历了蚕丛、柏灌、鱼凫、杜宇、开明五个时期，人称“古蜀五祖”或古蜀“三王”“二帝”。从现有考古发掘和文献载纪的对比来看，已经比较清晰地显现出古蜀先民从岷江上游河谷逐渐迁徙至成都平原的过程。而这个过程与古蜀先圣的治水有很大关系。首先是大禹，出生于岷江河谷地带的华夏人文始祖大禹，以治水赢取天下。其治水，首先从家门口开始，《尚书·禹贡》表述为“岷山导江，东别为沱”[①]。此“江”即指长江的源头岷江，在相当长时期岷江被视为长江的正源，这就是所谓的人文地理。蚕丛、柏灌、鱼凫都应有治水、兴水、利水的功绩或史事，只是目前文献所及没有看到明确的记载。有明显记载的是古蜀五祖的最后二位杜宇与开明。《蜀王本纪》有云：“时玉山出水，若尧之洪水，望帝不能治，使鳖灵决玉山，民得陆处。”[②]此“玉山”即玉垒山。这段记载说明杜宇时期曾经发生大洪水，但杜宇不能治。最后是靠鳖灵，即开明帝得以让洪水消退，百姓才得以“陆处”。关于开明（即鳖灵，或写作鳖令）治水，有文献可查的主要有三处：一处是“凿玉垒山以除水害”，见于《蜀王本纪》和《华阳国志》；一是“凿金堂峡”，见于《本蜀论》；一是“凿巫峡以通江水”，见于《水经注》。这三处治水，应当

---

① 李民、王健：《尚书译注》，上海：上海古籍出版社，2000年版，第78页。

② ［汉］扬雄：《扬雄集校注》，张震泽校注，上海：上海古籍出版社，1993年版，第246页。

是一个系列工程。开明“凿玉垒山”的目的是“除水害”：开掘一条由“宝瓶口”泻出的江水，以减杀岷江的水势来保证下游的安全。这就是被称为“江沱”的“内江”古河道。据专家考证，今之“柏条河”即“江沱”故道的遗迹。成都平原是个封闭的盆地，西面和北面的山区里存在着三个暴雨中心。夏秋时节，洪水从西北山区向平原倾泻。而东南的龙泉山脉，仿佛一道天然堤坝，挡住了洪水的去路。幸好龙泉山最东头有个缺口最低，成为成都平原排泄洪水的尾闾。这个“缺口”，就是开明氏所凿的“金堂峡”。望、丛之前的鱼凫时代，蜀人就已经进入成都平原；但是，由于平原上要么一片泽国，要么是水潦浸沃的大片湿地，因此只能长期停留在渔猎文化的经济形态上，连国都都只能建在山陵上。杜宇时代，蜀人已初步掌握农耕技术。为了发展农业的需要，就必须尽快地将平原上潴留的水潦排干。“凿巫峡”就是为了使江水畅流，以便加速平原排潦的一项治水工程。应当说，开明氏“凿玉垒山”的初衷仅仅是为了“保平安”，但是“凿金堂峡”和“凿巫峡”的目的就已经是在“谋发展”了。恰恰是这样的“初衷”和“目的”，为秦汉至今长达两千多年的巴蜀文明，得以用超越其他文明的发展速度迅猛前进而遥遥领先。可见，古蜀文化已处于后世所说天府之国文化的前夜，实为天府文化的前身、源头。

2. 天府文化的形成期。公元前316年秋，秦惠王遣张仪、司马错等率大军从石牛道南下伐蜀，蜀王仓促应战，为秦军大败。冬十月，秦军扫荡了蜀地的反秦势力，一举兼并蜀国，蜀国从此灭亡。

秦灭蜀国之后，蜀地一度处于混乱状态。为强化蜀地经济保障，在秦灭蜀国之后的40年，即公元前277年，李冰作为第三任蜀郡守来到四川，开始了他治蜀与兴蜀的历程。李冰治蜀事迹众多，但最有名的无疑是创建都江堰、疏通成都“二江”等重大水利工程，极大地奠定了成都作为巴蜀地区政治、经济、文化中心的地位。《史记·河渠书》载：“蜀守冰凿離碓，辟沫水之害，穿二江成都之中。此渠皆可行舟，有余则用溉浸，百姓飨其利。至于所过，往往引其水益用溉田畴之渠，以万亿计，然莫足数也。”[①]《汉书·沟洫志》沿用此说。后来的《华阳国志》则这样表述：“冰乃壅江作堋。穿郫江、捡江，别支流，双过郡下，以行舟船。岷山多梓、栢、大竹，颓随水流，坐致材木，功省用饶。又溉灌三郡，开稻田。于是蜀沃野千里，号为陆海。旱则引水浸润，雨则杜塞水门，故《记》曰：水旱从人，不知饥馑。时无荒年，天下谓之天府也。”[②]

此时的“天府”如果说还更多指的是自然生态的优渥与农林经济的发达，那么，120年之后的西汉景帝时期，即公元前156年，文翁担任蜀郡守，则进一步改变了蜀地的自然与文化生态。《华阳国志》记载：“孝文帝末年，以庐江文翁为蜀守。翁穿湔江口，溉灌繁田千七百顷。是时，世平道治，民物阜康；承秦之后，学校陵夷，俗好文刻。翁乃立学，选吏子弟就学。遣儁士张叔等十八人东诣博士，受七经，还以教授。学徒鳞萃，蜀学比于齐鲁。巴、汉亦立文学。孝景帝嘉之。今天下郡、国皆立文学。因翁倡其教，蜀为之始也。”[③]接续李冰而治蜀的文翁，不仅进一步治理蜀中水环境，更重要的是兴办郡学，选派优秀学生进京深造，回来之后教授蜀地学子，改善蜀地文化生态，使蜀中“学徒鳞萃，蜀学比于齐鲁”。至此，自然与人文并举的“天府之国”名副其实。天府文化在原有古蜀文化的基础上，充分吸收包括中原文化在内的其他文化因子，形成了具有自身一定特色的区域文化。天府文化的内涵与外延初步形成。

3. 天府文化的鼎盛期。唐宋时期的成都平原经济发达，城市繁荣，文

---

① ［汉］司马迁：《史记》卷二十九，北京：中华书局，1999年版，第1196页。

② ［晋］常璩：《华阳国志校补图注》卷三，任乃强校注，上海：上海古籍出版社，1987年版，第133页。

③ ［晋］常璩：《华阳国志校补图注》卷三，任乃强校注，上海：上海古籍出版社，1987年版，第141页。

化隆盛，成都享有“扬一益二”[①]的美誉。至宋代，苏轼称成都为“西南大都会”[②]。由于社会相对稳定，文化生态进一步优化，南北文化、东西文化、中外文化在这里交汇融合，天府文化呈现出全面鼎盛局面。

4. 天府文化的中落期。随着北方游牧民族问鼎中原，偏于西南一隅的巴蜀地区开始出现沉寂，再加上明末张献忠屠蜀的沉重影响，四川元气大伤。随着“湖广填四川”移民潮的推动，巴蜀本土文化与外来文化再次进行嫁接融合，至清中叶以后，四川经济社会逐步复苏，开始酝酿新的发展，天府文化也在谋求蝶变。

5. 天府文化的复兴期。自晚清之后，与整个国家与民族的复兴之路相一致，蜀中开始了文化复兴的历程。历辛亥革命、中华民国至中华人民共和国，四川都是活跃的地区之一，特别是全面抗战期间，四川作为大后方，为留存民族的精神火种做出了重要贡献。改革开放以来，以成都为中心的四川涌现出了不少引领风潮的新创意、新发明、新改革。随着国家级天府新区的设立，成都经济、社会、文化的活跃度一再飙升，天府文化呈现出全面复兴的局面。毋庸讳言，天府文化的今身，是包括古蜀文化以及自秦并巴蜀后吸纳的中原文化，还包括历史上天府四川这一区域与若干外来文化的融合。可以想象，天府文化的未来，必定依托过去与现在的基础，以海纳百川的胸怀，充分吸纳世界一切优秀文化与文明成果，在创造性转化与创新性发展中呈现出更加璀璨的光芒。

任何文化都不是凝固不变的文化，都在发展演变。天府文化定格于都江堰水利工程泽被的都江堰灌区，而随时代的变化而不断增益其内容与形式。所以，天府文化是活的文化，是有生命力的文化，是尚在发展演变中的文化。

---

① ［宋］司马光编著，［元］胡三省音注：《资治通鉴》卷二百五十九，北京：中华书局，2012 年版，第 8551 页。

② ［宋］苏轼撰，孔凡礼点校：《苏轼文集》卷十二《成都大悲阁记》，北京：中华书局，1986 年版，第 395 页。

二、天府文化的特质

1. 水利是天府文化的命脉。如前所述，没有治水、兴水、利水的成功实践，就没有天府之国的存在。从大禹、开明、文翁以及后来的蜀中治理者，都非常重视成都平原的水环境、水生态的保护、治理与利用。在农业文明长期占主导地位的时期，充足而又不泛滥的水源是非常关键的因素。都江堰工程是世界上唯一存续 2 000 多年的无坝水利工程，至今仍在发挥防洪、抗旱、灌溉、饮水等综合功能。李冰修建都江堰花费了大量的精力进行科学论证，其采用的是因循自然的天人合一式技术，最为重要的是相沿至今的“岁修”等制度，确保了都江堰工程历久弥新，不曾废弃。虽然，今天的成都平原耕地已大量减少，但地势低洼的地理条件并未改变，如没有古圣先贤留下的都江堰及其系列灌区工程，成都平原也不可能宜居。所以，今天成都以宜居宜业宜游的综合优势多次摘取最具幸福感城市等殊荣，祖先留下的都江堰这一世界遗产实在功不可没。所以，天府之国仰赖都江堰，水润天府绝非虚言。

2. 天府文化是自然与人文的有机结合。都江堰工程并非是简单的自然科学工程，而是综合兼顾了自然与人文的双重因素。因都江堰工程而兴的天府文化也是这两重因素的有机结合。都江堰及其系列工程综合发挥了防洪、抗旱、灌溉、饮水、交通、排水、景观等综合功能。成都平原得益于水的滋养，又通过历代人的发明创意，使这块土地自然风光优美，人文风景优胜。茂林修竹、户户流水、粉墙黛瓦是对传统川西平原乡村民居的描述，茶馆、戏院、酒家、货坊，是川西平原普通城镇的必备设施。休闲的心态与城乡风貌，无不体现了自然与人文在这片土地上的水乳交融。司马迁在考察了岷江与都江堰之后曾由衷地发出这样的慨叹：“余……西瞻蜀之岷山及离碓；北自龙门至于朔方。曰：甚哉，水之为利害也！”[①]唐代大诗人岑参在《石犀》中也曾这样抒怀：“江水初荡潏，蜀人几为鱼。”[②]宋代诗人范成大在《吴船录》中这样描述：“一路江水分流，入诸渠皆雷轰雪卷，美田弥望，所谓岷山之下，沃野者正在此。”[③]张籍在《成都曲》中描述：“锦江近西烟水绿，新雨山头荔枝熟。万里桥边多酒家，游人爱向谁家宿？”锦江之水碧绿，配以新熟的荔枝红，自然景色十分宜人。万里桥边酒家众多，那些游客徜徉于此，作者弱弱地好奇问一句：他们最爱留宿哪家？一种情景互融的画面油然而生。

的确，良好的生态催生了浓郁的人文情怀，自然景观中孕育了人的审美与情愫，所以，历代讴歌天府之国钟灵毓秀的美诗美文数不胜数。杜甫对成都的咏赞以及成都对杜甫诗风诗境诗艺的改变，堪称“自古文人例到蜀”的经典，而方干的“游子去游多不归”（《蜀中》）的感叹，是今天成都“来了就不想走，走了还想来”的古代版。

3. 天府文化是封闭与开放的有机结合。成都平原位于四川盆地的底部，四川盆地四周合围高山峡谷，《隋书・地理志》将其概括为“其地四塞，山川重阻”[④]，所以，自古有“蜀道难”之称。但凡事都是相对立而存在的，李白的一首《蜀道难》用他特有的夸张方式予以张扬，可谓家喻户晓。到中唐韦皋镇蜀，其门人陆畅反李白之词而作《蜀道易》，首句曰：“蜀道易，易于履平地。”韦皋大喜，赠陆畅罗锦八百匹。[⑤]这虽带有阿谀的性质，但历史事实恰好从一个侧面印证了蜀道的另一种“易”。不可否认的是，蜀道难的背后是蜀道通。大山虽有阻隔，但大山也有溪谷。长江虽为天堑，但

① ［汉］司马迁：《史记》卷二十九《河渠书》第七，北京：中华书局，1999 年版，第 1202 页。

② 《全唐诗》卷一百九十八，北京：中华书局，1999 年版，第 2050 页。

③ ［宋］范成大：《吴船录》卷上，文渊阁四库全书本。

④ ［唐］魏徵：《隋书》卷二十九，北京：中华书局，1999 年版，第 564 页。

⑤ ［明］曹学佺：《蜀中广记》卷一百二诗话记第二，文渊阁四库全书本。

舟楫可以浮江。更何况巴蜀先民很早就有开凿山道的传说，这可从《蜀王本纪》《华阳国志·蜀志》等文献中所述五丁移山、石牛开道、武都担土、山分五岭等神话传说中得到印证。再者，我们也可从大量的考古文物和历史文献中清楚地看到，历史上的巴蜀与外界有很多通道相连。著名的三星堆遗址中出土了大量的只能出产于印度洋的齿贝，还有金杖，这是当时的四川盆地与印度、缅甸及中亚、西亚物资交流的铁证。秦并巴蜀之后，蜀王子率众三万南走，最后到达今越南北部，建瓯越国，称安阳王。越南称这一段时期为“蜀朝”，是为越南有信史之始，也是越南古代建立国家政权之始。[①] 梳理相关文献可以看到，在四川盆地周边，分布着各种蜀道，如南夷道、西夷道、米仓道、金牛道、荔枝道、阴平道、子午道、褒斜道、嘉陵道、宁河道、峡道、夜郎道、僰道等。在四川，有比北方丝绸之路更早的南方丝绸之路，称为“蜀身毒国道”，有《史记》为证：

> 及元狩元年，博望侯张骞使大夏来，言居大夏时见蜀布、邛竹杖，使问所从来，曰‘从东南身毒国，可数千里，得蜀贾人市’。或闻邛西可二千里有身毒国。骞因盛言大夏在汉西南，慕中国，患匈奴隔其道，诚通蜀，身毒国道便近，有利无害。于是天子乃令王然于、柏始昌、吕越人等，使间出西夷西，指求身毒国。至滇，滇王尝羌乃留，为求道西十余辈。岁余，皆闭昆明，莫能通身毒国。[②]

不仅南方通身毒国，在盆地西北方，通过岷江峡谷，很早就与西北各

---

① 参见袁庭栋：《巴蜀文化志》，成都：巴蜀书社，2009 年版，第 275 页。

② ［汉］司马迁：《史记》卷一百十六《西南夷列传》第五十六，北京：中华书局，1999 年版，第 2284 页。

民族有着深入的交流，今天居住在四川西部边缘的羌族，就与历史上古老的北方氐羌族有直接的渊源关系。

所以，成都平原看似封闭，实则开放；看似保守，实则前卫；看似落后，实则先进……种种二元对立又统一的现象汇聚在这里，成为一道风景。天府文化也自然是这种二元对立统一的有机组合。

4. 天府文化是农耕文明与城市文明的有机结合。在相当长的时间里，因为优越的自然条件，使天府之国的农业非常发达，所谓“水旱从人，不知饥馑”并非夸张。发达的农业，带来了发达的城市手工业以及相关的城市产业，所以，天府之国城市经济也相对发达。城乡二元在这里相互促进，催生了众多的文化奇葩，如水利文化、农业文化、林盘文化、养生文化、名人文化、民俗文化、民居文化、宗教文化、礼仪文化、诗歌文化、音乐文化、餐饮文化、饮酒文化、茶馆文化、娱乐文化以至今天各种现代、后现代在这个区域内衍生的林林种种的文化，在全国众多区域文化中特别耀眼夺目。各种以“川”字命名的文化品牌和以“蜀”字命名的文化品牌，莫不是这种农耕文明与城市文明的有机结合，如川菜、川剧、川茶、川烟、川酒、川派盆景、川派武术、川派绘画，蜀锦、蜀绣、蜀学，等等。

5. 天府文化是原生文化与外来文化的有机结合。从远古走来的古蜀文化以惊艳世界的三星堆和金沙遗址为代表，人们已经确信，古蜀文化是相对独立的文化单元，在中华民族多元一体的格局中是重要的一元。虽然秦并巴蜀，巴蜀快速融入中原文化，在后世发展中，又不断吸纳各种文化元素，但客观的地理位置与条件，决定了以成都平原为中心的天府文化是原生文化与外来文化的有机结合。翻开中国地图可以看到，四川盆地东面是巫山，南面是大娄山、大凉山且紧邻云贵高原，西面是龙门山、邛崃山，以及横断山脉，北面是米仓山和大巴山。这种地形带来的直接影响是：

蜀中之人与外界交流相对困难。无论东西南北，都得翻山越岭或冲出夔门（长江水道）。

蜀中之地受外界干扰相对较少。战争、瘟疫、寒潮等不易入侵为害，蜀中成为一方净土与静土，也自然是乐土。从秦并巴蜀开始，历汉魏晋六朝、唐宋、元明清直至近现代，蜀中都有大量的移民。移民与当地土著民从思想观念到血脉流传，从文化基因到生产劳作都在进行深度的交融与新变。

蜀中之地容易保留古风遗韵。因为受外来新潮思想、流派的影响不易，蜀中之人保留古风遗韵成为一种客观的必然。他们往往重视传统，重视基础，读书杂博，不受拘束，思维发散，因而，不鸣则已，一鸣惊人，多出百科全书式人物。如西蜀眉州苏洵虽然二十七岁始知向学，但厚积薄发，特别能耐得住寂寞，于是，“绝笔不为文辞者五六年，乃大究六经、百家之说，以考质古今治乱成败、圣贤穷达出处之际，得其粹精，涵畜充溢，抑而不发。久之，慨然曰：‘可矣。’由是下笔，顷刻数千言，其纵横上下，出入驰骤，必造于深微而后止”，以至一到京师，“一时后生学者皆尊其贤，学其文以为师法”[①]。元人刘埙曾这样评价三苏：“宋初承唐，习文多俪偶，谓之昆体。至欧阳公出，以韩为宗，力振古学。曾南丰、王荆公从而和之，三苏父子又以古文振于西州，旧格遂变，风动景随，海内皆归焉。”[②]“三苏”因为身处西南盆地，受外界影响少，所以，力图诗文革新的欧阳修在“守旧”的“三苏”身上找到了复古革新的“火种”，成为这场革新运动的“中坚”。

可见，苏洵就是蜀中之人厚积薄发、兼综百家的典范之一。事实上，蜀人渴望走出盆地，冲出夔门，渴望了解世界和拥抱世界。有意识的是，与身处盆地的人渴望看到外面的世界相对应的是，盆地以外的人们也渴望了解这片神奇神秘神妙的国土。在历史上，有“自古诗人例到蜀”与“自

---

① ［宋］欧阳修：《欧阳修全集》卷三十五《故霸州文安县主簿苏君墓志铭》，北京：中华书局，2001 年版，第 513 页。

② ［元］刘埙：《隐居通议》卷二十一，文渊阁四库全书本。

古文宗出巴蜀”之美名。“我行山川异，忽在天一方”（《成都府》），这是杜甫第一次到成都之后写下的真切感受，而“泥上偶然留指爪，鸿飞那复计东西”（《和子由渑池怀旧》）是苏轼与弟弟和诗中的心灵告白。非常有意思的是，入蜀与出蜀正好构成一种文化上的互补关系。翻检中国文学史、中国文化史，那些大家、名家因为各种原因多与巴蜀有这样那样的渊源：他们或入蜀为官，或入蜀游历，都对这片土地有深深的眷念和咏赞，这片土地从某种程度上也成就了他们的诗名、文名，杜甫是其中最有代表性的一位。杜甫从乾元二年（759）腊月到永泰元年（765）初夏，在蜀中生活了五年多，中间除一度前往梓州（三台）、阆州（阆中）避乱一年半外，一直生活在成都的草堂。在成都草堂杜甫一共生活了三年零九个月，写下了260余首诗歌。这段时间是杜甫人生相对安静、安稳的时期，他与自然、与亲情、与友情、与近邻有更多、更自然的接触与咏赞，蜀中的生活、成都的生活改变了杜甫的人生，也改变了他的诗风。假如没有蜀中的这段历程，很难想象杜甫的人生与艺术会是一种什么样的总体风貌。其他诸如岑参、白居易、刘禹锡、李商隐、玄奘、韦庄、李珣、黄庭坚、陆游、范成大等都有这样那样的蜀中佳话。而生在蜀中的文人，一旦冲出夔门，则往往成为执牛耳的领军人物，汉代司马相如、扬雄，唐代陈子昂、李白，宋代三苏、魏了翁、李焘，明代杨慎，清代彭端淑、李调元、张问陶，直至近现代的郭沫若、巴金等，莫不如此。

蜀道内外的勾连，入蜀与出蜀的交互，使巴蜀文化善于学习借鉴其他地域的文化特点，而其他区域的士人来到蜀中之后也能得到这片古老土地上异样文化的沾溉，迅速成长、提升以至超越自我。蜀中士人虽然在离开蜀中之前或默默无闻，但一旦出川之后，特别是来到当时的政治与文化中心之后，往往能很快崭露头角，进而成为文坛领袖。这种内外的有机互动，所带来的必定是文化的新变。加上移民文化的冲击碰撞，巴蜀文化在开放中兼容并包，在开放中创新求变。

这种原生文化与外来文化的有机结合，让天府之国的文化格外有个性，有张力，有魅力，由此去追寻诸如易学在蜀、儒源在蜀、菩萨（佛学）在蜀、仙源在蜀的文化奇观就不难理解。

三、与天府文化相关概念辨析

1. 西蜀文化。秦并巴蜀之前，以成都平原为中心的这块区域属于古蜀文化的范围。秦并巴蜀之后，巴、蜀之名继续保留，但已不能再称古蜀文化。历史上，西蜀之称早已有之，《史记》中就有“西蜀丹青不为采”之句。[①] 综括历史上“西蜀”之名的使用，大约有以下几种情况：一是与巴对称。重庆、成都分属巴蜀的核心，而总体上巴在东，蜀在西。二是从全国范围来讲，蜀位居中国西部，故“西蜀”代指蜀，可说是蜀地的别称。三是历史上有“三巴”、“三蜀”之说。关于“三蜀”，汉初分蜀郡置广汉郡，武帝时又分置犍为郡，合称“三蜀”。魏晋左思《蜀都赋》：“三蜀之豪，时来时往。”刘逵注：“三蜀，蜀郡、广汉、犍为也。本一蜀国，汉高祖分置广汉，汉武帝分置犍为。”[②] 北魏郦道元《水经注·江水》：“益州，旧以蜀郡、广汉、犍为为三蜀，土地沃美，人士儁乂，一州称望。”[③] 唐杜甫《春日江村》诗之二：“迢递来三蜀，蹉跎有六年。”古蜀国时期的“蜀”，其范围很大，如杜宇王朝的疆域，据《华阳国志·蜀志》记载：“自以功德高诸王，乃以褒斜为前门，熊耳、灵关为后户，玉垒、峨眉为城郭，江、潜、绵、洛为池泽，以汶山为畜牧，南中为园苑。”[④] 由此可知，杜宇王朝疆域

---

① ［汉］司马迁：《史记》卷八十七《李斯列传》，北京：中华书局，1999 年版，第 1980 页。

② ［梁］萧统编：《文选》，［唐］李善注，上海：上海古籍出版社，1986 年版，第 186 页。

③ ［魏］郦道元：《水经注》卷三十三，文渊阁四库全书本。

④ ［晋］常璩：《华阳国志校补图注》卷三，任乃强校注，上海：上海古籍出版社，1987 年版，第 118 页。

北达汉中，南抵今青神县，西有今芦山、天全，东至嘉陵江，而以岷山和南中（今凉山州、宜宾以及云南、贵州）为附庸。开明王朝的国力比杜宇时期大大增强。从开明二世（约当公元前7世纪半叶）开始，蜀北征南伐，东攻西讨，争城夺野，剧烈扩张。到战国时代，蜀王国疆域“东接于巴，南接于越，北与秦分，西奄峨嶓”[①]，成为中国西南首屈一指的大国。所以，从这个意义上说，“蜀”或者“西蜀”的概念远大于天府之国的概念。

2. 巴蜀文化。巴蜀文化广义是指古巴蜀方国时期的地域内的文化总称，其范围超过了今天的四川和重庆所辖区域，但又不完全重叠。狭义的巴蜀文化一般代指今天的四川和重庆所辖区域的文化。无论广义还是狭义都超过了天府文化的范围。

3. 成都文化。成都在历史上所辖区域屡有变迁，但总体来看，一直属于都江堰灌区的核心区，成都平原的腹地。但从“天府”之名的由来考辨，“成都”的概念小于“天府”的概念。且天府文化的概念更能凸显以成都为中心的区域文化的特色与优长。

4. 四川文化。四川得名始于南宋。四川正式建省则开始于元至元十八年（1281）。历史上，四川所辖区域屡有迁变，仅以今天四川所辖区域来看，其概念应大于“天府”。但有时人们又习惯称四川为“天府之国”，但从严谨的学术角度言，这种提法不太符合最初“天府”的含义。

5. 蜀学。蜀学之名在《三国志》和《华阳国志》中就已出现，目前学界又分古代蜀学与近现代蜀学。总体而言，“蜀学”指蜀中学人的学术思想与文化。这里的“蜀中”是四川或巴蜀的代名，因此，蜀学的概念也大于天府文化的概念。

综上，天府文化是巴蜀文化、西蜀文化、四川文化的精粹，是成都文

---

① ［晋］常璩：《华阳国志校补图注》卷三，任乃强校注，上海：上海古籍出版社，1987年版，第113页。

化的放大，是蜀学的核心区文化范畴。天府文化观照了历史与现实，凸显了以成都为中心的区域文化的特质与优长，是开放的、活跃的文化概念，在成都建设充分体现新发展理念的国家中心城市的今天，天府文化更能体现成都的历史文脉、城市品位和发展愿景，是增强成都文化自信，夯实成都文化软实力，提升成都文化竞争力的重要抓手。

（注：本文原载《天府文化研究》创新创造卷，巴蜀书社 2018 年 2 月）

从中国传统本体论哲学视角诠释中医药文化内涵及其时代价值

程林顺[1]

成都老官山西汉墓出土的医学竹简，其中有些与文献记载的神医扁鹊相关，据考证源自扁鹊经脉医学流派。老官山出土的一尊人体经穴漆人与绵阳双包山经脉漆人主要经脉相似，为研究蜀地中医药源流提供了珍贵资料，印证了古代中医药学的盛况。60年致力于中医药研究的屠呦呦从中医古籍医方中获得启迪，创建低温提取青蒿素的方法并获得诺贝尔生理学或医学奖，大大提升了中医药的文化自信。在推动健康中国战略实施过程中，需加大中医药大健康产品开发，打造在全球有影响力的中医药品牌，弘扬中医药文化积淀的深厚人文内涵。

一、中医药文化体现中国传统本体论哲学意蕴

本体论哲学研究的对象包含对人生的全部的终极意义的探究。本心即

---

① 程林顺，男，四川省社会主义学院副教授，研究方向为统一战线理论与中华传统文化。基金项目：四川省软科学研究项目“一带一路战略下以中医伦理为核心的中国文化价值体系的国际传播研究”（2017ZR0057）、四川省中医药文化协同发展研究中心重点项目“中医药文化在中国传统文化中的价值取向及价值拓展研究”（ZYYWH1702）。

本体，本体论体现对人类本性的渴求。在中国传统哲学发展过程中，内蕴着人之生存的本体论诉求。当代国学大家熊十力说：“仁者本心也，即吾人与天地万物所同具之本体也。”本心即本体，不仅是生命的本质存在，而且是宇宙万物存在的根据。“于宇宙论中，悟得体用不二，而推之人生论，则天人为一。”[①]熊十力强调体用一源，反对将本体与现象分开，本体与现象的关系或者说是“体用不二”关系是中国哲学的基本特征，其在人生论中体现为“天人合一”。熊十力本体论哲学思想来源于王阳明的“心即理”的心性论传统，吸纳了儒、释、道哲学思想中的“天”“命”“道”“心”“理”和“气”等资源，他将外部世界理解为生生不息和谐完美的共同体，揭示身与心相辅相成的关系，以及物质世界与精神世界的相互关联性。

中国传统本体论哲学从终极目的角度研究人应该怎样生存、人为什么要活着、人怎样生活才有意义；研究自然环境、社会环境、心理环境，以及它们与人之间的相互关系，最终推动人生存态度和生存状态的根本性转变，生存论的态度是一切哲学本体论的重要前提。中国传统哲学的本体论并非以宇宙的本质为认识的根本目标，而是借“天道”以明“人道”，在中国传统哲学本体论形态最终表现出价值论的特征。[②]本体论实质就是价值本体，价值论是传统哲学的核心要义，也是中华传统文化精神的集中体现。中国传统哲学在“天人合一”观之下，最终指向的目标是对人的生命的价值判断。

（一）中医药文化蕴含中国传统“体用不二”哲学思想

中医药学理论体系是研究人类生命活动中健康与疾病转化规律及其预防、诊断、治疗、康复和保健的综合性科学。中医药学主要特点是把人体

---

① 熊十力：《新唯识论语体本》卷上，湖北十力丛书版，1947年，第2页。

② 熊十力：《体用论》，上海：上海龙门联合书局，1958年，第108—109页。

作为一个有机整体进行观察，强调人的形体结构和物质基础与精神意识思维活动的结合统一，即形神一体观，形与神互相依存、不可分离，形是神的藏舍之处，神是形的生命体现，并在此基础上综合考虑人与自然环境及社会环境之间的相互联系，再进行辨证论治。中医药文化用整体观思想去理解人，认知人与世界万物的关系，完善身体与意识的一致性，重视生命个体的意义。中医药文化贯穿着人体是有机统一整体的观点和对生命健康长寿的追求，这一基本观点充分体现了中国本体论哲学思想的本体与现象同一的关系，即“体用不二”哲学思维。

“中医贵人”思想是从本体论角度强调个体生命价值。“贵人”原则是中医药文化发展的思想基础，中国古代经典《皇帝内径》强调“贵人”原则，载有“天覆地载，万物悉备，莫贵于人。人以天地之气生，四时之法成”。唐人孙思邈《备急千金药方》主张“人命至重，有贵千金”，就将人推尊到很高的地位，契合了中国传统哲学思想里“天地之精华所以生物者，莫贵于人”（汉代董仲舒《春秋繁露・人副天数》），以及“天地之性人为贵”思想。中医主张“人与天地参”，把人与天地等量齐观，所谓“人为万物之灵”，在天地人之间，以人为中心，人是宇宙的中心，将人的生命健康放在最重要位置，健康长寿成为人生追求的重要支柱。万物之始，大道至简，阐释出人生的一种大道自然、追求本真的生活境界，是身心自然调节的高级状态。功名利禄实际难以从根本上得到满足，由于本体探寻缺失导致的生命价值追求错乱，表现为过度沉溺物欲的拖累，忽略生命健康的重要性，忘却人生存的根本目的和真正意义。单纯追求经济利益为特征的经济主义，渴求无节制的物质消耗，并把这些当作身份象征和生活的目的与人生价值体现的消费主义，最终会导致自然资源过度开发的资源枯竭、环境恶化，以及人与人之间关系的物化。

（二）中国传统本体论哲学渗透并影响着中医药文化发展

传统本体论哲学关于天地万物与人之本体的“元气”理论形成中医人体之气的基本观点。战国时期经典《易传》之《乾卦·彖传》曰“大哉乾元，万物资始”，《坤卦·彖传》曰“至哉坤元，万物资生”，强调元气的始动力作用和宇宙运动化生万物。战国扁鹊《难经》说“气者，人之根本也”，认为气是人体生命活动的物质基础，人体之气被认为是具有很强活力、不断运动、构成生命和维持生命活动的最基本物质。元气是人体最基本、最重要的气，是人体生命活动的原动力。元气先天不足或后天耗伤太过时，就会形成元气虚衰而产生种种病变。气的运动是人体热量的来源，气具有防御和抵抗各种邪气的功能，战国中医经典《素问·刺法论》说：“正气存内，邪不可干。”若正气不足，外邪侵入机体，则容易受邪气影响而发生各种疾病。人体之所以会生病，主要关系到正气与邪气两个方面，邪气作用于人体，正气必然起而抗邪，正邪相争破坏人体阴阳的相对平衡，使人体功能失调，气血紊乱，产生局部或全身多种多样的病理变化。邪正的消长盛衰变化决定疾病的发生、发展、变化的机制与病症的虚实夹杂或转化，一般情况下，正气胜则邪气退，邪气胜则正气衰。中医重视发挥正气在疾病发生中的主要作用，抗御外部邪气侵入，或驱除邪气外出；也包括调节自身免疫力，或病后自我修复，提高机体自愈力，维持生理平衡，恢复身体健康。气为血之帅，血乃气之母。气能生血，人体从摄入的饮食物转化成水谷精气，从水谷精气转化成营气和津液，然后转化成赤色的血，均离不开气的运动变化；气能行血，推动血的循环有赖于气；气还能摄血，使血液正常循行于脉管之中。血乃气的载体，血既能载气，也能生气，血虚者可以进一步引起气虚，血脱则气也随脱。气血变化导致不同体质的人宜采取不同的个性化辩证治疗，体质状况与症候的分析和用药的宜忌有密切关系。①

---

① 赵馥洁：《中国传统哲学本质上是价值哲学》，《人文杂志》2010年第1期，第40页。

中国传统哲学的阴阳二气相感而产生万物的学说，是建立中医药理论体系的核心。儒家典籍《周易》八卦认为乾坤为天地、刚柔，为阴阳二气，由于阴阳二气相感而产生万物，阴阳二气是事物运动变化的根源。中医在此辩证思想基础上，应用阴阳对立统一思想即阴阳相互依存、相互转化的观点，说明人体组织结构，解释人体生理功能、病理变化以及内脏腑经络，创造性地把阴阳与人体相结合并应用于解释医学，贯穿中医的理、法、方、药全过程。中医药文化讲究"阴阳平衡"，要求对阴阳失调的病症调整至平。《素问·至真要大论》曰："谨察阴阳所在而调之，以平为期。"人体内部阴阳失衡是疾病产生的主要根源，宜采取"虚则补之，实则泻之，寒则温之，热则凉之"治疗方法，以求达到人体阴阳平衡的状态。《黄帝内经》中说："阴阳者，天地之道也，万物之纲纪，变化之父母，生杀之本始，神明之府也。"阴阳与人体健康是密不可分的，阴阳平衡是生命活力的根本。

中国传统阴阳学说认为，世界本身即阴阳二气对立统一的结果。阴阳学说表明事物相互对立统一的属性。自然界万物生生不息是因为阴阳之间相互制约、相互消长的结果，人体的正常生命活动也是阴阳相互制约、相互消长的结果。在一定条件下，阴阳消长运动推动事物由量变发展到质变，形成阴阳的相互转化。阴阳之间取得统一，达成相对的动态平衡，中医称之"阴平阳秘"。人体不健康的标准是阴阳失调，阴阳之间相互对立、相互依存、相互转化的动态平衡被打破了。阴阳消长失衡，阴盛则阳病，阳盛则阴病。不同疾病尽管临床表现不一样，大都可用阴或阳来加以概括辨析用于疾病的辨证论治。[①] 中医"望、闻、问、切"四诊都应以分阴阳为首要任务，只有掌握了阴阳纲领，才能在辨证中正确诊断治疗，调整恢复阴阳的相对平衡。

---

① 洪新、孟静岩、郭霞珍：《中药综合知识与技能》，北京：中国医药科技出版社，2015 年，第 3 页。

中国传统哲学的五行学说与中医五行生克乘侮理论相互关联。论阴阳必联系到五行，言五行又不能离开阴阳。五行学说是说明人与自然环境统一的内在基础，五行学说以五行之间的生克制化关系来阐释事物之间的相互联系。五行中的任何“一行”，都存在着“生我”和“我生”；“克我”和“我克”的联系。五行的相乘（过克）和相侮（反克），则是异常的相克现象。中医以五脏配属五行，人体是否健康、生命是否平稳，要看五脏之间的阴阳是否平衡。调节阴阳平衡，也就是运用五行生克乘侮的关系原理调节“肺、肝、心、脾、肾”五脏之气的平衡。五行学说应用于说明人体脏腑之间的相互联系，同时还将人体五脏系统与五志的怒、喜、思、悲、恐，五化的生、长、化、收、藏，以及五气的风、暑、湿、燥、寒之间相互联系，构建天人相应的宏观整体调控模式。[①]

二、中医药文化核心价值聚焦中国传统本体论哲学价值

中医药文化从生命伦理角度强调个体生命价值和意义，中医药文化聚焦的核心价值理念集中体现中国传统哲学本体论价值。中医药文化价值理念体现中国传统本体论哲学思想的“天人合一”观，以及“道法自然”法则与“中庸和合”原则。中医药文化表现出的辨证论治与多样化干预手段，以天然之中药为主调节生理平衡和提高人体免疫功能，激发机体自我康复能力进行治疗，在不抑制、干扰或破坏机体免疫调节系统的前提下，达成治疗和使机体健康的目标，实现生命价值的最大化，从根本上体现传统哲学价值理念。

---

① 国华、柳长华、周琦、宋歌、高宏杰、高敏：《中医药文化核心价值凝练研究》，《中国中医基础医学杂志》2016 年第 11 期，第 1485 页。

（一）中医药文化的康养理念内涵传统本体论哲学的中和原则

中国传统哲学《中庸》有：“中也者，天下之大本也；和也者，天下之达道也。”将持中原则上升到天下之达道的境界，形成和谐主义，认为天下之根本是中庸之道，和合之道是天下共行之准则。中医康养把“中和”作为最高原则。《黄帝内经》受“中和”观的影响，在基础理论和临床医学方面中医都蕴含着“和”的思想，强调阴阳调和，要求对阴阳失调的病症调整至平，即“阴平阳密，精神乃治”，阴阳和则治，阴阳不和则乱。纠正不和的方法是调和，即“以平为期”，所以中医用药讲究得当，强调“度”的把握，过或不及都可能成为对健康的伤害。按照宋代儒学大家朱熹《中庸章句》中的要求：“不偏不倚，无过不及，而平常之理，乃天命所谓然，精微之极致也。”中国传统哲学思维与中医药文化都注重和讲究阴阳动态平衡，以中和主义为根本准则，以人的生命价值完善作为追求的最高境界，提倡中和中庸的和谐文化理念，包括人自我身心内外的和谐，人与人、人与社会、人与自然的和谐。

中医“治未病”的预防思想重视个体生命价值提升契合中国传统本体论哲学价值。治未病思想的核心是从修补医学转向防治医学，从被动诊治转向主动防治。“治未病”包括未病先防和既病防变，通过增强人体自身免疫机能，提高抗病能力，增进健康，增强体质。《黄帝内经》中说，“不治已病治未病，不治已乱治未乱”，体现了更高层次上的本体论哲学价值特征，提示我们维护生命健康应从“治未病”开始，不是生了病才想到去治病，而是要想办法预防疾病和减少疾病，以达到提升生命价值的目的。

（二）中医药文化强调的整体环境内蕴传统本体论哲学“天人合一”观念

中医康养的最高境界是以“天人合一”理念强调人与自然、社会的融合共生。人体随着四时节气变化、昼夜更替而发生不同生理活动和生理调节，人体生命活动受到政治、经济、文化、信仰、法律、家庭和人际关系等社会环境影响，在中医辨证论治过程中就需要考虑外部环境和内部环境变化的相互联系，全面、深刻、准确地揭示疾病的发展机理，以此进行有效诊疗。人与自然环境与社会环境相适应，就是在融于自然与社会环境的过程中，尊重、顺应自然环境和保护自然生态平衡。人需要适应社会发展规律和生命规律进行身体调节，“顺时而为”即指人的身心需根据年龄、节气变化进行适当调整，所谓“得顺者生，得逆者败；知调者利，不知调者害”。

传统本体论哲学认为“道”是宇宙万物法则，与中医药文化重视生命价值核心理念相统一。老子曰“人法地，地法天，天法道，道法自然”，概括了回归自然、见素抱朴的自然之道。“道”是天地万物产生、存在、变化的根本依据和普遍规律，又是人追求的崇高境界和理想目标，体现本体与价值的合而为一，展示社会价值、生命价值与自然生命的融通归一。“道法自然”是指返璞归真、顺应四时、遵循自然规律的养生之道。“人法地”，指人要顺应大地春生、夏长、秋收、冬藏的自然法则。“医道自然”强调顺应自然之性，采用自然之药，调动身体自身精、气、神，平衡人体生理机能。[①]孙思邈在《备急千金要方·养性》中提到，“善摄生者，无犯日月之忌，毋失岁时之和”。养生，不能犯日月的忌讳，不要错失岁月的适时。道家追求“见素抱朴”“返璞归真”，也就是说接近原始的生活状态是最健康的。人与其他动植物一样需要遵循自然法则，需要阳光、空气、雨水，需要我们真正安静地融入自然山水，体验生态之美，与大自然本能地融合为一体。“医道自然”强调保护生态环境，减少空气、水源和食物污染，践行绿色消费和绿色康养理念。

---

① 魏一苇、何清湖、孙贵香、叶培汉、刘富林、杨玉芳、孙光荣：《国医大师孙光荣论中医药学五大特色》，《湖南中医药大学学报》2017年第37期（9），第928页。

（三）中医药文化倡导遵循生物作息规律作为提升生命质量之本

中医药文化倡导随季节进行生物性调适和精神调摄。天体运动和气候变化存在规律性，人体生理规律的生物钟现象也是对四季寒暑、阴晴圆缺、潮起潮落等外界周期性影响的应答机制和适应反映。因而春夏养阳，秋冬养阴。冬至一阳生、夏至一阴长，阴阳往复、寒暑相随，肝主春，心主夏，脾主长夏，肺主秋，肾主冬，脏腑与四季变化密切相关，因之风、寒、暑、湿、燥、火六气消长。经脉气血运行遵循时序规律给诊断、用药与针灸提供了时间参考，子时后顺其阳生而给予补阳药，午时后就其阴长而施予滋阴药以因势利导可以达成事半功倍的效果。《素问·四气调神大论》曰："阴阳四时者，万物之终始也，死生之本也，逆之则灾害生，从之则苛疾不起。"人的生命过程与自然界的阴阳消长变化具有同步性，人体应当根据生物钟节律，顺应阴阳四时盛衰变化之势，起居有常，动静相宜，劳逸适度，饮食有节，协调阴阳，养生防病；健康养生的根本在于维持人体内外部环境的统一性，一切顺其自然，保持心情愉悦，则心机流畅，气血和平，抗病能力增强。夏天阳光酷烈，万物蓬勃发展，人的精力旺盛，从而身心耗费较大。秋收时期果实成熟，人需要及时补充营养，储备能量以备寒冬。冬天有严寒霜雪，万物进入休息或休眠状态，需要为来年的发育做好休养生息。人体机能有其自身的生物钟节律，顺应"日出而作，日落而息"的作息规律进行调理以达至平衡，这是中医讲究的最佳系统化调和之本，也是传统养生中最朴实的生存法则，是减少亚健康和提高生命质量的关键。

遵循生物钟规律以提升生命质量印证了中国传统哲学价值论。以简单朴实的方式生活，以纯真健康的心情和态度调和身体，拒绝有毒食品，不多食肥甘厚味，不暴吃暴饮，不长期嗜好单一味道食物，把住病从口入关。传统哲学在人的生命价值追问中意识到个体生命质量与健康长寿是顺应生理规律的结果，身心健康是修心养性的结果，要心归宁静，不苛求不盲从。健康不是依赖大量食药滋补，更不是靠日不晒、雨不淋，夏有冷气、冬有暖气的优越生活条件。人需要根据年龄、性别、环境，劳逸结合，不要过度劳累。劳力过度则得不到应有的休息以恢复体力，耗气伤血，积劳成疾；劳神过度则劳伤心脾，出现心神失常的心悸、健忘、失眠、多梦、纳呆等症。过度安逸也会导致疾病，长期不劳动或运动，使脾胃之气呆滞，功能减弱，气血化生不足，运行不畅通，从而少食乏力、精神疲靡、软弱臃肿，继发气短、心悸、盗汗等。《素问·阴阳应象大论》提出："怒伤肝""喜伤心""思伤脾""忧伤肺""恐伤肾"。太过愤怒容易伤及肝脏，过度开心会伤害心脏，思考太多伤及脾胃，太过忧愁容易伤害肺部，惊恐过度对肾脏有影响，显示出受情绪刺激导致的过度意识变化对生理机能带来的影响。

三、基于整体观与系统思维推动中医药现代化与国际化发展

环境污染、生态失衡、心理失调、化学药品毒副作用，以及高昂的医疗费用，使得当前的医学模式趋向于转向传统医药资源寻求解决之道。基于整体观与系统思维，中医药强调辨证论治，注重病患心理抚慰，对疑难及慢性疾病治疗效果较好，医源性、药源性毒副作用较少，医疗成本相对较低，这是适应新时代发展需求的优势传统医药，具有极大的时代价值与发展前景。

（一）中医药文化传承需要突出中医个性化辨证论治的特色与优势

本体论哲学强调对生命价值的追求，基于整体观与系统思维的个性化辨证论治是中医临床诊断和治疗的独特方式。[①] 医学家张仲景在《伤寒论》

---

① 刘应科、孙光荣：《中医临证的四大核心理念之整体观》，《湖南中医药大学学报》2016年第36期（5），第1页。

第十六条中所记："观其脉证，知犯何逆，随证治之。"[①] 证是证据，是疾病阶段性病症、病位、病性的概括。辨证，就是取得证的过程，通过望、闻、问、切诊断病因。强调个体的特异性和疾病的动态变化，具有极强的个性化辨证论治特点，所谓"同病异治"和"异病同治"体现出中医辨证论治的独特优越性。根据个体差异考察形神、阴阳、表里、盛衰、寒热、虚实、主从、标本、逆顺、生死等重要元素，[②] 按照同病异治和异病同治的要求进行施诊，充分发挥中医治疗慢性疾病效果较好的独特优势。[③]

（二）中医药文化创新需要促进中医药向现代医学模式转换

在中医药文化传承的基础上，应当合理运用当代先进科学技术和现代设备进行创新，而不是简单以西医体系为窠臼，实现传统中医药向现代医学模式转型。中医药的时代价值与发展前景依托于继承性发展和创造性转换，要求加大资助出版中医药刊物和读物，建立中医药康养旅游示范基地，打造中医药文化特色街等项目以弘扬中医药文化，提高中医药知识科普宣传力度，特别是提升年轻一代对中医药的认知与认同。中医药发展需要进一步突破传统传承模式的封闭性与排他性，重视专业人才培养；发挥传统中医康养优势，在养生、养颜、美容领域提高医疗质量和服务水平；要加大资金、技术扶持力度，建立中医药传承发展基金，加强中医药文化协同创新发展；利用现代先进的制药设备，进行老字号品牌中药的现代剂型研发，向全球市场提供优质高效地中医药制剂产品，提高中医药企业经济效益；改善过去中医院及诊所简陋的医疗环境，建立和提供现代化医疗环境

---

① 魏一苇、何清湖、孙贵香、叶培汉、刘富林、杨玉芳、孙光荣：《国医大师孙光荣论中医药学五大特色》，《湖南中医药大学学报》2017年第37期（9），第930页。

② 魏一苇、何清湖、孙贵香、叶培汉、刘富林、杨玉芳、孙光荣：《国医大师孙光荣论中医药学五大特色》，《湖南中医药大学学报》2017年第37期（9），第929页。

③ 聂天义：《振兴中医的根本途径》，《前进论坛》1999年第3期，第21页。

设施，给患者舒适的医疗环境；探索现代中医简便易行的治疗模式，大力拓展农村中医医疗市场；[①]推动中医向生物—心理—社会三者相结合的整体考察和治疗新医学模式转换。

中医药的时代价值与发展前景最根本在于中医药产业绿色发展战略目标的实现程度。中医与中药的关系体现为哲学本体与现象同一的关系，中医药诊治疗效取决于中药材，中药材的一个重要特色就是用药讲究天然地道。开发中药新药具有投资少、周期短、见效快、安全易行的优势，要鼓励企业利用绿色中医药原材料，挖掘中医药传统医籍文献资源和经典名方，建立现代化的中药生产企业大力开发中药新药。中医用药以自然的动植物、矿物药等天然药材居多，地道药材之所以不同于普通药材，其根本原因即在于物种的品质，特定产区的独特依赖性，独特的生产加工技术，产量稳定占据药材交易的主流地位，以及良好的临床疗效，如川贝母、川芎等；按照时令节气合理采摘药材也在很大程度上决定中药材品质和药效；还要谨防市场交易过程中掺杂、掺伪导致发生不良反应；中药加工炮制需要遵循特定工艺进行规范操作，避免方法不当导致有效成分流失；中药储藏保管是否得当直接影响到用药的安全性。[②]中医主要治疗手段和中药加工技艺也循简便自然之法，所开处方药的内服中药如汤剂、丸剂、散剂、膏剂等不同的熬制剂型；外治方法手段包括药敷、药浴、膏贴、雾剂、散剂、洗剂、滴剂等制剂；还有建立在中医经络学说基础上的针刺、艾灸、拔罐、推拿等疗法以及夹板、器械等辅助性体外治疗方法，[③]大都遵循物理之法和自然理念，很容易被广大群众接受。

---

① 周汉民：《“一带一路”战略与中医发展前景》，《中医药文化》2017年第3期，第7页。

② 王红、谢景峰、彭海林：《中药饮片现状分析及建议》，《时珍国医国药》2005年第16期（10），第1054页。

③ 魏一苇、何清湖、孙贵香、叶培汉、刘富林、杨玉芳、孙光荣：《国医大师孙光荣论中医药学五大特色》，《湖南中医药大学学报》2017年第37期（9），第930页。

（三）借助“一带一路”契机加强中医药文化国际推广与传播

世界市场上沿用的中药品种已经超过8 000种，古老的中药配方也成了许多商家甚至国际医药巨头竞相追逐的目标，国际市场上川贝枇杷膏、保心安油、祛风油、红花油、救心丹等一些“洋中药”畅销世界。[①] 作为中医药鼻祖的我们应组建专业化中医药文化国际推广机构，加强中医药专业人才队伍建设，形成中医药文化国际推广的工作合力。依托中医药大学加大中医药专业国际留学生、交换生和研修生培养，加大国际中医药专业技术人才输出，加强以中医药文化弘扬为目的学术研究交流与中医药科学普及活动，广泛采用现代媒体技术录制短视频进行中医药知识的推送和传播。探索在“一带一路”沿线国家建立中医药文化合作项目与研究中心，建立一批海外中医药基地或产业园区，探索建立中医药文化对外交流的合作示范点，推动中医药文化国际传播与交流。

① 刘冬玲、金萍：《浅谈中医中药的发展前景》，《时珍国医国药》2005年第16期（10），第1053页。

巴蜀文化与铸牢中华民族共同体意识

中华文明的特质与构建中华民族共同体

于铭松[①]

中华文明的一个重要特点是既具有整体、内聚性，又具有开放、包容性；中华文明的另一个重要特点是“大一统”历史的连续性。在当代，这些理念，为中华民族共同体的形成奠定了基础。

一、文化交融是中华民族共同体形成的根柢

中华文明的一个重要特点是既具有整体、内聚性，又具有开放、包容性。特殊的地理环境是中华文明整体、内聚性特点得以形成的共同地域条件；同时，能够在开放中吸收异质文明，在包容中消化异质文明，在多元融会中更新自身。各民族文化交融是中华民族共同体形成的文化根柢。

1. 整体、内聚性

处于亚洲东部的中国自古以来就是一个独立性较强的地理单元。古中国的北部，是今蒙古国以北的荒漠地带，这里气候严寒，人迹罕至，古代的西伯利亚荒原阻隔了中国与亚洲北部的联系和交往；中国的西北横亘着塔克拉玛干大沙漠和沙漠化的干旱地区，它使中国与中亚、西亚地区遥遥

① 于铭松，原中央社会主义学院中华文化教研部教授。中央社会主义学院智库2020年委托课题“中华文明的特质与构建中华民族共同体”阶段性成果。

相望，往来艰险；西面耸立着有“世界屋脊”之称的青藏高原，这片高寒地带分隔了中国与中亚、南亚等地的地域；西南的横断山脉，山高谷险，形成一道天堑；东南地区濒临浩瀚辽阔的海洋，这在古代形成了一条天然的防线，使之与邻国遥遥相望。这个特殊的地理环境是中华文明内聚性特点得以形成的共同地域条件。这种封闭性的地理环境，使中华民族扎根于这片土地生息繁衍，产生了独立的文化体系。由于地域的限制，外来文化传入较晚，原生型的华夏文化成为中华民族文化圈中的核心文化，并从一开始就具有“求同存异”和“兼容并蓄”的特点。所以，华夏族同周围其他民族（所谓“夷、蛮、戎、狄”“四夷”）在长期互相排斥、互相争霸中又互相吸收、互相融合。春秋战国时期思想家们纷纷探讨政治统一、“华夷一体”等当时亟待解答的问题，一部先秦史，可以说就是夷夏融合、由“夷”变“夏”的历史。秦的统一是这个历史水到渠成的结果。秦统一中国，使一统由理想变为现实。汉承秦制，延续和发展了空前统一的政治格局，汉民族以空前繁荣的经济文化、众多的人口和广大的地域成为中华民族的主体及凝聚的核心。① 以汉族为主体的秦汉帝国的许多政治体制和统治政策，促进了多民族国家内部政治、经济、文化、风俗伦理等各方面的进一步统一，边疆与内地、“中原”与“四夷”一统的观念得到加强。以后的历朝历代，无论是汉族还是少数民族主持中央政权，都以统一作为其最高目标，特别是元、明、清三代，连续统一的局面达600多年。值得注意的是，把全国所有民族地区纳入中国版图并置于中央王朝直接管辖之下，从而标志着完成统一的多民族中国古代发展过程的，是蒙古、满两个少数民族统治者主政的元朝和清朝。这种“天下统一”的局面，成为中华文明整体、内聚性特点形成的标志，这不仅造就了中华民族这一庞大的民族集合

---

① 李道湘、于铭松主编：《中华文化与民族凝聚力》，北京：中央编译出版社，2007年版，124—125。

体，也延续和发展了中华文明，使之成为世界上绵延至今的古老文明。

2. 开放、包容性

在数千年文明史中，产生与建立于先进的农业文明之上的中华民族文化是先进的民族文化，作为该文化起源和核心的华夏文化，及后来形成的主体民族汉民族的文化都具有兼容并蓄和开放、开明的气度。

中华民族多元一体格局的形成。根据费孝通先生“中华民族多元一体格局”的理论，所谓“多元”，是指中华民族不是单一的民族，而是由56个兄弟民族所组成的复合民族共同体。所谓“一体”，是指56个民族在长期的历史发展过程中已结合成相互依存的统一而不能分割的整体。中国各民族在历史舞台上扮演不同角色，最终形成多元一体的格局。中华民族多元一体格局的形成过程，大致可分为三步。第一步是华夏民族集团的形成。第二步是汉族的形成。从华夏核心扩大而成汉族核心（在秦汉时代，当中原地区以汉族为核心实现了农业区的统一的同时，北方游牧区形成了以匈奴为核心的统一体）。第三步，两个统一体的汇合才是中华民族作为一个民族实体进一步的完成。① 自中华民族作为一个民族实体形成后，对中华民族强烈的认同感和亲合力是中华民族共同体意识形成的基础。长期的历史发展，使中华民族形成了建立在共同利益基础上的强烈的认同感和亲和力。这种认同感和亲和力不仅存在于56个民族内部，同样也存在于中华民族这一民族共同体之中。无论是各民族内部人民相互信赖，相互依靠，通过民族共同利益的实现来实现个人和群体的利益，在各民族之间也是通过共存共生、共同发展来实现本民族的利益。在古代，进入中原的少数民族往往自称为华夏“先王”之后，在族源上与汉族认同，以谋求自己的发展。如匈奴贵族刘渊利用历史上与汉朝的甥舅关系，上接汉统，标榜自己政权的正统性；鲜卑拓跋氏以汉魏正统自居；契丹耶律氏以轩辕之后、党项人以

① 费孝通：《中华民族多元一体格局（修订本）》，北京：中央民族大学出版社，2003年版。

夏人之后自居。这些都说明在古代统一的中华民族概念已深入许多少数民族之中。

在此基础上，各民族文化也相互交融，结果是中华民族文化呈现出多元一体的特点。在长期的文化交融中，各民族分别以其独特的文化个性使中华文化异彩纷呈，又以其文化的共性表现了中华文化的趋同性和整体性。如果说，中华民族存在多元一体的格局，那么，中华民族文化也存在多元一体的特点。而中华民族文化多元一体的特点是中华民族共同体意识形成的基础。

中华民族文化多样性表现在：一是民族文化的多样性，56 个民族都有自己的独特传统，都有自己的文化特色；二是地域文化的多样性，中国地域辽阔，千里不同风，百里不同俗，各地区均有自己的文化特色。即使是同一民族，不同地区的风俗习惯和语言也有较大的差异。较为典型的是汉民族文化，东西南北文化习俗的差异很大，八大方言的差异比许多民族语言间的差异还要大。

中华民族文化一体性则表现在文化同一性即同质性、共同性或一体性。一是中华民族文化不是 56 个民族文化加在一起的总称，它是各民族、各地区文化在数千年的历史发展中逐步交融、整合而形成有机的文化整体。二是各民族、各地区在长期的文化互动、交流中形成同质化和一体化现象。价值观念的一体化或同质化进程是中华民族文化发展的大趋势。春秋战国时期，诸侯割据，列国争雄，文化上也出现了“百家争鸣”的活跃局面，人们在战乱纷争中认识到，要天下安宁必须统一。孔子曾提出“大一统”的主张，孟子也主张天下“定于一”，韩非子力主建立中央集权制，以实现统一。这种追求国家统一、多元文化整合的价值观念和趋势，反映了各地各族人民实现大一统的经济、政治的要求。从秦汉开始，各民族、各地区文化整合和一体化进程加快，秦朝实施的“书同文、车同轨、度同制、行同伦”等一系列文化举措，为中华文化共同体的形成奠定了坚固的基石。

董仲舒提出“罢黜百家，独尊儒术”，创制包容阴阳家及法家的新儒学的文化形态，为确立统一国家的集权制与整合文化做出了努力。可以说，秦汉整合多元文化的努力获得历史性的胜利，从此开始，经过长期的文化整合，特别是唐朝，中国的经济、政治、文化比周边的民族都要进步一些，但这个时期却很注意学习其他民族好的东西，那时中华民族成为世界上最先进的民族，它不仅对本民族成员具有强大吸引力，对周边少数民族也很有吸引力，使一些少数民族归附、内迁并融合成为一体。在一定意义上说，包容就是凝聚，包容和开放必然产生凝聚。

在中华文明史中，各民族间既有纷争，也在不断融合，并且往往是在纷争与战争中形成大迁徙、大融合。无论是哪个民族入主中原，都视主体的汉民族文化为中华民族的主体文化，并最终接受汉文化，而汉文化则吸取、包容其他的民族文化。对外部民族的文化，例如从印度传来的佛教文化，由排斥到接纳、吸收，最后形成儒、佛、道三教并存。近代以来先后对基督教、伊斯兰教等外来宗教的容忍与吸收，更是人所共知。

中华文明包容、整合的特点，有助于增强中华民族共同体意识，有助于保障民族团结和国家统一，有助于中华民族文化的复兴。

二、民族融合是中华民族共同体形成的前提

中华文明一个重要特点是“大一统”历史的连续性，体现在疆域统一、“夷夏一体”、制度有效、文治教化。中华文明在统一与分裂、兴盛与衰落中交替演进，但以统一和兴盛为常态，以分裂和衰落为变态。即使在分裂时代，分裂政权大都不甘于偏安一隅，而是把追求统一作为最重要的奋斗目标。①

---

① 韩星：《中华文明的主要特点》，《人民日报》2016 年 09-12。

中国自古就是一个多民族的国家，要实现大一统，必须解决“夷夏之防”的矛盾。大一统既指“诸夏”一统，也蕴含着“夷夏”一统，它不是将“夷狄”摒弃于中华之外。概括起来讲，有这样几层：

一是王者无外。“《春秋》内其国而外诸夏，内诸夏而外夷狄，王者欲一乎天下，曷为以内外之辞言之？”（旧题战国公羊高《春秋公羊传·成公十五年》）出此可见，王者一统天下，也包括夷狄，正如东汉今文经学大家何休所说：“明当先正京师，乃正诸夏，诸夏正，乃正夷狄，以渐治之。”二是强调中国是各族人民共同缔造的，中国疆域内的各民族皆是“中国人”。清人段玉裁撰《说文解字注》，在注释“夏，中国之人也”句时说：“以别于北方狄，东方貉，南方蛮闽，西方羌，西南焦侥，东方夷也。”这是依据古义和传统观念做的解释。王绍兰在《说义段注订补》中对这条段注加以订补，谓：“案京师为首，诸侯为手，四裔为足，所以为中国之人也。”三是强调肯定各个民族的不同特征和差异性。“中国、戎夷，五方之民，皆有其性也，不可推移”（汉代戴圣《礼记·王制》），并提出处理民族关系的基本原则：“修其教不易其俗，齐其政不易其宜。”四是确立了“怀柔远人，义在羁縻”的民族政策：羁縻制，使“遐荒绝域、刑政殊于函夏”（唐高祖）的羁縻制度得以推行。

在此基础上，在漫长历史过程中，中国各民族交往、交流、交融，形成了多元一体的民族关系。秦汉的统一与边疆开发，奠定了中国疆域的基础，创造了“夷夏一体”的现实。边疆与内地、“中原”与“四夷”一统的观念得到加强。魏晋南北朝是中国历史上的大分裂、大动乱时期，也是民族大迁徙、大融合时期，同时也是强烈追求统一的时期。这种大迁徙、大融合，进一步加强了中华各民族间的内在联系与密不可分的整体性。隋唐是“大一统”实现的时代，统一而稳固的疆域使“大一统”思想更进一步深入人心，人们无不以“一统”为常，而以分裂为变。“大一统”政治下的各民族的交流与融合进一步加强：唐朝出现了“绝域君长，皆来朝贡；九夷重译，相望于道”的历史壮观；宋代发展了“华夷一体”和“共为中华”的思想，使中华整体观念得到强化和发展。宋代的现实是辽、金、夏压境，一统无存，宋人于是强调“正统”，以表明宋室天下一统的合法性。与此同时，辽、西夏、金积极推行汉化与认同，促进了中华民族文化的内在统一，发展了“华夷一体”和“共为中华”的思想，使中华整体观念得到强化和发展。元朝是中国少数民族建立的第一个全国性的政权，它所实现的空前统一，结束了自唐末以后的分裂局面，推动了多民族统一国家的巩固和发展，促进了中华整体观念的加强。1271 年忽必烈改国号为大元，诏告天下说：“建国号曰大元，盖取《易经》乾元之义。”忽必烈据汉文化经典而改建国号，进一步表明他所统治的国家已经不再单是蒙古民族的国家，而是“大一统”思想支配下的中原封建王朝的继续。元王朝巩固并扩大了中国历史上的边疆，加强了版图内的统治和管理。明以“华夷之辨”作为号召反元的思想工具，提出了“驱逐胡虏，恢复中华”的口号。但当推翻了元朝的统治之后，明帝开始强调正统，一变而称“华夷一家”，强调“夫天下一统，华夷一家，何有彼此之间？”这充分说明，经过辽、宋、夏、金时期的民族融合与文化认同，又经过元朝“大一统”的这个民族大熔炉的锻炼，中华整体观念已深入人心。清入关后，即以宗主视天下。为了树立“大一统”正统王朝的形象，巩固其对全国的统治，清王朝接受并发展了“大一统”思想。清朝抽去了“大一统”理论中“华夷之辨”的内容，改造为“四海之内共尊一君”的君主专制“大一统”观念，形成以推重“大一统”政权为核心、以政权承绪关系为主线、取消“华夷之别”为特征的正统论，并将其贯彻于历史评断之中，使之更有利于清廷的政治统治和思想控制。清朝以天下之主自居，不能容忍任何形式、任何程度的分裂割据出现，从而加强了对边疆地区的经营管理，空前地巩固了中国的统一。同时密切关注边疆事务，励精图治，苦心经营，完成了对边疆地区的统一，建立起一个比以往任何朝代都巩固的“大一统”帝国。[①]

在此基础上，形成汉族地区和边疆少数民族地区互相依存、“一国多制”的治理体系。

中原王朝跟边疆少数民族的关系到底是什么关系？总的说来，中国各民族关系是越来越密切了，形成了一种相互依存的关系。光是经济、文化的交流关系还不够，到了 17 世纪、18 世纪，历史的发展使中国需要形成一个统一的政权，把中原地区和各个边区统一在一个政权之下。而清朝正是顺应了历史发展的趋势，完成了这个统一任务。分裂与统一，在中国历史上是经常出现的，每一次由分而合，一般说来版图会扩大一次。一次一次的统一、一次一次的扩大，到清朝的统一，版图是非常大的。而这个范围并不反映清朝用兵的结果，而是几千年来历史发展的结果，是几千年来中原地区与边疆地区各民族之间经济、政治各方面密切关系所自然形成的。不过，经济、文化的密切关系，还需要政治统一来加以巩固。所以要特别强调，“中国是各族人民共同缔造的”[②]这一句话并不是泛泛而谈的。正是因为大一统，中华民族历经沧海桑田而生生不息，形成汉族地区和边疆少数民族地区“一国多制”的治理体系。以清朝为例，清朝实现了“大一统”的民族整合，解决了中原和异族的矛盾。在民族政策方面，实施蒙古八旗制度、西藏噶厦制度、西南土司制度等，保持着对蒙古、回部、西藏和西南地区的有效统治；皇帝兼任满族族长，保持着满人的认同，形成汉族地区和边疆少数民族地区“一国多制”的治理体系。在宗教政策方面，以“崇儒重道、黜邪崇正”为纲，通过度牒发放来管理佛道正教，严厉打击白莲教等邪教，对藏传佛教颁布金瓶掣签制度，把达赖、班禅继任人选的决定大权由西藏地方集中到朝廷中央。

---

① 刘正寅：《“大一统”思想与中国古代疆域的形成》，《中国边疆史地研究》2010 年第 6 期。

② 谭其骧：《什么是中国？》，《中国边疆史地研究》1991 年第 1 期。

正如习近平总书记指出的："一部中国史，就是一部各民族交融汇聚成多元一体中华民族的历史，就是各民族共同缔造、发展、巩固统一的伟大祖国的历史。各民族之所以团结融合，多元之所以聚为一体，源自各民族文化上的兼收并蓄、经济上的相互依存、情感上的相互亲近，源自中华民族追求团结统一的内生动力。正因为如此，中华文明才具有无与伦比的包容性和吸纳力，才可久可大、根深叶茂。"①在当前，我们要"铸牢中华民族共同体意识，加强各民族交往交流交融，促进各民族像石榴籽一样紧紧抱在一起，共同团结奋斗、共同繁荣发展"②。

三、文化认同、民族认同与增强中华民族共同体意识

中华民族文化多元一体的特点决定了我们在建构中华民族文化认同方面，固然要保留各民族文化的多元性；但在当前，建构中华民族共同的文化认同，对增强中华民族共同体意识，维护国家统一，具有重要作用。

1. 以文化认同激发各民族同胞对中华文化根源的怀想

"认同"是一个很复杂的概念，迄今为止并无一个统一的定义。英国学者麦克盖根（Jim McGuigan）认为"认同是一种集体现象，而绝不仅是个别现象。它最频繁地被从民族主义的方面考量，指那些身处民族国家疆域之中的人们被认为共同拥有的特征"。③一些社会学家还分析了认同现象在社会生活中的表现：族群认同、文化认同、国家认同，还有政治认同等。族群认同和文化认同属于两个不同的范畴，但关系极为密切：前者是后者的基石，后者则是前者的胶合剂。

---

① 习近平：《在全国民族团结进步表彰大会上的讲话》，《人民日报》，2019-09-28。

② 习近平：《决胜全面建成小康社会 夺取新时代中国特色社会主义伟大胜利——在中国共产党第十九次全国代表大会上的报告》，北京：人民出版社，2017。

③ ［英］吉姆·麦克盖根：《文化民粹主义》，南京：南京大学出版社，2001版，第228页。

文化认同是指特定个体或群体认为某一文化系统（价值观念、生活方式等）内在于自身心理和人格结构中，并自觉循之以评价事物，规范行为。由此形成了一个族群的“自我意识”和他们千百年来在同一文化空间里形成的传统文化意识、伦理道德观念，以及他们所特有的语言、习惯，是保持其独特性的基础。这就是在不同地区彼此互异的文化圈里，面对文化的多样性，能够对自己的文化保持认同。整合后形成的上述的中华文化的基本特点和价值观念具有强大的凝聚力和向心力，对增强中华民族共同体意识具有重要作用。

培育中华文化共同体意识。从历史上看，任何一个多民族的主权国家都在不断增强各民族的价值观念的同质性或共同性，不断推动一体化或同质化进程。这一特点决定了我们在建构中华民族文化认同方面，一方面要保留各民族文化的特点，一方面要建构中华民族共同的文化认同，培育中华文化共同体意识。事实上，中国几千年以来是一个文化共同体，而不完全是一个政治共同体。梁漱溟在《中国文化要义》中指出，中华民族这种始终不变的大一统格局，原因有三：第一，中华民族的统一是基于文化的统一而政治的统一随之。第二，中华大地曾同时并存许多部落种族，之所以能融合为一个大民族，就是由于中华文化具有特别强大的同化力。第三，中华民族的历史之所以绵长不绝，关键在于其民族生命、文化生命不因一时武力上的失败而衰亡。几千年来，不管什么朝代，也不管是不是征服民族，也不管中间有多长多短的分裂，只要到了这块土地上，往往被中华文化同化，认同以儒家为代表的中国文化，就得具有“大一统”和“大中华”的理念。所谓“征服者被征服”，说的是军事征服的结果，不是被征服者的文化毁灭、中绝，而是征服者的文化皈依和文化进步，最终也被中华文化同化融合了。

在当代，我们要“加强各民族交往交流交融，不断铸牢中华民族共同体意识；坚持文化认同是最深的认同，构筑中华民族共有精神家园”[①]。增强中华文化共同体意识，有助于培育中华民族共同体意识，有助于保障民族团结和国家统一，有助于中华民族文化的复兴。

2. 以民族认同激发全体中华儿女珍惜中华民族骨肉同胞之情

构成民族有许多因素，有自己的名称和共享的记忆；在血缘纽带、文化传统和习俗、体质方面与其他群体不同；有集体认同，等等。民族认同是指个体对本族群的信念、态度和参与行为，个体对族群的认同主要依赖于体质体貌特征、记忆、血缘纽带和历史文化传统等要素。一个人若无民族认同感，固然无法产生民族文化认同感；而文化认同感不存在或不强烈，也无法产生强烈的民族认同感。由于“民族”是由血统、遗传决定的，任何人都不能自由选择，但“文化”则是可以选择与改变的，所以文化认同比民族认同更为复杂。因此，民族认同感必须同时含有血统与文化两种成分。单凭血统而产生的民族认同是不完善、不牢固的，对于强化民族或国家的凝聚力也不能产生持久的、可靠的作用。

增强中华民族认同，培育中华民族共同体意识。现代中国的“大一统”，集中体现为作为现代“超多民族国家”的建构，培育中华民族共同体意识。这一“超多民族国家”的存续是当代中国政治的重大关切，乃至根本关切。习近平总书记用“四个共同”对“中华民族”进行理论定位：我国各民族共同开拓祖国辽阔疆域、共同书写祖国悠久历史、共同创造中华灿烂文化、共同培育伟大民族精神；旗帜鲜明地主张中华民族作为一个具有多元一体基本特征的民族实体，是一个在历史中形成的、不以人的意志为转移的客观存在。

在民族问题上，民族主义并不符合中国的政治传统。中国现代“民族观”依然带有传统中国的印记，强调共性而非差异，追求融合而非分裂。

---

① 习近平：《在全国民族团结进步表彰大会上的讲话》，《人民日报》2019-09-28。

当前，我们要培育中华民族共同体意识，坚决反对操弄族群意识，搞所谓的“台湾自决”“香港自决”。“中华民族共同体意识是国家统一之基、民族团结之本、精神力量之魂。”实现中华民族伟大复兴的中国梦，需要进一步培育中华民族共同体意识，打牢各族人民团结奋斗的政治基础、思想基础和社会基础。

略论中华“和”文化

任晓敏[①]

文化兴国运兴，文化强民族强。中国共产党的第十九次全国代表大会报告指出：“文化是一个国家、一个民族的灵魂”。习近平总书记提出：“正确对待不同国家和民族的文明，正确对待传统文化和现实文化，是我们必须把握好的一个重大课题。”中华传统文化是中华民族的宝贵遗产，也是中国民族复兴、国家昌盛的强大凝聚力和智慧宝库。5 000 多年来，中华传统文化对国家统一、民族团结、经济发展、社会安定、文明风尚养成等方面，都起到了重要的促进作用。进入 21 世纪后，面对新形势、新任务、新挑战，中国共产党明确提出了构建社会主义和谐社会的任务，实现执政理念和治国理念的重大提升和飞跃。在全国宣传思想工作会议上，习近平总书记提出了“兴文化”的使命任务，这为新时代文化事业的发展提供了根本遵循，指明了前进方向。

一、基本概念的提出

“文化”一词是 19 世纪末中国学者从日本文献中翻译而来的。广义的“文化”指人在生存实践活动中创造积累的物质存在和精神存在的总和。包

① 任晓敏，四川省社会主义学院。

括物质文化、精神文化、制度文化、行为文化。狭义的“文化”指人类精神创造活动的智慧积累与表现形式，包括意识形态、文化传统、社会习俗、典章制度、宗教信仰、科学技术、学术活动、艺术创造等[①]。换言之，“文化”是人类精神生活和社会生活的产物。

传统文化是一个民族在历史中形成、积淀的，带有鲜明个性特征和稳定性特征的精神文明形态、物质文明形态和行为文明形态。中华传统文化是中华民族在长期的历史发展过程中，在特定的生存环境和时间环境中，逐渐形成、积淀的，带有中华民族鲜明个性特征和稳定性特征的，代代相传、绵延不绝的文化。其具有代表性特征的有北方游牧狩猎文明、中原黄河文明和南方的长江文明等。[②]

二、中华“和”文化的形成和发展

（一）中华“和”文化的基本含义及特征

“和”文化即和谐文化，是以和谐的内涵为理论基础的文化体系，以崇尚和谐、追求和谐为价值取向的思想文化。在中国 5 000 多年的历史长河中，传统文化的主要代表儒、道、佛，虽然立意和观点有所不同，却都包含着丰富的和谐思想。法国文化学者汤因比（Arnold Joseph Toynbee）曾经指出：当今社会“最重要的精神就是中国文明的精髓——和谐”，唯有这种理念和思维方法，“才是人类拯救自己的唯一希望”[③]。

---

① 向怀林：《中国传统文化要述》，重庆：重庆大学出版社，2016 年，第 3 页。

② 张纯成、张蓓：《中华文明形成“一体”的生态环境原因研究》，《自然辩证法研究》2015 年第 7 期，第 116 页。

③ 田广青：《和谐论》，北京：中国华侨出版社，1998 年，第 40 页。

（二）中华“和”文化的形成和发展

“和”字最早由“龠”和“禾”组成，在汉代许慎《说文解字》中被界定为“和众声”，认为和是多种乐声的统一。古代先贤对“和”有不同的理解：《说文解字》中“和，相应也”；三国张揖《广雅》中“和，谐也”；春秋左丘明《国语·周语下》中“乐从和”；古代典籍《谥法》中“不刚不柔曰和”；古代典籍《尚书·皋陶谟》中“同寅协恭和衷哉”。

经历春秋战国诸子百家时期，“和”的理念逐渐趋于成熟。以孔、孟为代表的儒家学派是中国古代传统文化的主流，其“和谐思想”主要内容包括：天下为公、选贤用能、讲信修睦的大同社会理想观；和而不同、兼容并蓄的文化观；民贵君轻的政治观；德主刑辅的治理观；仁者爱人、推己及人的道德观；修身正己、以德化人的教育观；恒产与均平的经济公平观；以义统利、群己和谐的社会伦理观；国家统一、协和万邦的民族国家观；天人合一的自然观，等等。以老庄为代表的道家，其“和谐思想”主要内容包括：一阴一阳、阴阳对称的宇宙本源观；天人合一、道法自然的自然主义观；清静无为、守柔不争、万物齐一的人格模式；无为而治、尊道贵德的治国方略，损有余而补不足、以百姓之心为心的人本理念，等等。以墨子为代表的墨家学派，其核心思想“兼爱”中蕴含着非常浓厚的和谐思想：兼相爱交相利的和谐观；非攻的和平主义策略；尚贤、亲士的人才观；强力、非命的自然观等。

汉代初期，道家主张的清静无为、和谐共生学说受到推崇。魏晋南北朝的战乱和分裂局面，使得佛教广为流传。一直到隋唐时期，佛教都是主要的统治思想。佛教发源于公元前6—5世纪，公元1世纪传入中国，并于本土的儒家、道家学说相互融合，形成具有中国特色的宗教。佛教宣扬因果报应、生死轮回和神不灭等观点，其基本教义和伦理、戒规中蕴含着丰富的有利于促进人们身心和谐及人与人、人与社会和谐的思想。

宋、元、明、清时期，理学成为正统的封建统治思想。张载的“天人合一”和周敦颐的“宇宙论体系”都蕴含着生态和谐思想。“二程”以理为最高哲学范畴，提出了“理一分殊”，论述儒学从家庭伦理到社会伦理乃至宇宙天地万物之一体和谐。南宋著名理学家朱熹继承“二程”的理学，博采儒、道等各家思想，提出了“存天理，去人性”的人性论，成为南宋到明清时期占统治地位的正统学说。

（三）中华“和”文化的作用和局限

中国古代的思想家对“和”做了一系列的有益探索和补充：是“以它平它谓之和”的相互作用、相互统一；是人克制贪欲之后“清心寡欲”的平和；是“甘其食、美其服、安其居、乐其俗”的美好生活；是人与人、人与社会、人与自然的和睦相处，等等。“和”既是辩证统一的哲学思想，更是一种治国理政方略，是人类不懈追求的美好预期。5 000多年来，传统“和”文化对于中华文明的生成与发展都产生过重大而深远的影响，甚至对欧洲启蒙运动和亚洲一些国家的发展繁荣都起到积极的推动作用。

然而，用辩证唯物主义的观点去审视中华传统文化，它既有精华，也有糟粕。植根于中国封建社会的传统“和”文化存在根本性缺陷，它始终代表着封建地主阶级利益，始终维护地主阶级统治的君主专制制度，企图在不触动、不变革封建地主土地所有制和剥削制度的前提下，通过补偏救弊来优化制度，实现和谐，这种“人治”模式下的大同社会必然无法实现。2001年，新加坡政治家李光耀在达沃斯世界经济论坛中就曾经坦言，儒家价值观已经过时。因此，对待传统“和”文化，既要尊重利用，也要改造和扬弃。

三、中华“和”文化的转化和发展

“不忘本来才能开辟未来，善于继承才能更好发展。”纵观人类文化发展的历史，可以清楚地看到，任何一个民族现有的文化都不是凭空产生的，而是优秀传统文化的传承延续和丰厚积淀。在全国宣传思想工作会议上，习近平总书记提出了“兴文化”的使命任务：坚持中国特色社会主义文化发展道路，推动中华优秀传统文化创造性转化、创新性发展，继承革命文化，发展社会主义先进文化，激发全民族文化创新创造活力，建设社会主义文化强国。[①] 这就明确了新形势下中国共产党对待传统文化的基本态度和基本方针，为新时代文化事业的发展提供了根本遵循，指明了前进方向。“和”是中华传统文化的重要特征，“和谐”是中华文化世代追求的价值目标。中国共产党的第十八次代表大会以来，习近平在中华优秀传统文化的基础上，以马克思主义的立场、观点、方法，结合时代发展要求和客观具体实际，对“和”文化做了进一步的创造性转化和创新性发展。

（一）建设和谐社会

《论语》里面“知和而和，不以礼节之不可也”，意思是：知道“和”很重要，不用礼的办法去节制这个东西是不可以的。所谓的和是一个多元化的、多样体的存在，但是必须在制度下规定，一个和谐社会才能建立。[②] 中国共产党的第十八次代表大会以来，以习近平同志为核心的党中央统筹推进“五位一体”总体布局、协调推进“四个全面”战略布局，描绘实现“两个一百年”奋斗目标、实现中华民族伟大复兴“中国梦”新愿景，提出了一整套新范畴、新命题、新论断，形成了具有成熟哲学方法和鲜明实践面向的治理法治理论。习近平中国特色社会主义思想涉及政治、经济、文化、社会、生态、外交、党建等治国理政实践的方方面面。在时间表方面，

---

① 习近平：《举旗帜聚民心育新人兴文化展形象 更好完成新形势下宣传思想工作使命任务》，2018 年 8 月 23 日，《光明日报》，https://news.gmw.cn/2018-08/23/content_30714554.htm。

② 王守常：《和谐哲学与中国传统文化》，2015 年 3 月 20 日，http://www.doc88.com/p-5405871361353.html。

分“三步走”实现“中华民族伟大复兴”，到21世纪中叶，把中国建成富强民主文明和谐美丽的社会主义现代化强国。“和谐社会”的提出，继承和发扬了中国传统文化的“和合精神”，发展了马克思主义关于人与社会发展的理论，符合中国国情，是对中华传统“和”文化的创造性转化和创新性发展。

（二）弘扬社会主义核心价值观

中国哲学家的行为方式是理想与理性的统一、价值与事实的统一、理论理性与实践理性的统一。他们各自强调的侧面或有所不同，但把价值理想现实化，实践出来，而且从自我修养做起，落实在自己的行为上，完全处以一种自觉、自愿、自由、自律，这是颇值得称道的。习近平反复强调：“对历史文化特别是先人传承下来的价值理念和道德规范，要坚持古为今用、推陈出新，有鉴别地加以对待，有扬弃地予以继承，努力用中华民族创造的一切精神财富来以文化人、以文育人。”[①]党的十八大在深入挖掘和阐发中华优秀传统文化的思想精华和道德精髓的基础上，提出二十四字核心价值观。“爱国、敬业、诚信、友善”，是公民基本道德规范，是从个人行为层面对社会主义核心价值观基本理念的凝练。这其中蕴含着中华优秀传统文化讲仁爱、重民本、守诚信、崇正义、尚和合、求大同的时代价值，是传统文化加以当代角度的阐发和激活，是传统道德文化和现代文明相结合的产物。

（三）构建人类命运共同体

中华文明历来崇尚“以和邦国”“和而不同”“以和为贵”。习近平指出：

---

① 《中共中央政治局进行第十三次集体学习》，2014年2月26日，央广网，http://china.cnr.cn/news/201402/t20140225_514935599.shtml。

“中华民族历来是爱好和平的民族。中华文化崇尚和谐，中国‘和’文化源远流长，蕴涵着天人合一的宇宙观、协和万邦的国际观、和而不同的社会观、人心和善的道德观。”[①]在国际关系准则上，他强调要“推动构建以合作共赢为核心的新型国际关系，推动国际秩序和国际体系朝着更加公正合理的方向发展，推动建设人类命运共同体”；指出“相互尊重、平等相处、和平发展、共同繁荣，才是人间正道”。并反复阐述“中国坚持走和平发展道路，奉行独立自主的和平外交政策，实行互利共赢的对外开放战略”。“和”既不是零和博弈，也不是无原则的“和谐”相处。事关原则性的大事，必坚定不移、寸步不让。正如习近平在“七一”重要讲话中所说：“中国倡导人类命运共同体意识，反对冷战思维和零和博弈。”“坚定不移走和平发展道路，构建人类命运共同体”源自我们崇尚和平的文化传统，是充分吸收“和合”价值观精髓，内化为“和平发展、和谐相处、合作共赢”的新时代国际观，经提炼升华形成的一种新的价值观，它符合和平与发展的时代潮流，为解决当今世界各国面临的各种安全挑战，指明了路径和发展方向。

① 《习近平用“和”文化构建人类命运共同体》，中国经济网，2015 年 8 月 8 日，http://www.ce.cn/xwzx/gnsz/szyw/201508/08/t20150808_6167737.shtml。

文化记忆与地方认同

——以近代“四川人”认同的形成为例

邵 磊[1]

文化记忆是由德国历史学家扬·阿斯曼（Jan Assmann）提出的概念。阿斯曼在《文化记忆》一书中提出，回忆过去对于政治认同和文化传统具有形塑作用。他认为，每种文化都存在一个“凝聚性结构”。这一结构在社会层面，通过营造“共同的经验、期待和行为空间”，将人与邻人连接起来，建立彼此的信任；在时间层面，通过对共同拥有的过往的回忆，将从前的场景和历史拉入持续向前的“当下”，生产出希望和回忆。二者共同构成归属感和身份认同的基石。[2]

地方认同则属于政治认同，有学者将地方认同定义为“个人或群体与地方互动，从而实现社会化的过程。这种特殊的社会化包含了情感、感知与认知等多种复杂的过程。通过这一过程，个人与群体将自身定义为某个特定地方的一份子，从而通过地方来构建自身在社会中的位置与角色。”[3]

---

① 邵磊，中央社会主义学院教师。

② ［德］扬·阿斯曼：《文化记忆》，金寿福、黄晓晨译，北京：北京大学出版社，2015 年，第 6 页。

③ 朱竑、刘博：《地方感、地方依恋与地方认同等概念的辨析及研究启示》，《华南师范大学学报》（自然科学版）2011 年第 1 期，第 3 页。

一、文化记忆与清代四川移民的双重地域认同

历史上，四川盆地大规模的移民潮至少有三次：一是秦汉时期，“移秦民万家实之”（《华阳国志·蜀志》）；二是元末明初，以湖广人（湖北、湖南）为主体的移民入川，史称“奉旨入蜀”；三是清初至清中叶的“湖广填四川”运动[①]。

尽管名曰“湖广填四川”，但移民的实际来源远不止于湖广一地。[②]原住地方言和风俗的地域差异，使得不同省籍移民倾向于按照原来的地缘或血缘关系聚居，如新繁县的各省移民“毗邻而居，望衡对宇，而其参差之数，善者不相师，恶者不相贬，楚则楚，秦则秦，吴则吴，粤则粤，强而习之不能也”。（同治《新繁县志》卷三《风俗》）有清一代，四川地区大体保持“五方杂处”的移民社会性质。

值得注意的是，尽管有官方政策推动，早期移民入川更多的是自愿行为。因为四川地广人稀，田土易种，谋生易活，他们自始便对四川怀有强烈的向往。入川之后，他们的生活重点更是完全在四川。雍正十一年（1733），一份广东移民给阻拦他们返回四川的当地官员的告帖，很好地反映出当时移民的心态：

> 我等来去四川，至今四十余年，从无在路生事，亦无在四川做下犯法事情，遗累广东官府。近来不知何故，官府要把绝我等

---

① 据《四川通史》数据，清顺治十八年（1661），四川在籍人丁仅1.6万户，约8万人。于是，康熙年间，清廷开启了历史上最大规模的移民四川的运动。乾隆四十一年（1776），升至779万；嘉庆十七年（1812），升至2 100万；咸丰元年（1851），达4 400万。

② 清末宣统年间《成都通览》指出“现今之成都人，原籍皆外省”，并统计出当时成都籍的“成都人”祖上来源：湖广人占25%，陕西占10%，云贵占15%，江西占15%，河南、山东占5%，广东、广西占10%，安徽占5%，江浙占10%，福建、山西、甘肃占5%。川内其他地区情况与成都类似。

生路，不许前去。目下龙川县地方处处拦阻，不容我等行走。思得我等若人少，他们必不肯放，我们亦不敢同他们争执。但是我等进生退死，一出家门，一心只在四川。阻拦得我们的身，阻拦不得我们的心肠。[①]

“一出家门，一心只在四川”，四川寄托着移民对于未来生活的希望。乡土眷恋比不过谋生的动力和美好生活的追求。然而，直至清末民初，移民背井离乡，定居四川已历数代人，多数移民后代在川居留时间超过200年，可是他们依然保持用原住地方言交流的习惯，乡音不改。逢赶集之日，四川人见面第一件事是互问原籍，若是同籍，则改用原有方言交流，一来检验真伪，二来联络感情。[②] 如中华民国三十四年（1945）《大足县志》卷三载：“清初移民实川，来者各从其俗。本县语言，旧极复杂。凡一般人率能操两种语言：平时家人聚谈或同籍交谈，曰打乡谈；与外人交接则用普通话（四川话），远近无殊。”方言是乡土交往记忆[③]的载体。原籍方言与四

---

① 《广东巡抚杨永斌折》,《宫中档雍正朝奏折》第22辑，台北：台北故宫博物院，1979年，第101页。转引自王东杰:《“乡神”的建构与重构：方志所见清代四川地区移民会馆崇祀中的地域认同》,《历史研究》2008年第2期，第100页。

② 民国编《宣汉县志》卷16《礼俗》记载，清代前中期，宣汉县“凡本籍与本籍者遇，必述其原籍之土语，曰‘打乡谈’，一以验真伪，一以必亲切也。且父子兄弟相互传习，以为纪念”。又如民国二十二年（1933）重修《安县志》卷五十六：“前清时，县属民皆由各省客民占籍，声音多从其本俗。同一意义之俗语，各处发音不同。有所谓广东腔者，有所谓陕西腔者，有所谓湖广宝庆腔者、永州腔者，音皆多浊。”

③ 扬·阿斯曼区分了两种记忆形态：文化记忆与交往记忆。文化记忆发生在绝对的过去具有神圣性的事件，是高度成型的，通过文字、图像、舞蹈等媒介进行象征性地展示，可以存留很长时间，有专职人员对文化记忆进行掌握和阐释；交往记忆偏向语言和交流，语言和与他人交往的能力不是与生俱来的，是在人与他人交往中、载人内部和外部的循环反馈的合作中才形成的。交往记忆的媒介主要是自身记忆中的鲜活内容或他人转述，时间上大概保持三四代人。参见［德］扬·阿斯曼:《文化记忆》，第51页。

川普通话并行的现象，反映出故土与异乡两种交往记忆的交织，体现了移民社会特有的双重地域认同。

对于早期移民而言，四川认同基于现实利益诉求，乡土认同更多来自熟悉的文化和生活方式的天然凝聚力。因而，在四川生活稳定之后，他们迫切需要通过文化记忆的塑造，维系原有的生活方式，并借助组织形式保护在新迁移地的既得利益。这是初代移民身上同时存在的双重认同的实质。

问题是，移民后代居川时间远超过交往记忆能保持的三四代人的时间上限，他们如何可能依然保留着乡土认同？这与移民群体在迁移地有意识地塑造故土的文化记忆有关。

宗族和会馆是移民塑造乡土文化记忆的两种社会化组织方式。文本和仪式乃文化记忆的重要载体。族谱是承载宗族记忆的重要文本，参与祭祖仪式，沿着族谱的支脉向前追溯，宗族的过去便在回忆者身上刻下认同的烙印。对此，四川方言调查研究学者曾经提供了一个很好的案例：湖南安化温塘严氏族谱与四川营山铁顶乡的严氏族谱乃是同一版本。四川的族谱，是清朝温塘严家修谱之后特意送来的。由于族谱的联系，即使时隔 300 年，两地严姓人的字辈依然一致。[①] 血浓于水，族谱与行辈的关联，维持着血缘关系和彼此的亲近感；祖宗子孙的本末关系，又促使在四川的家族移民始终将自身认同为某姓宗族在四川的开枝散叶，保留着对祖籍地的认同。类似的情况，并非孤例。

不同于族谱的文本形式，会馆用仪式演示，构建起身在异乡的同籍人的乡土认同。会馆在四川分布范围极广，不仅见于四川，几乎所有的大都市和州县治城及城镇，甚至深入基层场镇。[②] 会馆本身既是移民乡土观念的产物，又通过聚会活动进一步加强了对乡土的情感认同，形成移民的本地

---

① 崔荣昌：《四川湘语记略》，《方言》1993 年第 4 期，第 279 页。

② 刘正刚、黄启臣：《清代四川的广东移民社会组织》，《清史研究》1991 年第 4 期，第 119 页。

团体。如什邡县（今什邡市）移民“大都由楚、秦、闽、粤、赣各省迁往，嗣因来者纷纷，情志涣散，各建会馆以联乡谊，即供至神以隆报享”[①]。供奉神灵，目的在于依靠神明的权威来团结同乡人，维系互助互帮的同乡组织。这一点，《宣汉县志》讲得很清楚：“各祀其乡之神于馆，则其意又怯人心不齐，或有相欺相诈者，因质诸明神以为凭。”会馆通过定期举行祭祀、演戏、灯会、赛会等活动，帮助移民寻找共同的归属感，无形地强化了各省移民的乡土意识，客观上无助于移民群体的融合。

同时，作为一种社会组织，会馆一经成立，便需要与地方政府在公共事务方面形成合作。省县级会馆设有客长，场镇会馆设有乡约总领其事。客长、乡约除了总揽会馆的祭祀、议事等活动之外，还要担负为同乡人排忧解难、处理同乡与外省人之间的纠纷、维护社会治安等责任。随着移民社会活动范围的扩大，需要不同省籍的移民共同参与的地方事务增多，这就要求各省会馆通力合作，促进地方社会的整合。或许我们很难确定，外省移民的四川认同是究竟何时确立的，有人认为是嘉庆、道光时期，有人认为迟至清季民国，[②]但是，会馆在移民形成四川的地域认同的过程中发挥了双重作用，应是一个事实。

四川移民的族谱、会馆举行的祭祀仪式，包含着移民内部文化记忆的传承。这些固定的文字或符号系统保证着文化记忆传承的稳定性，塑造着移民的乡土认同，规范着他们的日常行为。

与此同时，随着生活重心由本乡转向四川，移民的交往记忆开始发生改变。某姓宗族四川分支的身份、会馆参与社会管理的日常活动，都构成新的交往记忆。文化记忆是稳定的，交往记忆是鲜活的，两种记忆的交织，

---

① 民国重修《什邡县志》卷7《礼俗》。如民国《富顺县志》卷4《庙坛》谓：“蜀民多侨籍，久犹怀其故土，往往醵为公产，建为庙会，各祀其乡之神望，有若其地名宦乡贤。”

② 王东杰：《“乡神”的建构与重构：方志所见清代四川地区移民会馆崇祀中的地域认同》，《历史研究》2008年第2期，第100—101页。

是造成外省移民后代身上依然存在双重地域认同的重要原因。

二、从传统到现代：文化记忆与地方认同的关系倒置

交往记忆是个人通过与同时代的人的社会交往而建构起来的集体记忆，是一种包含底层日常生活的记忆。文化记忆则牵涉集体的身份认同，带有神圣性，有一些固定的模式。它的作用在于维持文化体系中的“凝聚性结构”。从时间层面看，它通过一定形式固定重现过去重要的事件，从而把过去和现在连接在一起，并借用回忆的方式使其获得现实意义；从社会层面看，它从对过去的共同记忆之中剥离出共同的价值体系和行为准则，进而对所有成员产生规范性。

在清代君主政治语境下，移民的双重地域认同并不必然构成文化冲突。四川各县“方志”编撰者用《礼俗》卷或《风俗》卷书写不同省籍移民的生活差异，这一做法提示我们，传统史家倾向于将地域差异理解为风俗差异。

观风论俗的政治传统始自《礼记·王制》，经《汉书·地理志》发扬光大。《地理志》云：“凡民函五常之性，而其刚柔缓急，音声不同，系水土之风气，故谓之风；好恶取舍，动静亡常，随君上之情欲，故谓之俗。”在这里，“风”指由先天自然水土、山川风物造成的民众体质的自然性情差异，“俗”指后天的地方政治和历史因素造成的社会生活形态差异。有学者指出，今天的四川人与昔日的四川人相差甚远，而四川文化面貌却“分明呈现出一种不绝如缕的延续性”，原因在于特定的自然环境和特定的区域历史感。[①] 自然地理环境为文化记忆的展开重构提供了历史文化的空间范围。这

① 王东杰：《地方认同与学术自觉：清末民国的“蜀学”论》，《历史研究》2010 年第 6 期，第 48—49 页。

样的看法，明显承袭了《汉书》风俗论的两个要点。

然而，传统政治结构安排在地域风俗之上，更强调天子的政教风化；天子教化的依据是圣经贤传。施政的重心是兴人伦教化，革除恶俗，养成善俗，而其最终政治目的是归俗入礼，形成公序良俗——用《汉书》的话来说，便是“移其本而易其末，此混同天下一之乎中和，然后王教成也”。王教成而后风俗一，意味着不同的宗族身份和地域身份，共同统一于唯一的经典体系以及经典体系所代表的善恶标准。换言之，在传统家—国—天下的政治格局里，圣人经典与王者教化始终优先于地方差异与地方意识。

这一理想与现实的先后次第也反映在深受政教浸染的地方士人的意识中。研究岭南地域文化的历史学家指出，传统地方士大夫是以维护中国文化为己任的，“无论他和中央距离有多远，他从不把自己视作‘基层’或‘边缘’，从不把自己视作仅仅是属于某‘地域’的群体，因为他们总是执意相信自己是属于‘天下’的”，不把国家与地方对立起来。[①]

因此，岭南地域文化的实质是中华文化理想在岭南。所以移居四川的广东人，不过将中华文化的一种特殊形态带到异地生根、发芽、开花，在当地不会造成特别的异己感，因为各种地域文化的根子是同一个中华文化。

在此意义上，文化记忆也有层级高低之分，族谱等地方文献代表的低层次文化记忆归属于经典、圣贤为代表的、具有稳定传承性的高层次文化记忆。四川各地会馆或崇祀大禹，或祭奠关公，或敬拜川主，以此界分各地移民的身份差异，换一个角度看，这些被神化的人物，却拥有一个共同的身份：中华民族的先圣先贤。因而，低层次文化记忆之中，总是潜伏着更高层次的中华文化的文化记忆。移民在塑造地域认同的同时，也在塑造一种中华文明的认同。

---

① 程美宝：《地域文化与国家认同——近代广东文化观的形成》，北京：生活·读书·新知三联书店，2006年，第317页。

然而，这种文化意义上的“实际上多元而在表述上又趋向统一的辩证的国家地方关系”[①]，在近代开启的现代化进程中却似乎成了中国的文明劣势。

1895年清廷甲午战败之后，“保国”“保种”“保教”成为当时中国思想家面临的重要课题。先有康有为的文化民族主义以“保教”，继有章太炎、刘师培的种族民族主义以“保种”，最终则是以梁启超为代表的国家主义以“保国”成为主流。和康有为、章太炎不同，梁启超关心作为一个政治实体的中国。他指出，为了在优胜劣汰的国际竞争中保持国家独立和完整，当务之急便是将作为国家主体的民众从传统的“族民”（people）改造为现代的“国民”（nation）。

国民资格，不能再由传统的血缘、文化联系来塑造，而是需要一个强大的政治权威来发展经济、普及教育和进行政治整合，国民资格的取得端赖于是否为这一整合贡献力量。梁启超在一篇文章中斩截地说：“今日欲救中国，惟有昌国家主义，其它民族主义、社会主义，皆当诎于国家主义之下。”[②]

在中国开始以国家为中心建构民族认同和政治认同的过程中，圣人经典与王者教化逐渐让位于国家的政治权威。限于篇幅，这里仅以一个侧面为例，说明有意识地塑造国家认同对于四川移民社会的重要影响。

前引中华民国三十四年（1945）编纂的《大足县志》指出：“近三、四十年，学校适龄儿童，出就师傅，乡谈遂失真传。”1933年重修的《安县志》卷五十六也提道：“近数十年交通便利，声音皆人于清，而各省之人腔调渐归一致，音皆多清而浊者少矣。”公立学校、便利交通和通用语言是现

---

① 程美宝：《地域文化与国家认同——近代广东文化观的形成》，北京：生活·读书·新知三联书店，2006年，第317页。

② 参见沈松侨《近代中国民族主义的发展：兼论民族主义的两个问题》一文的相关分析，《政治与社会哲学评论》2002年第3期。

代化的重要内容，也是从政治上铸造国民资格的题中之义。随着清末民初废科举、兴学校、普及通用语言，以及交通改善带来的新资讯，四川各地移民的乡音开始“渐归一致”。地方文化记忆的剥离，隐含着由中华文化传统所塑造的政治认同淡褪；相应地，是川人国家意识与地方意识的双重强化。四川士人责任感的重心，由天下转向国家和地方。

清末民初，四川舆论界开始有意识地借唤醒巴蜀远古的文化记忆，以建立川人的地方自豪感。典型如清末《四川》杂志发表的《过去之四川》。该文作者“意在溯文明之变迁，考先贤之旧事，……使读者参观过去陈迹，即知吾四川未始不可以有为，感怀现在之心生，希望将来之念起”。为此，他把四川历史追溯到人皇时期，谓人皇有弟八人，分封域内，巴蜀居其一，是故蜀人历史悠久，血统尊贵，无与伦比。①尽管当时居留四川的明清移民后代与古代巴蜀人毫无血缘关系，却不妨碍作者通过回溯巴蜀文明的历史谱系，凝聚本土意识，激发外来移民后代对四川这方土地的历史感和责任感。

川人看重巴蜀的文化记忆，力图通过认知历史上的四川文化来塑造当下四川的文化面貌和地方认同。这一文化记忆，除去上古传说，也包含历代的四川文化名人。比如清末四川大儒吴之英“好诵司马相如、扬子云之文，曰：‘吾蜀人，当为蜀文尔。’”②正如阿斯曼指出的，文化记忆不同于传统或传承，它可以“越过‘中断’而对过去进行继承和延续”，同时，也可以“遗忘和压抑”。③继承还是遗忘，端赖于对政治共同体的想象。

学者指出，晚清民国时期，广东知识分子的政治活动和文化行为创造和定义了“广东文化”，并且“正是这个建立地域文化认同的过程，强化和

---

① 金沙：《过去之四川》，《四川》第一辑第3期，第4—5页。

② 钱基博：《现代中国文学史》，《中国现代学术经典·钱基博卷》，石家庄：河北教育出版社，1996年。

③ 同注①，第27页。

巩固了清末以来的国家观念”[①]。若我们着眼四川，情况或许恰好相反。外省移民的乡土认同，受时间和国家的双向冲击渐趋弱化；而四川本地的交往记忆，则伴随巴蜀古代文化记忆的唤醒，进一步强化了四川的地方认同。

《鹃声》是清末四川第一份白话文杂志。据其创办者说，刊名典出杜宇传说，“原来是望我们四川人，听了‘鹃声’二字，就想起来亡国的惨历史，触目惊心”。刊物编辑自然在借古喻今，希望四川人奋发有为。作者甚至强调，四川地大人多，财力雄厚，自然条件与文化状况“无不与黄河流域、珠江流域以及扬子江下游三河系绝不相混，如别辟一新天地”，而“负有一独立国的资格”[②]。这一地方主义的主张，虽然有激于当时中国军阀割据的现实[③]，却也从侧面反映出四川社会从“五方杂处”走向整体独立的历史进程渐告完成。大约正是在这段时间，“四川人”的认同最终定型。由此可管窥文化记忆形塑地方认同的政治意义。

四川地方意识和地方认同的苏醒，有其政治、社会层面的具体表现，如1920年前后四川与湖南两地前后呼应的“联省自治”运动。学术文化上，则有近代“蜀学”的自觉。[④]民族国家与地方自治，看似非此即彼，实际上更多的是彼此互动的结果，毕竟作为一种政治实体的认同，二者的内在理路是一致的。与风俗论相比，文化记忆与政治认同的关系，在近代的国家主义语境里恰好构成一种主次颠倒。

---

① 程美宝：《地域文化与国家认同——近代广东文化观的形成》，北京：生活·读书·新知三联书店，2006年，第300页。

② 参见山河子弟：《说鹃声》，原刊《鹃声》第1期，载张枬、王忍之编：《辛亥前十年间时论选集》第2卷上册，北京：生活·读书·新知三联书店，1977年，第564页。

③ 1920年10月，四川省议员刘光珠等指熊克武“是利用偏狭的地方主义来挑动省界战争的祸首”。参见《四川军阀史料》第2辑，成都：四川人民出版社，1985年，第385页。转引自王续添：《现代中国地方主义的政治解读》，《史学月刊》2002年第6期，第81页。

④ 刘复生：《刘咸炘〈蜀学论〉及其在学术史上的意义》，《社会科学研究》2006年第3期，第157页。

三、余论

梁启超曾经说过："自春秋以降，我族已渐为地方的发展，非从各方面综合研究，不能得其全相。"因此，要"了解整个的中国，非以分区叙述为基础不可"[①]。只有通过"分区叙述"以展现个性，才能够真正了解"整个中国"的共性。

传统政治对国家、地方关系的认识，恰与梁任公相反，主张只有了解"整个中国"的共性，才能真正地分区叙述地方历史。这一歧异，标识出对"中国"的两种理解：文明式的与政治实体式的。两种不同理解进路之下，文化记忆有着截然不同的地位和作用。在文明论视野下，文化记忆以经典作为载体，以教化/风俗作为社会化结构，在保持地域文化特色的同时，又消解了地方认同独立的可能性。而在国家论视野下，构建国家认同刺激了作为政治实体的地方意识觉醒，国家政治权威的树立导致文化记忆的重构权力下移；两者的共同作用，使得同一地理区域的过去，经由不同的记忆重构，可以对本地人的身份认同形成不同影响。实际上，文明论与国家论并不是非此即彼，二者能否共存取决于在新的历史条件下，能否理顺文化记忆与政治认同的关系，在文明根基上重建国家认同与地方认同。

① 梁启超：《中学国史教本改造案并目录》，《饮冰室合集》文集之三十八，北京：中华书局，1989年，第27页。

马与盐：宋代西南交通、互市与民族融合

赵泽琳[①]

宋代中国大一统的政治地理格局暂被打破，宋王朝与北方的辽朝、河西走廊的西夏相对峙，宋朝统治范围内的少数民族主要集中在南方。虽然有史籍载宋太祖挥剑划定大渡河为界，对西南地区采取“隔绝”的民族政策，但实际上中原与西南的交通仍然保持，宋朝廷通过在西南地区设置羁縻州、洞，实现了有效的统治。同时，宋朝廷通过几条交通要道对西南地区的少数民族进行“贡赐”和“互市”，通过经济的相互依存加强羁縻统治：一方面，宋朝通过向西南地区的土官、洞兵赐盐的方式来羁縻少数民族；另一方面，“马”作为西南地区向宋朝廷“贡奉”和“供应”的大宗商品，形成以“市马”为中心的互市，作为宋朝廷羁縻政策的补充手段。

一、宋代西南地区的主要交通

宋代时，由于西北交通被西夏禁绝，西南地区的陆路通道越来越发挥重要作用，经由四川向东连接荆湖地区，向西连接吐蕃，向南连接大理乃至天竺等域外地区，以及经由广西连接大理。西南地区的交通是宋朝羁縻

---

① 赵泽琳，中央社会主义学院讲师。从事民族理论与政策、中国边疆与民族发展及中华民族共同体相关研究。

西南少数民族的重要通道，也是中央王朝与西南地区进行盐、茶、绢、马贸易的重要经济通道。主要的通道大致有四条。

一是川陕通道，经成都府、利州（今四川广元），向北出四川，经由陕西与宋朝东京相连通，这是宋代西南地区与中原连通的重要的陆路通道。宋初是一条官道，沿线设置驿站，运送川峡诸州上供的钱帛，以及官府营销的茶盐物资。

二是川滇通道，经梓潼路戎州（今四川宜宾），以黎州（今四川汉源）为起点，南渡大渡河，经过邛部，进入云南，出四川向南通往大理国。大理是西南卖马的重要产地，经由此道，大理的马进入黎州市马场进行贸易。

三是川藏通道，自成都府路经雅州、茂州（今四川茂县）、文州、威州等地通往吐蕃。此道也是宋朝买马的重要通道，经由此道，吐蕃地区比较强壮、适合打仗的战马进入雅州市马场进行互市贸易，雅州的茶成为专门用于博易吐蕃马的支付品。

四是连接鄂、川、黔的夔州道，夔州也是宋代重要的井盐产地。

五是连接云南、广西的广南西路，主要经宜州、邕州。南宋时，市马常由四川转入广西，宜州、邕州都曾设置市马，其中邕州的市马博易更为繁荣。

二、宋朝在西南地区设置的羁縻州

宋代时大一统的政治地理格局暂时被打破，北方由契丹、党项、女真占据，宋朝武功不强，其时之疆域："东南际海，西尽巴、僰，北极三关。"[①] 西南地区作为边地，有"西南诸蛮夷，重山复岭，杂厕荊、楚、巴、

① 《宋史·卷八十五·志第三十八·地理志一》。

黔、巫中，四面皆王土”[①]。宋朝廷主要以羁縻州府的形式来加以治理。羁縻州是指中国古代朝廷在边远少数民族地区所置之州。以夷制夷，因其俗以为治，有别于一般州县。“羁縻政策”源于秦汉，兴盛于唐宋。所谓“羁縻政策”是历代中央王朝在多民族国家对社会发展落后的少数民族地区所采取的一种民族政策。宋朝在西南地区设置羁縻州，按照“种落”大小，分别设置州、县、峒（洞），并任命少数民族首领出任知州、洞长等职务，“树其酋长，使自镇抚”这种设置羁縻州府的制度，延续了隋唐以来的羁縻州制度，而任命少数民族首领出任自治土官的制度，为后来元代在西南地区实行的土司制度打下了基础。在西南民族治理的制度上，可谓起到承前启后的作用。

以《宋书·地理志》记载统计，北宋在成都府、梓州、夔州、广南西路四路共有羁縻州 253 个、县 21 个、洞 11 个。需要说明的是，不同文献记载的羁縻州数量不一致，比如宜州下领羁縻州数，《宋书·地理志》载“十”，而《太平寰宇记》载“八”，《元丰九域志》载“十三”，概因不同时期个别地方的行政区划有所变化，又因羁縻州地处边远，记载难免有漏误之处。

（一）广南西路的羁縻州

广南西路的羁縻州，主要在宜州、融州、邕州。

宜州羁縻州十。宜州大致在今广西宜州，宋代“州境悉满意故地，西南昆明、罗殿王国，北牂牁中部落，自余溪峒绵亘十（千）余里。风壤温湿，加之瘴疠，即其土人建立郡县，有时贡，无地租，领州则多许夷人世袭”。

邕州羁縻州 44、县 5、洞 11。邕州即今广西南宁，唐代邕州辖区较大，

---

① 《宋史·卷四百九十三·列传第二百五十二·蛮夷一》。

曾设置邕管经略使、岭南节度使。宋代邕州移治南宁路，但依然是送到重要的交通枢纽和边防重镇，邕州羁縻州、洞的洞丁是主要的边防戍卫力量，南宋时“所恃以为篱落者，惟左右两江溪峒共八十余处，民兵不下十万，首领世袭，人自为战，如古诸侯、民兵之制。其去邕管近者余三百里，远着近千里。所恃以为持抚驭之者，惟提举盗贼巡检使四人，各以戍兵百余为溪峒纲领”[①]。

融州，羁縻州一，即，乐善州。治所在今广西罗城仫佬族自治县。宋代乐史《太平寰宇记》记载，乐山蛮常犯边，宋仁宗时，乐山蛮复寇武阳，宋将领冯“伸已遣谕祸福，蛮大悦，悉还所掠”，宋徽宗时，拓地设置羁縻州。

（二）成都府路的羁縻州

成都府路的羁縻州主要在黎州、雅州、茂州、威州。黎州领羁縻州 54，雅州领羁縻州 44，茂州领羁縻州羁縻州 10，威州领羁縻州 2，成都府共领羁縻州 110 个。

黎州境内主要羁縻 10 个蛮部落，有两林蛮、邛部川蛮、风琶蛮，俤塞蛮、五部落蛮、弥羌部落、净浪蛮、白蛮、乌蒙蛮、阿宗蛮。其中，邛部川蛮部落最为强大，并且最早与宋朝通贡互市，太宗时，邛部川蛮酋诺驱还参与了宋朝镇压理顺的战争，被宋真宗授予“大渡河南山前后都鬼主”之印。

雅州，辖内有吐蕃、生僚 46 部落，史谓西山野川路蛮。雅州蛮与宋朝保持良好的贡赐关系，太平兴国三年（978），有首领马令膜等以名马来贡，带着唐朝时的敕书和告身，重新接受宋朝的册封。雅州是川茶产地之一，宋时雅州内有茶场。

茂州、威州，蕃汉杂处，地处极边。唐代时已经是正州，与内地管理体制一致，宋初是茂州居民已无部落之别，威州已经是“蕃汉并纳夏税”，

---

① ［宋］周去非：《岭外代答·卷三·沿边兵》。

但宋代此二州为羁縻州，且采取相对禁绝的政策，实行封山禁伐木，禁与汉人通婚等政策，以“限隔藩蛮，捍蔽川蜀”。但此二州，是宋代重要的市马贸易地之一。

（三）梓州潼川府路的羁縻州

梓州潼川府路的羁縻州，主要设在泸州、戎州两地，泸州下辖羁縻州18，戎州（叙州）下辖羁縻州30。

泸州生活着僚人和乌蛮两个民族群体，泸州以南于长江南岸的地区是獠人生活的地域，再往南直到云南、贵州、四川交界的地方，是乌蛮生活的地方。北宋时，宋与僚的矛盾冲突很多，庆历年间（1041—1048），对“淯井夷人”讨伐，熙宗年间（1135—1149）对“晏州六县夷”“纳溪罗苟夷”进行围剿。但总体而言，宋朝对泸州羁縻州的统治逐步加强，到南宋时，泸州的施、黔、泸、戎一带的“生蛮”，“羁縻熟矣”。泸州有淯井盐，因为对“盐”的强烈需求和朝廷的控盐政策，曾引发当地夷人为争盐发起的起义。

戎州（叙州），宋代领羁縻州30，诸州“虽有名额，元无城邑，散在山洞，不常其居。抚之难顺，扰之易动。其为刺史，父子相继，无子即以其党有可者公举之。或因春秋有军设，则追集赴州，著夏人衣服。却归山洞，椎髻跣足，或被毡，或衣皮，从蛮夷风俗。五税赋以供官，每年使司须有优赏，不拘文法，自古至今，其俗难改。其军设并官中优赏并废多使”[①]。

宋朝通过中马、互市、请受等方式对其实施羁縻。开宝中，德化将军董春惜者来贡马，太平兴国中始市马。其后，又以板来售，宋遂置场征之，谓之抽税场。南宋时，“在嘉定则有请税受犒之寨，在叙州则有中马互市之场”[②]。

---

① ［宋］乐史：《太平寰宇记·卷七十九·戎州》。

② ［宋］李心传：《建炎以来朝野杂记·乙集·卷二十·辛未利店之变》。

（四）夔州路的羁縻州

夔州路的羁縻州在绍庆府，本黔州，领羁縻州49，南渡后羁縻56。

夔州路大致范围：“东北直黔、涪，西北接嘉、叙，东连荆楚、南出宜、桂。”此地区是少数民族杂居之地，当地人“俗椎髻、左衽，或编发；随畜牧迁徙亡常，喜险阻，善战斗。部族共一姓，虽各有君长，而风俗略同”[①]。诸州“皆羁縻寄治山谷”之中，官员由“甲头王子若刺史、判官、长史、司马、长行、傔人七等之名”[②]。这一地区的藩夷人部落与宋朝廷的关系比较友好，“西南七藩”先后与宋朝保持朝贡关系，“七藩”指的是七个大姓部落：龙、方、张、石、罗、程、韦。

三、稀缺的盐：作为封赐与奖赏

宋朝实行盐茶专卖制度，盐为官营物资，而西南地区是重要的井盐产地，“鬻井为盐，曰益、梓、夔、利，凡四路”[③]。西南地区井盐资源丰富，产量高：“益州路一监九十八井，岁鬻八万四千五百二十二石；梓州路二监三百八十五井，十四万一千七百八十石；夔州路三监二十井，八万四千八百八十石；利州路一百二十九井，一万二千二百石。”[④]益州路、梓潼路、夔州路、利州，正是宋朝在西南地区设置羁縻州、洞的地方，这些地方少数民族交错杂居。因此，盐作为稀缺物资，成为西南少数民族与宋朝官方互动中的重要物资，宋朝廷通过对盐的管理和分配，实现对少数民族部落的羁縻，“土官自治或羁縻州县的设置也必须在对诸如‘食盐’的

---

① 《宋史·卷四百九六·列传二百五十五·蛮夷传四》。

② 《宋史·卷四百九六·列传二百五十五·蛮夷传四》。

③ 《宋史·卷一百八十三·志第一百三十六·食货下·五》。

④ 《宋史·卷一百八十三·志第一百三十六·食货下·五》。

竞争或博弈中实现”[①]。

盐是官方控制的专营物资，在朝廷财政收入中是重要部分，“国家养兵之费全籍茶盐之利”[②]。西南地区的盐井资源自然要被官方垄断，严禁私盐买卖，“宋自削平诸国，天下盐利皆归县官。官鬻、通商，随州郡所宜，然亦变革不常，而尤重私贩之禁”[③]，并且设置官盐官职，层层控制，收取盐税，不得贩卖盐到川峡地区之外，“大为监，小为井，监则官掌，井则土民干鬻，如其数输课，听往旁境贩卖，唯不得出川峡”[④]。官方开采管制食盐，实际上与当地的人具有资源竞争关系，而藩夷民居住在丛山峻岭、河沟深谷之中，宋诗人作诗道“盐烟溪瘴锁诸蛮”[⑤]，他们对盐的需求极为迫切：“蛮无他耳，唯欲盐尔。”[⑥]因此，为了争夺食盐资源，“蛮人数扰”，少数民族与官方展开竞争，如泸州地区长宁军羁縻州，设置淯井盐监，“长宁地近夷獠，公家百需皆仰淯井盐利”[⑦]。因此，盐利成为汉夷竞争的利诱所在，“淯井牢盆之利，汉夷争之，乍服乍叛，迄于政和，百二十年”[⑧]，甚至有因食盐而引发的少数民族起义，产生了不稳定的民族政治因素。如至道二年（996），夔州路领羁縻黔州因少数民族争盐而导致一名官员战死：“蛮寇盐井，巡检使王惟节战死。”因此，朝廷不仅加强军事戒备，同时采取以盐利抚慰少数民族的办法，以加强对少数民族的羁縻，对于作乱的蛮人，只要愿意归顺，就封赐

---

① 董春林：《以盐制夷：宋代西南民族地区羁縻政策管窥》,《广西民族研究》2015年第4期，第135页—142页。

② ［清］徐松：《宋会要辑稿》。

③《宋史·卷一百八十三·志第一百三十六·食货下·五》。

④《宋史·卷一百八十三·志第一百三十六·食货下·五》。

⑤ 宋代诗人黄大临与黄庭坚在彭州（今重庆）时作诗《题哥罗驿竹枝词》：“尺五攀天天惨颜，盐烟溪瘴锁诸蛮。平生梦亦未尝处，闻有鸦飞不到山。风黑马嘶驴瘦岭，日黄人度鬼门关。黔南此去无多远，想在夕阳猿啸间。”

⑥《宋史·卷四百九十三·列传第二百五十二·蛮夷一》。

⑦《宋史·卷四百零九·列传第一百六十八·高定子传》。

⑧ 傅增湘：《宋代蜀文辑存·卷100》。

官职，奖励食盐，大中祥符四年（1011），夔路转运使宣称："有为恶蛮人能率属归投者，署其首领职名，月给食盐。"[①]

宋朝将盐作为西南羁縻州少数民族首领的封赏，在授予土官的同时，给予盐利，"权"和"利"的双重加持下，使少数民族归顺于朝廷，以实现西南边疆民族地区的政治稳固，如川蜀边区补授少数民族职名，宋朝廷的诰礼中就有"每年填盐若干斤，彩若干匹，更不依禄令支给请受"。对宜州蛮"给生料券，岁计盐数万斤、钱数千缗，按月支散，以维其心"[②]。宜州下辖羁縻州南丹州，开宝七年（974），始内附，此后岁输白金百两，宋朝"月支盐料及守臣供给钱"[③]。西南民族地区政治稳固的局面，更利于朝廷控制这一地区的盐井资源，以"盐"作为媒介和手段，形成了一个良性的利益循环，朝廷和民族地方在政治上达成和解，在经济上形成互利，进而以羁縻政策逐渐将"生"的夷人变成"熟"的夷人，缩小民族差异，促进民族融合。

除此之外，宋朝廷还将食盐作为军工赏赐，在羁縻州吸纳少数民族义军、洞兵，"以夷制夷"，增加军事防备，成为羁縻的补充。比如夔路义军由"州县籍税户充，或自溪洞归投"，官府对其军俸"职级已上，冬赐绵袍，月给食盐、米麦、铁钱；其次紫绫绵袍，月给盐米；其次月给米盐而已"[④]。

到宋真宗时，允许"以盐转粟"，进而引发以"盐"为中心进行的物资交易；到宋仁宗时，夔州食盐用以与诸蛮互相贸易，"计所入盐直，岁输缗钱五分，银、绸、绢五分"[⑤]，将所获盐利转买成缗钱、银、绸、绢，上缴中

---

① ［清］毕沅：《续资治通鉴·卷五十》。

② ［清］徐松：《宋会要辑稿·藩夷》。

③ 《宋史·卷四百九十四·蛮夷传二·南丹州》。

④ 《宋史·卷一百九十一·志一百四十四·兵五》。

⑤ 《宋史·卷一百八十三·志一百三十六·食货下·五》。

央，充当地方贡赋的重要筹措。[1]盐成为送朝廷与羁縻州之间贡赐关系的重要物资中介，有些土官酋长为了求得盐，要想方设法上贡以换取食盐，这样一来，朝廷和羁縻州的关系又进一步紧密了。宋哲宗元祐六年（1091）正月，夔州路转运司言："施、黔州蛮人入贡，乞就本州岛投纳贡布，止具表状闻奏，仍厚为管设，或以盐，或以钱，等第给赐，遣归溪洞。"[2]

盐的交易范围扩大：以盐易米、以盐易粟、以盐易绢，盐已经具有了通货性质，到南宋时，可以"以盐易马"。隆兴（1163—1164）初，广南西路买马司废罢近30年后重新调划，知静江府方滋提议："从蛮人所愿，或用彩帛，或用盐银等物，依彼处市价博易。"[3]淳熙十二年（1185）正月，诸司上言："经略司初准朝旨，置马盐仓，贮盐以易马，岁给江上诸军及御前投进，用银盐锦，悉与蛮互市。"[4]

而马是宋朝廷与西南民族地区羁縻州互动的又一个重要物资，羁縻州"贡马"、朝廷"市马"，通过"马"的贡赋经济互动行为，又加强了对这一地区的羁縻统治。

四、军需的马：作为贡品和博易

宋政府"岁用银帛四千余匹两，盐六千余斤"[5]，用于市马回赐和接待费用支出。仅在泸州地区，贡马因使节可按人头获得赐予，所以每岁都组成庞大的使团。可见，马是宋政府亟需的物资。

以贸易取得良马，一直是宋朝的既定政策，最初以铜钱易马，后来用

---

① 裴一璞：《宋代夔州路食盐博弈与社会互动》，《盐业史研究》2013年第4期，第48页。

② 《宋会要辑稿·藩夷》。

③ 《宋会要辑稿·兵22之15、19》。

④ 《宋史·卷二百五十四·列传第二百五十五·蛮夷三》。

⑤ 《续资治通鉴·宋纪一百十二》。

茶、盐、绢易马，这就是我们所知的“茶马互市”“盐马贸易”“马绢贸易”等。宋朝在今晋、陕、甘、川等地专门开设马市进行“互市”。宋朝专门设置“茶马司”，在川秦设置“八场”，西北地区设有甘肃三场，西南地区设有四川五场。《宋史》记载：“乾道初，川、秦八场马额九千余匹，淳熙以来，为额万二千九百九十四匹。”[①]

宋代政府在西南地区所市之马大致分为两类：“其一日战马，生于西陲，良健可备行阵，今宕昌、峰贴峡、文州所产是也；其二曰羁縻马，产西南诸蛮，短小不及格，今黎、叙等五州所产是也。”[②]宋统治者深知，西南藩马非良种，不善战，但依然置马场博易，是因为“大率皆以互市为利，宋朝曲示怀远之恩，亦以是羁縻之”[③]。可见，市马贸易是宋政府羁縻政策的一项重要内容，因此这些马也叫作羁縻马。

优良马种主要来自吐蕃、回纥、党项等民族地区，西北良马是装备王朝军队的最好军备物资。但宋朝北方战时紧张，北边有契丹人建立的辽朝，西北有党项人建立的西夏，由于西北民族关系紧张，西夏采取封禁政策，隔绝河西走廊，使得原本西北地区与宋朝的市马贸易不同程度地受阻。因此，宋朝的市马贸易越来越倚重西南地区。北宋时，市马贸易主要在四川，“川峡则益、文、黎、雅、戎、茂、夔州、永康军”[④]。南宋时，市马贸易进一步南移，主要集中在岭南，主要在广西邕州市马。

宋代李心传《建炎以来系年要录》记载：“自绍兴后，川秦茶马司岁市马 9 800 有奇，黎、叙、文、长宁、南平五州 6 000 匹系川司；宕昌寨、峰贴峡 3 800 匹系秦司。”宋廷为了增加市马量，“委成都府相度募诸色人入诏（南诏）招诱西南夷和买”。在川东设置的市马主要是为了购买吐蕃马，“宋

① 《宋史·卷一百八十四·志一百三十七·食货下·六》。

② ［宋］李心传：《建炎以来朝野杂记》甲集卷 18《川秦买马》。

③ 《宋史·卷一百八十四·志一百三十七·食货下》。

④ 《宋史·卷一百九十八·志一百五十一·兵十二》。

朝政府在文州、威州、永康军、茂州置市马场，应主要是从吐蕃买马，而黎州、雅州等市场马场亦向吐蕃市马”[①]，到川东各市马场的，有溪峒诸蛮（今湘西、川东一带）和西南蕃诸部（今黔东南地区）。到川南各市马场互市的民族较多。大理国及其北部的各兄弟民族都包括在内。由黎州北至文州的川西各市马场，主要是与川西的吐蕃部进行互市。[②]

南宋时期，宋室偏安江南，为了吸取“唐亡于黄巢，而祸基于桂林”的经验教训，朝廷对西南各少数民族始终抱有戒心，因而就将市马贸易的重心移到广西地区，并保持在邕州和宜州的小范围内。“自元丰间，广西帅司已置干办公事一员于邕州，专切提举左右江峒丁，同措置买马。”“绍兴三年（1132），置提举买马司于邕（州）。六年，令帅臣兼领”[③]。邕州横山寨成为宋政府市马的重要场所。在广西地区，参与互市的不仅有居住于广西境内的溪峒蛮，而且还有居住在云贵地区的“大理、自杞、特磨、罗殿、毗那、罗孔、谢蕃、藤蕃等（国）”的各民族。宋政府在广西所买到的马匹，主要来自大理国。因为“马产于大理”，只不过由于“大理国去宜州十五程尔，中有险阻，不得而通”，“故自杞、罗殿皆贩买于大理而转卖于我”[④]。不少民族充当着中间商人的角色。

马作为西南少数民族的物资优势，用以和内地进行互市，博易西南少数民族所缺少的盐、茶、绢等物资。广西邕州横山寨的马市上，“朝廷命广西帅臣即横山寨市马于罗殿、自杞、大理诸蛮，岁捐黄金五十锰、白金三百斤、锦二百、红四千、廉州盐二百万斤”。而川西的吐蕃民族则市马博

---

① 曹家齐：《宋代西南陆路交通及其发展态势》，《宋史研究论丛》2008 第 1 期，第 539—558 页。

② 林文勋：《宋代西南地区的市马与民族关系》，《思想战线》1989 年第 2 期，第 66—71 页。

③ ［宋］周去非：《岭外代答·卷五·经略司买马》。

④ ［宋］周去非：《岭外代答·卷五·经略司买马》。

易茶货，“西人颇以善马至边，其所嗜唯茶”[①]，自元丰四年（1082）始，朝廷下诏，定四川市马以川茶为主作为支付，朝廷认为，“蕃部所欲，大抵惟茶为急。……若专以茶博马，委是利便”[②]，因此诸市马场可以用茶支付，“或用现钱、或用茶、或用盐钞等，各从蕃部之便”[③]。同时，把雅州茶作为专用博马的交换，诏令“雅州名山茶今专用博马，候年额马数足，方许杂卖”。而随着马市的设立，围绕马而博易的物资广泛而丰富，马帮还带来了其他稀有物资，“蕃部出汉买卖，非只将马一色兴贩，亦有将到金、银、斛、豆、水银、麝香、茸、蜡、牛、羊之类，博买茶货转贩入蕃”[④]，内地的物资也作为贡赐奖励给市马的藩商，绍兴年间（1131—1162），泸州市马场“每岁冬至后，蛮以马来，州遣官视之，自江门寨浮筏而下，蛮官及放马者九十三人，悉劳飨之。帅臣亲与为礼，诸蛮从而至者几二千人，皆以筏载白椹、茶、麻、酒、米、鹿豹皮、杂毡、兰之属博易于市，留三日乃去”[⑤]。

除了朝廷设置的市马，马还作为西南少数民族向朝廷进献的贡品。比如乾德五年（967），顺化王子武才进贡马匹及方物；开宝八年（975），39部顺化王子若废以377人来贡马160匹；雍熙二年（985），藩王龙汉璿率种落100余人献马、朱砂等方物；乾道八年（1172），西南藩进献战马，等等。马成为少数民族进贡朝廷的重要贡品，不过这种朝贡，正如宋高宗所说：“彼云进奉，实利于贾贩。进奉可勿许，令卖马可也”[⑥]，事实上是一种官方贸易的重要形式，对于朝贡的民族，宋朝廷除优加封号外，还回赐大

---

① 《宋史·卷一百六十七·志一百二十·职官七》。

② ［清］徐松：《宋会要辑稿·职官43之53》。

③ ［清］徐松：《宋会要辑稿·职官43之54》。

④ ［清］徐松：《宋会要辑稿·职官43之58》。

⑤ 《宋史全文·卷6·绍兴三年夏四月》。

⑥ ［宋］周煇：《清波杂志·卷六（3）》。

量的各民族所需物品。[①] 实际上还是一种表现为“贡赐”的“互惠”关系。

以“市马”为中心的博易，使宋朝廷与西南羁縻州的关系进一步捆绑，双方在经济上的“互惠”实际上是基于边疆与内地的经济互补性，少数民族与汉族在经济上的互相依存。宋朝廷通过接纳“贡品”的马，和在四川、广西置市马用以博易，加强对西南少数民族的羁縻，客观上促进了西南边疆商品经济的繁荣。“市马不但加强了内地和西南少数民族从经济联系，促进了双方的经济文化发展，更重要的是，市马贸易成为政治上羁縻制度的一项重要补充，加强了宋王朝与西南各少数民族之间的联系。”[②]

五、互市与民族交融

诚如习近平总书记指出的，“各民族在经济上互相依存”，宋代朝廷以盐、马为中心，和西南少数民族形成的互市关系，使西南各民族依托经济交往形成了良性的互动关系，使朝廷加强了对西南地区的羁縻统治，“祖宗设互市之法，本以羁縻远人”[③]。宋代兵弱，对边疆地区的统治中，硬性措施、军事手段稍显不足，甚至史载宋太祖挥玉斧划大渡河为界，断绝与西南少数民族的交往，“鉴唐之祸，乃弃越嶲诸郡，以大渡河为界，欲寇不能，欲臣不得，最得御戎之上策”[④]。而实际上，宋朝仍将西南民族地区以羁縻州、洞的形式纳入其统治范围内，并且利用其经济优势，与西南少数民族形成“贡赐”和“互市”的关系，从经济手段上加强对西南民族地区的羁縻统治，通过贸易的互动、物资的流动，客观上缩小了汉、夷之间的差距，化“生”为“熟”，促进了西南各民族的交往、交流、交融。

---

① 林文勋：《宋代西南地区的市马与民族关系》，《思想战线》1989年第2期，第66—71页。

② 林文勋：《宋代西南地区的市马与民族关系》，《思想战线》1989年第2期，第66—71页。

③ 《宋会要辑稿·藩夷五》，郭声波点校。

④ 《续资治通鉴·宋纪一百十七》。

巴、蜀文化的互动与交融

潘殊闲[1]

一、巴、蜀的始源差异与交融

（一）关于巴、蜀的本义

巴就其本义来说，历来说法颇多，较为常见的是巴为蛇说。

蜀的本义也有一些不同的说法，大家较为认同的蜀的本义是指桑蚕，是家蚕的近祖或前身。

有意思的是，巴、蜀之祖都是以动物为图腾的民族，而且，从外形上看，蛇与蚕也具有相似性。

（二）关于巴人与蜀人的来源

关于巴人与蜀人的来源，古代典籍基本上都认同是黄帝之后。当然对于巴人，尚有太皞之后、丹山之巴、宗姬之巴、廪君之巴等说法。

（三）关于巴人与蜀人的迁徙路线

关于巴人的迁徙路线，一般认为沿汉水流域、峡江流域逆水进入四川

---

① 潘殊闲，西华大学人文学院副院长、四川省巴蜀文化研究会副会长。

盆地东部、中部和东北部。总体走势是由东往西。

关于蜀人的迁徙路线，一般认为是沿蜀山（岷山）河谷逐渐迁徙至成都平原。总体走势是由西往东。

巴人与蜀人沿着相反的方向逐步汇聚在一起。

（四）关于巴国与蜀国的王族

关于巴国王族，比较一致的是宗姬之巴说："巴国远世，则黄（炎）帝之支封；在周则宗姬之戚亲。"[①]又云："武王既克殷，以其宗姬（封）于巴，爵之以子。"[②]除姬姓巴国外，巴国"其属有濮、賨、苴、共、奴、獽、夷、蜑之蛮"[③]。这八个族群是巴国境内的属民，另外还有廪君蛮、板楯蛮等。

关于蜀国王族，史书记载有"三王""二帝"。旧题汉扬雄《蜀王本纪》载："蜀王之先名蚕丛，后代名曰柏濩，后者名鱼凫，此三代各数百岁。"又云："后有一男子名曰杜宇。从天堕，止朱提。有一女子名利，从江源地井中，出为杜宇妻。乃自立为蜀王，号曰望帝。治汶山下邑曰郫，化民往往复出。望帝积百余岁，荆有一人名鳖灵，其尸亡去，荆人求之不得。鳖灵尸随江水上至郫，遂活，与望帝相见。望帝以鳖灵为相。时玉山出水，若尧之洪水。望帝不能治，使鳖灵决玉山，民得安处。鳖灵治水去后，望帝与其妻通，惭愧，自以德薄，不如鳖灵，乃委国授之而去，如尧之禅舜。鳖灵即位，号曰开明。"[④]朱提在今云南昭通，鳖灵为荆人，溯江而上来到

---

① ［晋］常璩：《华阳国志校补图注》卷一《巴志》，任乃强校注，上海：上海古籍出版社，1987年版，第51页。

② ［晋］常璩：《华阳国志校补图注》卷一《巴志》，任乃强校注，上海：上海古籍出版社，1987年版，第4页。

③ ［晋］常璩：《华阳国志校补图注》卷一《巴志》，任乃强校注，上海：上海古籍出版社，1987年版，第5页。

④ ［汉］扬雄：《扬雄集校注》，张震泽校注，上海：上海古籍出版社，1993年版，第244—246页。

蜀地，最后称帝，是为开明。开明承继大禹、杜宇等治水功业，继续治水，文献记载有三处，一处是“凿玉垒山以除水害”，见于晋代常璩《华阳国志》；一是“凿金堂峡”，见于三国来敏《本蜀论》；一是“凿巫峡以通江水”，见于北魏郦道元《水经注》。这三处治水，应当是一个系列工程。其治水路线从岷江入平原的要冲宝瓶口到长江出川的要冲巫峡。

开明帝从荆、巴之地逆水而上抵达蜀国，治水则从蜀地的成都平原到巴地的巫峡，可见，此时的巴与蜀已开启了多方面的交流与交融。

有意思的是，成都平原水患得到治理之后，成为稻作农业的先驱之地。古蜀先帝杜宇这位中国最早的农学专家，便有了“教民务农”大显身手的机会。经过几代人的实践和努力，蜀人的农业技术迅速提高，这种农业技术影响到巴人，故“巴亦化其教而力农务”[①]。巴蜀百姓皆感杜宇传授农业技术的恩德，所以直到常璩生活的晋代，尚有“巴、蜀民农，时先祀杜主君”[②]的习俗。杜宇在距今3 000多年前创造的农耕文化，使成都平原在中华文明的起源阶段就成为长江上游文明的中心。这种文明逐渐东移，惠及巴地，为巴、蜀共同带来福音，其影响和作用可谓巨大。再有，蜀地的养蚕技术、织锦技术也东传巴地，而巴人的船棺葬习俗也西传蜀地，这在今天成都商业街的船棺遗址中有清晰地展现。

（五）关于巴、蜀的地域范围

巴文化的地域范围，《华阳国志》表述为：“东至鱼复，西至僰道，北

① ［晋］常璩：《华阳国志校补图注》卷三《蜀志》，任乃强校注，上海：上海古籍出版社，1987年版，第118页。

② ［晋］常璩：《华阳国志校补图注》卷三《蜀志》，任乃强校注，上海：上海古籍出版社，1987年版，第118页。

接汉中，南极黔涪。”[①] 大致为北起汉中，南达黔中，西起川中，东至鄂西。

蜀文化的地域范围，《华阳国志》表述为：“东接于巴，南接于越，北与秦分，西奄峨嶓。[②]”而到了杜宇时期，蜀国疆域则更大：“以褒斜为前门，熊耳、灵关为后户，玉垒、峨眉为城郭，江、潜、绵、洛为池泽；以汶山为畜牧，南中为园苑。”[③]这个疆域，已大致相当于北到陕西勉县，南达今川滇黔交界地区，东至茂汶、松潘这样广大的地区。而开明王朝，蜀国的疆域还有新的扩展。

巴、蜀山水相连，大抵前期巴、蜀分治，后期蜀国疆域更大，覆盖部分巴地。这也就是蜀国丛帝（鳖灵）能到峡江地区去凿巫峡的反证：“时巫山峡而蜀水不流，（望）帝使（鳖灵）令凿巫峡通水，蜀得陆处。”[④] 又《史记·楚世家》载楚肃王四年（公元前 377），“蜀伐楚，取兹方。于是楚为扞关以距之”[⑤]。“兹方”，即荆州松滋县（今松滋市）古鸠兹地，“扞关”，在原巴郡鱼复县（今重庆奉节）。蜀军能够出入三峡攻击楚国，说明这时的蜀国实际上已控制巴国。

二、巴、蜀的自然生态差异与交融

巴地以丘陵和山地为主。由于山多、山高，土地贫瘠，加上不时地旱灾，巴地自然条件相对较差，靠天种地、靠天吃饭成为一种必然。

---

① ［晋］常璩：《华阳国志校补图注》卷三《巴志》，任乃强校注，上海：上海古籍出版社，1987 年版，第 5 页。

② ［晋］常璩：《华阳国志校补图注》卷三《蜀志》，任乃强校注，上海：上海古籍出版社，1987 年版，第 113 页。

③ ［晋］常璩：《华阳国志校补图注》卷三《蜀志》，任乃强校注，上海：上海古籍出版社，1987 年版，第 118 页。

④ ［魏］郦道元：《水经注》卷三十三，1960 年版，文渊阁四库全书本。

⑤ ［汉］司马迁：《史记》卷四十，北京：中华书局，1999 年版，第 1407 页。

蜀地以平原和浅丘为主。史前时期的成都平原并不宜居，岷江垂直落差几千公尺，每到雨季，成都平原则成一片汪洋，所以，并不宜居，更不宜业。从大禹治水开始，到开明治水，再到李冰治水和文翁治水，成都平原仰赖都江堰及其灌溉工程，使成都平原“水旱从人，不知饥馑”，被称为“天府”，又号为“陆海”[①]。后世蜀守不断进行水环境治理，加上蜀地土壤肥沃，都江堰灌区逐步延伸到成都平原的边缘及浅丘，这里自然风景优美，户户流水、茂竹修林、平野田畴构成了川西平原的基本景致。《后汉书·公孙述传》云：“蜀地沃野千里，土壤膏腴，果实所生，无谷而饱。女工之业，覆衣天下。名材竹干，器械之饶，不可胜用。”[②]

巴、蜀山水相连，虽然巴的自然条件不如蜀，但因为蜀地河流基本上都注入长江，所以，长江是两地的自然联系纽带。蜀、巴之间是干支关系、上下游关系。在历史上，巴与蜀虽有自然生态方面的显著差异，但因为这种单一的水系关系，巴、蜀又常常难以区分，联成一体。人们常说巴山蜀水，的确，山是巴之魂，水是蜀之灵。水润天府，山孕巴国。山水是巴蜀文化的根脉，从这个意义上说，天府文化（蜀文化）离不开巴文化，反之，巴文化也天然地蕴含了天府文化（蜀文化）的因子。

三、巴、蜀的文化生态与交融

常言道，一方水土养一方人。自然条件的差异决定了两地文化生态的差异。虽然秦并巴蜀之后，巴蜀整体融入中原，但因为先天的文化基因不同、自然条件有异，巴蜀的文化生态面貌有着各自不同的特性。

---

① ［晋］常璩：《华阳国志校补图注》卷三《蜀志》，任乃强校注，上海：上海古籍出版社，1987年版，第133页。

② ［宋］范晔：《后汉书》卷十三，［唐］李贤等注，北京：中华书局，1999年版，第355页。

比如，巴人勇武，《华阳国志》载：“周武王伐纣，实得巴蜀之师，著乎《尚书》。巴师勇锐，歌舞以凌殷人。殷人倒戈。故世称之曰：‘武王伐纣，前歌后舞’也。”①又云：“其民质直好义。”②又云：“阆中有渝水，賨民多居水左右，天性劲勇；初为汉前锋，陷阵，锐气喜舞。”③又云：“若蔓子之忠烈，范目之果毅；风淳俗厚，世挺名将；斯乃江汉之含灵，山岳之精爽乎。”④

蜀人重仙。蜀地仙化思维由来已久。古蜀五祖大多都有“仙化”的踪迹。《蜀王本纪》载：“鱼凫田于湔山，得仙，今庙祀之于湔。”⑤《太平御览》所载《蜀王本纪》则是这样的表述：“王猎至湔，便仙去，今庙祀之于湔。”⑥这里的“王”是对前述蚕丛、栢濩、鱼凫这三王的总称。而后来的杜宇魂化为杜鹃鸟，均是这种仙化思维的表现。《华阳国志》这样描述：“（杜宇）帝遂委以政事，法尧舜禅授之义，遂禅位于开明。帝（杜宇）升西山隐焉。时适二月，子鹃鸟鸣。故蜀人悲子鹃鸟鸣也。”⑦后来的开明帝也升天为开明兽。这种飞升幻化的思维，便是仙化思维的具体表现。这种思维特性使蜀人喜欢仰望星空，喜欢想象，喜欢夸张。三星堆遗址、金沙遗址出土的各种青铜器、金器、玉器，其夸张扬厉的造型、想象丰沛的寓意，

---

① ［晋］常璩：《华阳国志校补图注》卷三《巴志》，任乃强校注，上海：上海古籍出版社，1987年版，第4页。

② ［晋］常璩：《华阳国志校补图注》卷三《巴志》，任乃强校注，上海：上海古籍出版社，1987年版，第5页。

③ ［晋］常璩：《华阳国志校补图注》卷三《巴志》，任乃强校注，上海：上海古籍出版社，1987年版，第14页。

④ ［晋］常璩：《华阳国志校补图注》卷三《巴志》，任乃强校注，上海：上海古籍出版社，1987年版，第51页。

⑤ ［汉］扬雄：《扬雄集校注》，张震泽校注，上海：上海古籍出版社，1993年版，第244页。

⑥ ［宋］李昉等：《太平御览》卷八八八，北京：中华书局，1960年版，第3944页。

⑦ ［晋］常璩：《华阳国志校补图注》卷三《蜀志》，任乃强校注，上海：上海古籍出版社，1987年版，第118页。

给世人留下了非常深刻的印象，以至有人不解其中的奥秘，直呼“不可能”“非中国人所为”等等。在蜀地，这种思维的影响与孑遗几乎俯拾皆是。如道教诞生于西蜀，汉大赋创自于西蜀名人司马相如，而发扬光大于扬雄，西蜀诗人李白、苏轼都有“仙”化意识与表现：李白被称为“谪仙”，苏轼被称为“坡仙”。直到近现代的郭沫若，也以其浪漫的诗风折服了无数的读者。

巴蜀一文一武的禀赋特质，带来两地文化生态的差异，故很早就有“巴有将，蜀有相”[①]之说，这是有渊源的，也是有现实基础的。

综合而言，巴、蜀文化生态恰好构成阴阳互补的关系：

第一，巴地自然条件并不优渥，有的地方甚至相当恶劣，因此，思变的意识较为强烈，渴望改变，善于创新。而蜀地因为自然条件普遍比较优越，所以主动思变、热衷改造的意识并不强。但蜀人并不甘于落后，往往将巴人的发明创造予以综合与完善，最后反而后出转精，更上一层楼，相比而言，巴人原先的创造则显得较为粗糙。

第二，同样是因为自然条件的差异，巴人崇尚苦干，吃苦精神了得，而蜀人特别懂得享受，追逐逸乐，故安逸成为一方民风特色。

第三，巴地山路多、太阳烈，故养成巴人风风火火的特性，性格急躁，语速快、走路快、做事快，民风彪悍，尚武好斗。蜀地风和日丽，耽于享乐，故语速慢、走路慢、做事慢，民风温顺，动口不动手。

第四，因为受生产力和交通不便的影响，巴人往往更重传统，各种古老民风民俗、民技民艺在民间保留较多，消失速度相对较弱较慢。而蜀地因为审美与享乐的驱使，加以交通相对方便，因此比较喜欢追逐新潮，喜欢攀比，喜欢炫耀，故传统极容易瓦解消失。

---

① ［晋］常璩：《华阳国志校补图注》卷三《巴志》，任乃强校注，上海：上海古籍出版社，1987年版，第45页。

第五，同样是受自然条件和经济发展水平的影响，巴人普遍崇尚节俭，反对浪费，故消费欲望不高。蜀地因为条件相对较好，养成追逐奢华的习尚，自古即有“蜀人尚奢”的说法，所以，消费市场很旺，奢侈品尤为集中，人们普遍比较喜欢名牌、大牌及洋品牌。

第六，巴地瞩目脚下，蜀地留意星空。巴地因为生存相对不易，所以，关注当下，关注眼前，关注生计较多，没有太多闲暇去浪漫、逍遥。蜀地因为闲暇时间较多，在吃饱喝足之后，喜欢玄想，喜欢逍遥，所以，仰望星空，耽于唯美，成为一种较为普遍的风尚。

当然，两地的文化生态并非决然分判迥异，就与全国其他地域文化比较而言，巴蜀常显示出较为一致的同一性；但对内而言，二者则自然有相当的差异。毋庸讳言，一武一文的巴、蜀文化，决定了两地的文化异质。然而，在长期的交流互动中，又形成了许多具有巴蜀共性的文化现象，如我们的饮食文化、养生文化、诗歌文化、建筑文化、祭祀文化、园林文化、戏曲文化等，就有许多共性——共同姓“川”，一并叫“巴蜀”。比如，“自古文人例到蜀”，这个“蜀”就不是单指“蜀地”，而是包括巴地在内的整个四川。因为，在历史上，走长江水道是出川与入川的重要选择，有太多的文人经由这条水道而抵达巴与蜀。当然，巴、蜀毕竟山川有异，给人的视觉冲击和精神感受是不太相同的，所以，颠沛流离的杜甫来到成都之后，诗风为之改变：“好雨知时节，当春乃发生。随风潜入夜，润物细无声。野径云俱黑，江船火独明。晓看红湿处，花重锦官城。”（《春夜喜雨》），这是杜甫在温润的成都发出的低吟浅唱。而“风急天高猿啸哀，渚清沙白鸟飞回。无边落木萧萧下，不尽长江滚滚来。万里悲秋常作客，百年多病独登台。艰难苦恨繁霜鬓，潦倒新亭浊酒杯。”（《登高》）则是杜甫在巴地夔州的狂歌与痛饮。通过一个诗人，巴、蜀不同的地域给他带来了完全不同的诗风与意境，地理之于文化文风的浸染，确乎大哉。

当然，随着巴、蜀文化互动交流的频繁，彼此不断相互含射、相互影响，故你中有我、我中有你，成为一种总体的趋势。比如，巴人说话普遍急躁，蜀人说话普遍软塌，但经过交流互动之后的巴人与蜀人，吸收了对方的一些特质，又改变了自己的一些原味，变得彼此较为接近了。以巴、蜀最有代表性的两座城市重庆、成都为例。现在不少的重庆女孩说话往往语气不再那样火爆，而是设法变得温存与温和；而成都女孩则有意弱化过于软绵的舌面之音，说话不再嗲声嗲气。成都城市本是平原，但为了显示城市的错落感，有意在一些干道两侧垒土成丘，造成高低错落的层次感；重庆本是山城，但为了显示城市的开阔，在建设道路、广场时，又喜欢削山推土，尽力追求平展。过去重庆的城市建设往往只重轮廓线条，不重细节局部，但现在也刻意在细节局部上“做文章”。总之，成、渝两地彼此都在追求细中有粗和粗中有细，事实上正在逐渐地走向全面的融合。

四、巴、蜀文化圈的生存之道

巴、蜀本为两个相邻的古方国，山水相连。但由于各自始源不同，自然环境存在较大差异，在文化的诸多方面形态有异。由于巴、蜀之间互补性强，在长期的互动中，巴、蜀之间彼此渗透，逐步融合，在保留大量个性的同时，彼此相互影响，共同推动这一地区的发展与繁荣。不仅如此，巴、蜀还推动了中华文化多元一体的发展格局。因为，秦并巴蜀之后，巴蜀成为秦国的大后方、重要的经济来源地和重要的军力供给地，为秦并其他六国奠定了坚实的基础。如果没有巴蜀的支持，秦国未必能完成统一的大业，如此，中华民族的历史可能就不是我们今天看到的样貌。

历史上的巴蜀向来都是移民之地。移民文化在相当大的程度上改变了巴、蜀的文化生态。的确，从秦并巴蜀开始，到汉代对蜀地的统治，一直到唐、五代、两宋、明清和近现代，巴蜀之地因为各种各样的原因接纳了全国其他区域相当多的移民。秦并巴蜀与历朝历代的移民，让巴蜀紧密相连又对外来文化多元融合，形成具有巴蜀风格与气质的文化基因与文化品貌。概括而言，就是融合、创新、乐观、坚韧、勤奋、友善、诚信、敦朴，由此形成一系列的文化品牌，如川菜、川戏、川酒、川茶、川派盆景、川派武术、川派绘画、川派雕塑、川派园林等。

当然，巴蜀之间虽然不断融合但其实又适度地保持了自己的相对个性。因为这种个性有深厚的历史基础与地理元素，不是轻易可以完全泯灭的。这种个性可用阴阳描述：如果说巴为阳，则蜀为阴，一阴一阳、刚柔相济构成了这片区域的自然与文化生态。这种阴阳互补的文化联动与交融，一致构成了区别于其他大的区域文化的巴蜀文化圈。有意思的是，全国不少地域都有这样阴阳组合相连的区域，如齐鲁、吴越、湘楚等。

五、结语

在今天增强民族自信、共建民族精神家园的时代，文化的互补实际上也是经济的互补、社会的互补，彼此取长补短，寻求差异化发展，以实现各地文化的创造性转化和创新性发展。若谈巴文化，绝对离不开蜀文化、楚文化、湘文化、秦文化、陇文化、黔文化，反之亦然。巴、蜀地区对外有统一的形象、特质与符号，对内又能分辨彼此的个性差异与内在联系，这本身就是一种具有生命力的文化生态，或者说文化生态圈。

（注：原文载《地方文化研究辑刊》第十四辑，巴蜀书社，2019 年 10 月）

今昔巴蜀、黔：密切互动仍是共同发展的主旋律

骆　凯[①]

巴蜀既指特定地域，又指这一特定地域内的文化特征，而黔则主要指相连的贵州。历史上的巴蜀，在地域的概念上，指四川盆地及其附近地区（陕南、鄂西等地）[②]，占了中国西南部大面积范围，成为今日四川和重庆地区的代名词；在文化的概念上，“巴蜀文化”命题于20世纪40年代初提出，是反映巴、蜀的族属地域和迁徙、政治经济和社会形态，以及与中原和自身周边地域不断交流、交往与交融发展的文化现象，巴蜀文化是中华文明的一个重要源流。[③]在中华文明5 000年的历史长河中，地域概念上的巴蜀几经变换，时分时合；而文化概念上的巴蜀，则表现出相融性、包容性、延续性等特征。比较巴蜀与黔，存在着诸多的异同：所谓异，主要是指贵州17个世居少数民族形成的具有当地特色的少数民族文化；所谓同，不仅表现后者对前者的某种传承，还表现在两者之间的相近、相融和包容上，尤其在新时代，两者三地之间又表现出各自的特征，并且还有很大的互补

---

① 骆凯，贵州省社会主义学院。

② 段渝：《70年巴蜀文化研究的方向与新进展》，《中国史研究动态》2019年第4期，第56—62页。

③ 段渝：《70年巴蜀文化研究的方向与新进展》，《中国史研究动态》2019年第4期，第56—62页。

性。做此异同辨析，对于三地经济、文化、社会和生态文明等融合发展意义重大。因此，让我们走进历史的长河之中，去发现巴蜀与黔所具有的千丝万缕和密不可分的联系。

一、本来一体：山水相连，人文相通

打开中国地图，清晰可见，今天的巴蜀和黔地理相邻，山水相连，人文相通。其实，回溯600年之前，今天的贵州分属于当时的川、滇、湘等行省管辖，所以各自与这些地区同为一体，并无分别。

第一，从民族的来源和发展形成来看。据史料，先秦时期南方的濮、夷、蛮、越四大族系（或谓濮、越为一个族系）中，往往把濮、夷族系的各部概称为“西南夷”。而各族系又分出各不同族群：“百濮”族系有夜郎、滇、邛都族群各部，夷（亦称氐羌）系有昆、明、白马等各族群，而濮人族系有靡莫族群等。其中夜郎族群、靡莫族群、邛都族群，不但民族源流相同，而且地域相连，社会发展程度也基本一致。[①]可见，广泛分布于今川、渝、黔、湘、滇、桂等交接地带的先民，本就属于“西南夷”和古代巴国“蛮”族系的一个族群，他们通过不断交往、交流和交融，形成了今天西南地区民族的大部分。如春秋以前从西北移入西南一带的古羌人，战国以来已从羌人中逐步分化出来，被称为夷人，他们是川、滇、黔各地彝语支各族的先民。[②]又如西晋末年成汉李寿时“引僚入蜀”，他们主要是居住在牂牁郡地域的居民，是今仡佬族的先民。

第二，从中国古代政治和军事来看。自战国至明代初，在历次中央王朝军事征伐中，巴蜀文明被带进贵州，同时贵州对中央朝廷的支援也得到

---

① 何仁仲等：《贵州通史》（第一卷），北京：当代中国出版社，2002年，第184—185页。

② 何仁仲等：《贵州通史》（第一卷），北京：当代中国出版社，2002年。

进一步加强。早在战国初期，蜀王杜宇称帝，“以南中为园苑”（《华阳国志·蜀志》，南中，其地包括今四川大渡河以南，云南、贵州大部分及广西北部边缘地区）。公元前316年，原属楚国的今湘、鄂、川、黔交接一带，被秦国夺取，置为黔中郡；又今黔东沿河、道真、务川一带，本属巴国南鄙，也被秦国灭巴、蜀后划入巴郡。[①] 此后，秦统治者就有组织地开展民众迁移，由内地经巴、蜀而入南中，在西南地区形成了“南中大姓”（指汉、晋以来盘踞在该地区的豪门大族），其中牂牁郡就有“大姓龙、傅、尹、董”及谢氏。同时，当中央王朝处在危急关头时，牂牁大姓也会维护朝廷统治地位，如龙、傅、董、尹与功曹谢暹“保境为晋”、彝族首领济火为诸葛亮南征“通道运粮”等就是极好的说明。在唐朝，一度将黔州都督府（治今四川彭水）改为播州都督府（治今贵州遵义）、庄州都督府（治今贵阳一带）。[②] 在后来的元末明初和明末清初，因战争使得四川境内人口骤减，“湖广填四川”使得四川成了移民大省，其中贵州人进入四川境内的也不在少数。在这种人口“大进大出”的过程中，自然也产生了各民族及地域文化的交流与融合。上述大姓中，在东汉时期（25—220），今贵州境内便出了一位西南汉文化的开拓者——尹珍（79—162）。据《华阳国志》记载：“毋敛人尹珍，字道真，以生遐裔，未渐庠序，乃远从汝南许叔重受五经，又师事应世叔学图纬，通三材。还以教授，于是南域始有学焉。”清代《四川通志》中又说：“汉，尹珍……从许慎受五经还，巴渝之人始知学。”位于今重庆市南川区的尹子祠（又名“海鹤书院”）就是最好的证明。另外，南宋末年，贵州绥阳人冉琎、冉璞两兄弟谋划、督管修筑钓鱼城，抵抗元人蒙哥入侵南宋的例子，也是很好的例证。

第三，从交通和经济往来上看。贵州历来是湖广、四川、云南等地

---

① 何仁仲等：《贵州通史》（第一卷），北京：当代中国出版社，2002年，第133页。

② 何仁仲等：《贵州通史》（第一卷），北京：当代中国出版社，2002年，第3—4页。

互通的咽喉要道。为了加强政治和军事统治，元代在贵州设立了大量站赤（即驿传）。元代在贵州境内设立的驿道，主要有三条：最重要的是横贯东西的湖广通往云南道，其次是川黔驿道，再次是乌撒入蜀入滇道。贵州境内驿道上分布的站赤有数十个之多。驿道和站赤的修建，使内地与边疆的往来更加便捷，从而加强了各民族在政治、经济、文化各方面的联系，促进了滞后地区的发展。特别是对于贵州，其意义更为重大。元朝廷在湖广、四川、云南建立行省后，贵州分属三省管辖。由于贵州地处边远地区，又战乱不止，所以农业生产方面未见显著成绩。随着蒙古军的到来，这一地区的屯田和马政取得了新的进展。同时，由于绍庆路、重庆路与思州、播州毗连，屯垦农民自然要流入，对黔北的开发也有一定作用。①

总之，在明代早期之前，由于黔北遵义等一带长期属于巴蜀（该地域在不同朝代又有不同名称，如四川、前蜀、后蜀等）管辖，所以是本属一体，自然人文相通。

二、分而不离：虽分割而治，却往来不断

在中国这样一个大一统的国家之内，尤其是地理相邻的省区之间，由于人们的民族来源、生活习俗、经济结构等往往非常接近甚至相同，所以虽然身处不同区划，但在经济生活中也常常是来去自由的。同时，从国家层面来讲，往往也会动用国家力量，充分发挥相邻省区之间的互补作用，以达到区域平衡的目的。明永乐十一年（1413），朝廷建立贵州承宣布政使司，贵州首次成为一省。但当时遵义、乌撒二军民府仍属四川。直至清朝雍正年间（1722—1735），云、贵、川、广等省交界之地界址多有不清。贵州与四川之间的界限划定，乌撒的大部分地域（同年改设威宁府）于康熙

① 何仁仲等：《贵州通史》（第一卷），北京：当代中国出版社，2002年，第478页。

四年（1665）归属贵州，遵义府于雍正六年（1728）改隶贵州。贵州省界经康、雍两朝调整后，今贵州省全境地域基本确定，以后再无大的变化。[①]贵州虽然单独立省，但是在此后的很长时期内，与周边省份相比，经济社会发展仍然差距不小，财政尤其困难，所以朝廷每年必须由四川、湖广、云南三省调进钱粮，时称“协济”。因此，贵州与四川的往来从未减弱，并且较之前更加频繁和忙碌：

第一，川民流入，推进了贵州经济社会发展。贵州立省后，其经济社会发展最突出的矛盾是“地广人稀”，尤其是对于还处于刀耕火种阶段的贵州农业，生产所需的劳动人手更是严重不足，土地开垦的范围极其有限，明代志书中常有“黔不患无田而患人”的记载。所以，贵州成为朱元璋实行“调北填南”政策的重点区域。此后，特别是一遇饥荒年份，大量川民便流入播州、思南府一带。尤其播州一带，成为川民流入的主要地区，风俗习惯一如四川，许多大姓都出自巴蜀。[②]他们往往是“亲戚相招，缠属而至，日积月累，有来无去”。除了川民，中原、江右等地移入军民的数量应该也不在川民之下。如此众多的移民进入贵州，不仅为贵州农业发展提供了大量劳动力，而且还带来了先进的生产技术，对贵州的农业开发起到了重要作用。同样，贵州手工业出现新的气象，引进和开发出新的产品，也得益于从四川等地进入贵州的工匠所带来的先进技术。

第二，贵州凭借连接湖广、四川、云南、广西的地理优势，又因此区域内东西往来、南北通行的驿道早已四通八达，所以各地商贾皆会于此。明代，贵州通往省外的驿道大为增加和通畅，主要驿道较元朝增加两条至五条。特别是处于中心位置的省会贵阳，至明末已经形成了 14 个坊市，呈现出商业日益繁荣的景象，各种商品琳琅满目。随着商业不断发展，到清

---

① 何仁仲等：《贵州通史》（第二卷），北京：当代中国出版社，2002 年，第 80—81 页。

② 何仁仲等：《贵州通史》（第二卷），北京：当代中国出版社，2002 年，第 190—191 页。

代，在贵州各地普遍设有会馆，成为各省客商在贵州聚集的场所。譬如四川会馆在贵州广泛分布，尤其黔北地区最多。

第三，当贵州经济社会逐步发展起来后，那种原来单一的仅由外省输入贵州的经济活动状况有所改变，贵州与省外交流互动的经济社会发展局面逐渐形成。贵州不产盐（仅桐梓有少量出产），由于四川、云南与贵州近邻，运输最为便捷，所以川盐、滇盐成为贵州用盐的两个重要来源。川盐入黔，主要走乌江、赤水河两条水道和经桐梓的松坎陆路等驿道。到明代，当贵州商业活动发展起来后，物产丰富的播州便成了繁忙之地。黔北播州的铅、杉木、粮食、茶，黔东铜仁的朱砂、水银，以及播州、黔南、黔西北部的马等被销往四川、重庆等地。贵州盛产茶叶，为满足中原、巴蜀及西藏等地区官民对茶叶的大量需求，贵州的茶叶源源不断地运至成都、重庆、保宁、播州等茶仓，然后销往各地，为官民享用。清末，贵州的漆、桐油、菜油等也被大量销往四川、重庆。在此情形下，贵州和四川之间也逐渐加深了经济合作与往来。如乾隆四十二年（1777），贵州巡抚裴宗锡鉴于松桃厅所产煤不宜冶铅，特与川督联系，拟将大丰厂北迁至与四川省秀山县相邻处，利用该县厚薄湾的煤炼铅。[①]

第四，当巴蜀与黔之间的经济、社会活动互动频繁以后，体现在人文文化层面上的变化就逐渐显现出来。在中原文化及巴蜀文化的影响下，到清末，贵州已经形成了自己独特的文化——沙滩文化。并且，沙滩文化反过来又对巴蜀地区的文化教育产生一定影响。长期以来，在贵州民间流传着这样一种认识："贵州文化在黔北，黔北文化在遵义，遵义文化在沙滩。"沙滩文化的代表人物为郑珍（1806—1864）、莫友芝（1811—1871）、黎庶昌（1837—1898），三人史称"西南巨儒"。郑珍热衷巴蜀文化研究，曾著有《凫氏为钟图说》，且郑氏诗宗奉杜甫。莫友芝曾任四川盐源（今四

① 何仁仲等：《贵州通史》（第三卷），北京：当代中国出版社，2002年，第173—174页。

川省凉山彝族自治州盐源县）知县，曾与郑珍编撰《遵义府志》，史学界认为该书可与郦道元的《水经注》齐名，梁启超称之为“天下第一府志”，莫友芝与郑珍也因此声名大震。

据史料考证，黎氏原籍四川广安州金刀里，早在明万历二十八年（1600），黎氏一世祖黎朝邦便随川路总兵刘铤平播入遵，次年改土归流时黎朝邦据沙滩，黎氏从此在此定居下来，并设塾育人。黎朝邦临终前对其子留下遗嘱：“载月著犁锄，栉沐风露雨，嗟彼膝前人，相看默相依，诗书旧生涯，功名行潦水，呜呼金石言，世世宜循轨。”故以后黎氏后人皆严守遗训，每代人人读书，且有以诗书人宦的人，在任清廉，两袖清风。到黎庶昌一代，已是第八代。黎为曾门（曾国藩）四大弟子之一，曾被公派出国，前往清朝驻英吉利、德意志、法兰西等国使馆任参赞，又两度出任驻日本国公使。在欧洲四国任满回国后，黎出任川东道员兼重庆海关监督。在重庆任职期间，黎个人出资在重庆创设川东洋务学堂，“聚颖秀之士凡二十人肄业其中，习中文、英文、算学三科”，以英语、数学为主科，聘请饱学且通洋务者为师，甚至自己亲自授课，讲解东西洋各国概况或讲授古文等传统文化。而且还在自己开办的川东洋务学堂里选拔优秀学生赴伦敦留学，开西南学子留学之先例，辛亥革命的“大将军”、《革命军》的作者邹容即肄业于此。这样，黎氏之学传播至蜀中。如其三传弟子有当代著名语言学家殷孟伦先生，四传弟子有四川大学教授、博士生导师赵振铎先生（《汉语大辞典》主编）。

第五，在中华民族独立战争和解放战争中，贵州各方面进步人士纷纷声援川、湘、滇等方面的革命力量，为中国新民主主义革命取得胜利做出了重大贡献，是贵州人民红色文化基因的展现和光大。辛亥革命爆发后，孙中山任命安健为军政府中将参议，负责处理西南，特别是贵州方面的护法工作。在贵州，安健动员贵州彝族上层人士拥护孙中山的护法军政府，推动贵州护法。贵州方面随即表示拥护护法，并积极筹备，开展与护法各省合作并进行动。1917年8月，滇、黔、川方面靖国联军成立，于是黔军开赴四川。在三省护法军的合力打击下，北洋军伤亡惨重，联军取得重大胜利。[①]当革命进入新民主主义时期，贵州、四川两地地下组织相互结合、配合，共同推进革命。贵州赤水与四川合江毗邻。1928年，中共合江特支成立，到第二年，由于赤水党团员数量增多，遂将该特支改为中共赤合特支，毕业于赤水二中的合江人梁业广任书记。新改组的中共赤合特支在合江、赤水两地开展传播马列主义，宣讲农民战争、农民协会以及毛泽东、朱德领导红军闹革命等故事。后在1933年3月，成立了中共赤（水）合（江）特别区委（于同年10月，又在赤水、合江两地分别成立特支）。1934年9月后不久，还成立了“赤合游击队”。[②]

1926年，贵州路政局改组成立，并制订了《贵州省全省马路计划大纲》。中华民国二十一年（1932）底，贵州首个机场贵阳机场建成，中华民国二十五年（1935）中国航空公司开辟重庆至贵阳航线。中华民国二十五年初，川黔公路开通。20世纪30年代末至40年代初，贵州的船舶运输也得到一定发展。中华民国时期亦如此，中华人民共和国成立之后更甚。中华人民共和国成立后，在国家实行大行政区的管理政策，贵州与四川等地被划入西南局，使得国家在政治、经济、民族、军事、交通、文化等工作布局上形成通盘布局，这又进一步加深了地区之间的交往与融合。比如，随着1965年10月川黔铁路的开通，两地的互动发展随之进入一个新的阶段。

① 何仁仲等：《贵州通史》（第四卷），北京：当代中国出版社，2002年，第31—33页。

② 何仁仲等：《贵州通史》（第四卷），北京：当代中国出版社，2002年，第76—77页。

三、今更畅通：道路通达，民众相亲

改革开放后，随着国家对市场和各领域的逐步放开，同时国家逐步加大西部大开发的力度，贵州与四川、重庆（1997 年成为直辖市）之间的公路、水运、航空等基础设施不断开通和完善。2005 年崇遵高速开通。特别是 2012 年中国共产党第十八次全国代表大会以后，夏蓉高速、蓉遵高速、渝贵高铁、成贵高铁等相继开通，贵州境内道路网络基础设施得以完善，美丽乡村、“四在农家”、多彩贵州等建设使得城镇人居环境等大为改善，使得人们在贵州与四川、重庆两地之间的相互往来和经济活动更加密切、频繁。

第一，“两小时交通圈”基本形成。国家大力推进高铁建设，无疑为人们的生产生活带来了极大的便利和舒适。目前，贵阳至重庆主城区和贵阳至成都的高铁，前者普遍在 2 小时左右，后者普遍不到 4 小时，而且两条线路分别每天直达和过境列车多达 40 余班次，如此便捷的通行，使往来两地的人们获得了巨大的实惠，极大地加速了三地之间的旅游、避暑、经商等活动。近年来，一到夏天，进入贵州避暑的重庆人、四川人便络绎不绝。目前开通的这些班列并不赚钱，而且可能往往亏钱。即便如此，为了民生福祉，国家还是不遗余力地推进建设。这真正体现了中国共产党“以人民为中心”的执政理念。

第二，经济往来和合作更加频繁。随着社会主义市场经济不断发展和完善，贵州与四川、重庆之间的经济往来和合作日益加强，经济社会发展在某些方面存在着较强的互补性。四川、重庆两地一些有实力的企业纷纷前来贵州开办企业，从事经济活动。据贵州省四川总商网站显示，目前贵州全省 8 个市州及部分县（区）建有四川（川渝）省、市两级商会，会员企业共有 4 000 余家，分布于能源、矿产、医药、金融、电商等 20 个行业左右。会员企业资产总量近 1 000 亿元，注册资金 50 亿元。另据贵州省重庆商会网站显示，截至2017年，该商会拥有会员2 300余人，副会长单位60余个，其中规模以上企业会员800余家，涉及20余个行业。同时，贵州也有不少黔籍经济人士在四川、重庆经商办企业。

第三，贵州与川渝之间的相互包容、接纳，进一步促进了地域和民族间的团结、和谐。走在贵阳的大街小巷，到处都能听到四川口音很浓的人，一听就知道他是来自四川或重庆。他们精明能干，勤劳勇敢，坚忍不拔，不怕苦、不怕累，爱说爱笑，而且风趣幽默，顿然让人产生亲近感。他们在一个巷子里、集市上，很多人往往是一辈子经营一门生意，很是讲求信誉，所以深得当地人的信赖和赞赏。还有贵阳大街上随处可见的重庆火锅、重庆酸辣粉、川菜馆，成都宽窄巷子美食等，使当地人一饱口福。川剧是四川文化的代表，同样也流行于贵州。遵义市川剧团（前身是遵义市民营川剧社）于1949年年底成立，在贵州大地存在有60余年，曾为贵州人民带来了丰盛的精神大餐。贵州地方台贵州2频道有一档电视栏目，叫“贵州钟幺爷开心剧场”，多年以来，演员中至少有一位一直扮演四川口音的角色，这也体现了川渝文化融入当地的程度。川渝的大学，一直是贵州学子出省求学的重点选择对象，两地的大学为贵州培养了大量人才；同时川渝籍的人才也为贵州教育文化事业做出了重要贡献。

第四，在“十四五”开启的国家战略推动下，川、渝、黔必将迎来互动发展的新机遇。“成渝双城经济圈”的建成必将为贵州带来辐射带动作用。随着渝新欧班列的成功开通，2019年贵州也加入开通了黔渝欧班列，满载着来自贵州的茶叶等商品，缓缓地驶向欧洲城市。同时，贵州也利用其国家大数据综合试验区的战略地位，助推了川渝经济社会高质量发展；贵州爽爽宜人的气候，长江上游生态旅游及生态农产品等优势，是川渝人们休闲文化旅游生活的极佳选择。

综上所述，古往今来，巴蜀与黔的源流一直延续至今，从未隔离。今天，巴蜀文化对于贵州的意义在于，贵州要继续将巴蜀文化中“开放包容，忠信义勇，崇教尚文，尊经贵道”等特点，融入本省改革创新精神之中，使贵州在国家的第二个百年目标发展中取得大发展。同时，新一轮的成渝地区双城经济圈发展，又可以从贵州创新发展中获得助益。总之，新时代的巴、蜀、黔，是相互取长补短、互相促进的共同发展关系。

参考文献

[1] 段渝:《70年巴蜀文化研究的方向与新进展》,《中国史研究动态》2019年第4期，第56—62页。

[2] 何仁仲等：《贵州通史》（第一卷），北京：当代中国出版社，2002年。

[3] 何仁仲等：《贵州通史》（第二卷），北京：当代中国出版社，2002年。

[4] 何仁仲等：《贵州通史》（第三卷），北京：当代中国出版社，2002年。

[5] 何仁仲等：《贵州通史》（第四卷），北京：当代中国出版社，2002年。

吐蕃统一与康巴藏族的形成

格　勒[①]

从7世纪开始，以藏族为主体建立起来的吐蕃王朝，不但以其兵威震动了高地亚洲，而且其势力也从卫藏地区向东发展，逐渐发展到甘、青、川、滇等地，成为当时中国西部地区一个拥有强大政治、经济和军事力量的地方王朝。横断山系中的康藏地区诸古氐羌和其他部落，也在这个时候陆续地被吸收到藏族中，形成了有名的康巴藏族。

一、吐蕃统一前西山诸羌

隋唐统一中国后，中原王朝的民族政策有了较大的变化。特别是唐朝建立后，中国历史上杰出的政治家李世民首先放弃了“贵中华，贱夷狄”的民族偏见，开始实行了一条能以较为公平的态度对待少数民族的政策，即“和亲”政策。这对边疆各族人民的繁荣起了不可忽视的推动作用，许多新的民族和部落像雨后春笋，在边疆各地兴起。

地处四川西面的康藏高原，隋唐时称为西山。这里有很多古羌人部落，习惯上称为西山诸羌。其中“西山八国”出现较早。所谓“八国”即哥邻国、逋祖国、南水国、弱水国、悉董国、清远国、咄坝国、白狗国。这里

① 格勒，原任中国藏学研究中心党组成员、副总干事，研究员，博士生导师。

所谓“国”，仅仅指因共同生活把一些人聚拢来的集体或族群。除此以外还有党项、苏毗、东女国、白兰、羊同、嘉良等诸古羌部落。

上述诸古羌部落或国家很早以来便同中原王朝保持着密切的联系。据史籍记载：隋开皇六年（586）苏毗部遣使朝贡。位于苏毗东部金沙江上游的多弥羌，在唐贞观五年（631）十二月和十五年（641）先后两次遣使朝贡。白兰又名丁零羌，地处巴颜喀拉山一带，唐武德六年（623）遣其使者入朝。唐贞元九年（793）“西山八国”投降，内属唐朝。可见隋唐时期千里康藏高原已成为中国不可分割的神圣领土。

不少称为“诸羌”和“氐羌”的族群散居在康藏地区深山峡谷中，有些属吐谷浑，有些属党项和东女国。隋炀帝时（605—617）嘉良夷和诸羌曾遣使朝贡。隋朝中央政府设诸道总管统率这些内附部落和国家。唐朝继承了隋朝的制度，于剑南道设诸羌羁縻州，据称有168个，分属松州（今阿坝松潘一带）、茂州（今阿坝茂汶一带）、嶲州（今西昌一带）、雅州（今雅安一带）、黎州（今汉源一带）等都督府管辖。其中有些羌人被称为生羌，是指社会文化相对落后的古羌人。

隋唐时期，康藏地区的社会正处在奴隶社会的衰落时期。当然由于资料贫乏，目前还很难对这一地区奴隶社会的形成和发展之全部过程做详细的记述。不过，根据《隋书·西域传》《唐会要》《旧唐书》等记载，可从东女国、附国、嘉良夷等的社会情况可以略加认识和分析。

附国社会发达，有国王，“国有二万余家，号令自王出”，“重罪者死，轻刑罚牛”（见《隋书·西域传》）。这些零碎的记载，充分说明附国已有比较完整的奴隶制国家机器，不仅有王族，而且有迫使奴隶始终处于奴隶地位的专政工具，即出自国王的法律。

就其生产力水平来看，这个时期康藏地区已进入铁器时代。《隋书·附国传》中记载：其俗“项系铁锁，手贯铁钏”，而且从“王与酋帅，金为首饰，胸前悬一金花”。这说明当时的手工业已经很发达。这种生产力的水平决定了其社会性质明显进入了比较发达的奴隶制阶段。据记载，附国人死时有杀动物至数十匹的习惯。隋大业四年（608）附国王派遣使者秦福等八人入朝，第二年又遣其弟子宜村率嘉良夷60人朝贡，并献良马。用如此多数量的牲畜为死人殉葬，又组织庞大的队伍入朝进贡，如果当时没有相当的剩余产品作为物质基础，显然是不可能的。

如前所述，东女国的国土广大，“王之葬，殉死至数十人”，主人死去，奴隶跟随殉葬，奴隶主可以把奴隶当作私有的牛马一样任意宰割。这正是奴隶社会的重要特点。

奴隶社会的另一个重要特点是城市建筑的兴起。奴隶主大量耗费奴隶的体力，进行大规模的建筑。隋唐之际，康藏地区随着生产的进步和社会的分工，城镇逐渐兴起。无论是《旧唐书》还是《唐会要》都提到，位于康藏地区的东女国“有大小八十余城”。又说：“其所居，皆起重屋，王至九层，国人至六层。”《隋书·附国传》说嘉良夷“无城栅，近川谷，傍山险，俗好复仇，故垒石为巢而居，以避其患。其巢高至十余丈，下至五六丈，每级丈余，以木隔之。基方三四步，巢上方二三步，状似浮屠，于下级开小门，从内上通，夜必关闭，以防贼盗”。20世纪80年代在甘孜、巴塘等县，多处发现被当地居民称为“古城”的遗址，现已埋没于四五米厚的土石堆下。同样近几年在丹巴和金川也发现有类似的古城遗迹，这些遗址很可能是隋唐时东女国或嘉良夷所留古城。

农业的兴起，对康藏地区奴隶社会的发展起了决定性的作用。秦汉以前的春秋战国时代，康藏地区的古代居民还处在原始游牧时代。到了秦汉之际，尤其是汉武帝开辟西南夷以后，康藏地区的古代居民在汉族文化的影响下，开始学习农业生产技术。到隋唐之际，农业生产已有了明显的发展。所以《隋书·附国传》中有了“土宜小麦、青粱（即青稞）”的记载，至今青稞和小麦仍是康藏地区的主要农作物。农业的发展使康藏地区一部分古代居民从游牧走向定居。当然，并不是西山诸羌在隋唐之际都已从事农业，实现定居，仍有很多部落从事游牧业生产，逐水草而居。如位于甘孜藏族地区北部色达草原和青海果洛草原一带的党项部落就是一个势力很强的游牧部落。

隋唐之际，康藏地区诸古羌人的独特文化和各种特殊的风俗习惯，与今日康藏地区人民相似之处甚多。

从事畜牧业为主的党项等部，按姓氏划分部落，大部落下面又分若干小部。大者有上万人，小者数千人。人们喜爱比武、跑马。部落之间经常发生战争，特别重视复仇，如果有仇未报，就受到社会舆论责备。诸部落没有文字，观四季草色变化记年岁。宗教三年一次聚会，杀牛羊祭天。家中老人去世了，子孙没哭的习惯；如果小孩死了，则全家痛泣。服饰方面，无论男女都穿皮袍，盖毡被，住牦牛毛帐房。不论男女，皆喜欢把脸涂成彩色。婚姻则处于从群婚向个体婚过渡阶段，保留着同姓禁婚的氏族外婚制特点。尤其是母权制残余很浓，社会重女轻男，不少部落酋长是女人，国王也是女人，男人只能当大臣或军事指挥官。但从事农业的人，开始具备一点文化知识，如嘉良夷等部的人们居住十多丈高的石墙楼房，这些楼房与现在康藏民居住的楼房一样，结构严谨，每幢楼房用木头隔成若干间单房，第一层楼只开一个小门，到了夜里，家家户户关闭楼下小门，以防偷盗。服饰基本上与牧区相同，习惯戴圆形的皮帽，穿皮衣，剥牛脚皮制作靴子。国王的服饰非常讲究，皮衣需加布边花纹，而且皮料多半是羊羔皮，其衣袖可能是受汉人影响，长到可以拖到地上。国王以金环为耳饰，胸挂金花，以示其地位高贵。葬礼方面明显比牧区复杂，人死后先用牛皮包裹起来，其子孙在旁不能哭喊，而是要穿铠甲，佩刀剑，一边跳舞，一边高呼："我父为鬼所取，我要报冤杀鬼。"亲友们对着死者大哭三声而止。妇女哭的时候，用两手掩面，然后到死者家里，杀牛招待亲友，众人与死者"共饮"酒后再埋葬。过十年后，又进行一次大葬，大葬时杀马多至数十匹以祭天。（见《隋书·附国传》《唐会要》和新、旧唐书）

隋唐时康藏地区古代居民的对外贸易，主要是向中原汉族地区出售朱砂、黄金、麝香、牦牛和骏马等，换回生产所需的铁制工具和生活用品，对其南部的印度等地区主要出售食盐。

二、吐蕃的统一事业和康巴藏族的形成

“吐蕃”一词始见于新、旧唐书。开始时，系指现在的西藏地方而言；后来因为吐蕃占领了青海、西康等地，也将所有在吐蕃占领下的土地和人民称为“吐蕃”“西蕃”等。

7世纪左右，吐蕃在西藏雅鲁藏布江南岸的雅隆河谷兴起后，逐渐北移至雅鲁藏布江与拉萨河之间的桑耶平原地区，然后在藏王松赞干布的带领下移至拉萨河北岸的拉萨地区。松赞干布对内排除旧贵族，对外征服苏毗、羊同，完成了西藏高原本土的统一。同时实行开阡陌、造文字、定法律、创制度量衡等措施，西藏高原上建成了一个新兴而强盛的奴隶制国家，进而开始了对外扩张的战争。

唐贞观十二年（638）开始，吐蕃向东发展。松赞干布亲自率领大军，先破青海东部的吐谷浑（属鲜卑族系），进而占领党项（在四川松潘西、青海南部巴颜喀拉山一带）、白兰（青海南部及四川西部）等诸羌部。

吐蕃之所以将青海地区列为首要的征战对象，是因为青海地区对吐蕃而言，处于其五个动脉的心脏地位：①对内地而言，从渭水盆地经湟水流域西行，是进入青藏高原的交通孔道；②对蒙古草原而言，是漠南经凉州（今武威）进入青藏高原的孔道；③对西域而言，青海地区有两条路线控制西域通道：其一，青海东北侧的河西走廊，是内地通西域的主要交通路线，而且由湟水流域出高原，可沿河西走廊入南疆；其二，沿着祁连山南麓穿越柴达木盆地到达新疆的诺羌，在诺羌分南北两道，往南经于阗出葱岭，往北到高昌（今吐鲁番），南北二道均可出西域；④对吐蕃本部而言，

青海地区隔一个唐古拉山口即进入吐蕃核心区的北方，战略地位十分重要；⑤由青海地区的金沙江上游区可南下进入横断山地区，到达川边与滇西北[①]。吐蕃在经略青海的同时，也向西域与川康地区发展。

吐蕃向横断山区发展的顺序，是先到昌都，首先控制澜沧江上游一带，然后南下怒江与澜沧江之间的察瓦岗，以稳定侧背，再北回到澜沧江与金沙江之间地区，然后控制金沙江与雅砻江之间地区，东逾雅砻江，北向进入大小金川地区，跨大渡河，直抵川边松州（今松潘县）。

据古藏文文史资料《敦煌本·吐蕃历史文书》记载，吐蕃虽然雄踞一方，但亦要对付东部雅州、黎州、松州等地的势力，于是同唐朝军队在川西平原形成拉锯战。

唐乾封二年（667），吐蕃著名大臣噶尔·禄东赞进攻唐边境，取下生羌13州。670年，又攻破唐朝陇右道的龟兹、疏勒、于阗、碎叶4镇。大约644—679年，吐蕃以神川为据点，占领滇西北广大地区。自680年之后，达西洱河地区。设置神川都督府，在中甸木高与丽江塔城之间的金沙江上架设铁桥，以通往来。吐蕃在铁桥以西建有铁桥西城，以东建有铁桥东城，中甸、维西、德钦均属吐蕃神川都督府管辖。中甸县（今香格里拉县）的大、小中甸高寒坝子成为吐蕃屯之所。赞普都松芒布结继位后，“又推行政令于南诏，使白蛮来赋税，收黑蛮归于治下”。南诏王立国于唐、蕃两大强邻之间，为双方所争之地。唐剑南守将鲜于仲通不断进逼，751年进军西洱河被南诏所破，南诏转入吐蕃军队驻守保护。752年，吐蕃封南诏王阁罗凤为赞普“钟”（藏语译音，意为弟），改元为赞普钟元年。之后阁罗凤联合吐蕃大军，先后攻破唐嶲（今西昌）、松、维（今四川理县东北）诸州，占领了剑南西部的大片地区。

---

① 参见［日］松田寿男著，周伟洲译：《吐谷浑遣使考（下）》，《西北史地》1981年第3期，第97—98页。

唐德宗贞元十年（794）正月，南诏异牟录附唐，突袭神川都督府，断铁桥，取铁桥东西16城，俘5王，降众10余万，获军资甲仗无数，维西改属南诏铁桥节度。贞元十一年（795）七月，南诏又攻吐蕃，并破施蛮（今德钦拖顶、霞若、奔子栏，中甸尼西、五境一带）、顺蛮（在施蛮西北），俘其王置白崖城。贞元十五年（799）和十七年（801），南诏异牟录与剑南西川节度使韦臬联兵连破吐蕃于铁桥一带。吐蕃大军退出纳川（今中甸大小甸纳曲河流域）、神川。南诏在今丽江巨甸置铁桥节度守御，“东城自神川以来，半为散地”。唐会昌二年（842），吐蕃赞普朗达玛灭佛，吐蕃四分五裂。唐僖宗乾符四年（877），吐蕃崩溃，南诏并宁北、铁桥二节度地设剑川节度，维西属剑川节度地。而驻守各地的吐蕃军队成了“没有赞普之命令不得返回的人”，于是原军事长官割据一方，变成当地世袭领主或地方土官。

吐蕃在南进的同时，也向北线继续缓慢延伸其势力。755年，唐朝发生“安史之乱”，吐蕃幼主赤松德赞趁机再次攻唐，攻陷兰（今甘肃兰州）、廓河（今青海化隆西）、鄯、洮（今甘肃临谭）、岷（今甘肃岷县）、秦（今甘肃天水）、成（今甘肃礼县南）、渭（甘肃陇西东南）等数十州，并直逼凤翔、邠州（陕西彬县）。到唐肃宗时（757—761），除少数羌族内徙中原（党项羌大部分迁徙到甘肃、宁夏、陕北一带）外，其余均并入吐蕃。763年，吐蕃马重英（藏名达扎垄龚）等率20万之众直驱长安，留居15日。765、767年，唐蕃曾两次在长安和盟，但被战争破坏。783年，唐蕃订立清水会盟，大体将黄河以北贺兰山区划作闲田；黄河以南六盘、陇山，沿岷江、大渡河划线，以东属唐朝，以西属吐蕃。这条新边界的划定标志着康区诸古羌之地完全纳入了吐蕃王朝的版图。

吐蕃占领和控制康区的过程，事实上也是吐蕃对康区诸古羌逐步实行同化的过程。至7世纪末，随着吐蕃对康区诸羌的武力征服和统治，康区诸羌大都成为吐蕃属部，他们不仅在政治上服从于吐蕃，而且还被大量编入吐蕃军队，参与对唐作战。如787年，“吐蕃帅羌、浑（吐谷浑）之众寇陇州”。(《资治通鉴·唐纪》卷233）吐蕃不仅将诸羌各部编入军队，还给他们的一些首领授予官职，并通过联姻手段加速对康区诸羌的同化进程。

吐蕃强盛时期，党项部与苏毗、象雄和吐谷浑等被称为“吐蕃外四族”，康区则成为其军队屯粮和积草的大本营。吐蕃的赞普（王）和大臣们经常在这一带集会议盟。如藏历虎年（678),“隆冬于邓集会议盟”（邓，地名，今甘孜州原邓柯县境内)。藏历马年（682),“冬，芒辗细赞（王）与芒相达乍布二人于道孚城堡集会议盛”（今甘孜州道孚县境内）[①]。可见，甘孜藏族地区在唐初已成为吐蕃的政治、经济、军事重要基地。因此，必然有大批吐蕃人迁居此地，并与本地的古代居民融合在一起。由于吐蕃（藏族）是农牧兼营的民族，早在第八世赞普（王）布代巩甲之时，就已有冶炼矿石、制造木犁、用牛刀开垦平原作田、引湖水灌溉等先进的生产技术，发挥出较古羌高的经济力量和文化力量。同时与羌人同属高原民族，同样具有适应高原自然条件的生活能力。所以，这一带的西山诸羌很快地被藏族所同化。十一二世纪喇嘛教兴起后，更加快了这一同化过程，军事占领后的地方，建立寺院传教成为最有力的同化工具。今天散居在青海、云南、甘肃以及四川省甘孜、阿坝两个藏族自治州的藏族就是这个时候开始逐步形成的。《明史·西域传）称：“西番即西羌，种最多，自陕西历四川、云南徼外皆是。”这里所谓“西番”就是自唐代以后被藏族逐步同化的西山诸羌。藏族自称这些地区为“多喀木”或“朵康”，这个称谓出现于吐蕃时代。

吐蕃最强盛之时，除了西藏本身的中心地带之外，还控制了青海和西康地区，总称为曲喀松，意为“三个方面”，即上阿里三围、中卫藏四如、下多康六岗。

其中下多康六岗，就是现在的青海、甘南（今甘肃省甘南藏族自治

---

① 王尧、陈践译注：《敦煌本·吐蕃历史文书》，成都：四川民族出版社，1988年4月。

州）、四川甘孜和西藏昌都地区（今昌都市）。青海、甘南、川西北地区藏语中称为“安多”（a-mdo），简称为“多”，元明时译作“朵”，音同字不同音。甘孜藏族地区和昌都地区在藏语中称为“康”（khams），元明时转写成“甘思”或“甘”。康区的藏族自称康巴（khams-pa），康巴藏族的大部分居住在今昌都和甘孜藏族自治州境内。

从这些资料来看，康巴藏族的族源并非单一的古代民族，而是包括了吐蕃和西山诸羌两种不同的底族源文化。尽管原有的西山诸羌部落在此地早已不复存在，但他们的文化遗迹至今仍然隐约可寻。今天甘孜藏族地区的语言、文化，保留了不少与藏族文化不完全相同的多元性特征，如丹巴县巴府有一种俗称“弓剑舞”的古老舞蹈，当地又称“生日舞”，即生日那天跳这种舞。藏族是不过生日的，而巴底人却过生日，但又与汉族的生日不同。巴底藏民的生日一生只过一次，即49岁那年过一次生日，这一天要跳“弓剑舞”。这种被当地称为“生日舞”的舞蹈极为罕见。据《隋书·附国传》载：嘉良夷“人皆轻捷，便于击剑，漆皮为牟甲，弓长六尺，以竹为弦”，并“带甲舞剑”。歌舞时“鼓簧，吹长笛”。巴底人的“弓剑舞”当是嘉良夷“带甲舞剑”的遗风。

三、吐蕃同化、融合西山诸羌与嘉戎藏族的形成

唐以后，吐蕃统一了整个青藏高原，也统一了“朵康”地区，西山诸羌陆续被藏族同化、融合，并形成了众多的藏族支系集团，嘉戎就是其中之一。

据清代藏文智观巴·贡却乎丹巴饶吉《安多政教史》（mdo smad chos vbyung）载：“朵康”（mdo khams）地区有四大戎（rong chen bzhi）[①]，“嘉戎”

① 智观巴·贡却乎丹巴饶吉：《安多政教史》，兰州：甘肃民族出版社，1982年藏文版，第771页。

是其中之一。嘉戎地区基本上是农业区，居民大多沿大小金川河谷而居，也有在山腰和山顶开田而居的。据当地的居民说，在小金和丹巴之间有一座闻名全藏的神山，名叫“木尔多”（dmu rdo），属于藏族年神类（gnyan）的神山，其神名又有“斯巴嘉尔木”（srid pa rgyal mo）之称。这座神山的周围多为深山河谷，居民大多数从事定居农业，神山的东面是小金川河，西面是大金川河，藏语称“曲钦”（chu chen），其上游梭磨河藏语称“擦曲”（tsha chu）。这两条河在丹巴汇合为大渡河，藏语称“嘉尔木欧曲”（rgyal mo dngu lchu）。“嘉戎”就是以上的山名、河名和环境特点综合而构成的地名。

总的来讲，以木尔多神山为中心的大、小金川流域就是嘉戎的中心地区，它包括小金、金川、马尔康和甘孜藏族自治州的丹巴、道孚的一部分，色达的色尔坝。黑水、汶川、理县虽属于岷江流域，但其藏族居民最早是从大小金川流域迁去的，所以也包括在嘉戎的范围之内。还有雅安地区宝兴县西北部一部分也属于嘉戎地区。居住在上述地区的藏族泛称为“嘉戎娃”（rgyal rong ba 即嘉戎人）。它与“安多娃”“康巴娃”“木雅娃”等一样，仅是对同一民族内部不同地区的居民之称谓。在藏文史籍中俗称嘉戎地区为“东方嘉尔木擦瓦戎”（shar rgyal mo tsha ba rong），相对于北方的阿杂戎（A tsa rong）而言。

历史上嘉戎藏族分两大部分：在邛崃山以西的大、小金川流域和大渡河沿岸的藏族称为嘉戎本部，相当于嘉戎的中心地区，包括四土部（梭磨、卓克基、松岗、党坝），大金部（绰斯甲、曲浸、巴底、巴旺、丹东）、小金部（赞拉、沃日、木坪）。这部分嘉戎藏族据1985年调查约有3—4万人[①]。另一部分散居在邛崃山以东的理县、汶川、芦花和夹金山东南的宝兴、天全、康定以及道孚等地，称为嘉戎冲部，相当于嘉戎的外层。这两大部分的嘉戎藏族在语言、习俗等方面略有差别，其中外层的嘉戎藏族由于与

① 西南民族研究所：《嘉戎藏族调查材料》，1984年10月内部印刷。

汉族大杂居，受汉族文化影响较深。理县、汶川一带的人与羌族杂居，受羌族文化的影响较明显。

历史上与嘉戎藏族关系较多的西山羌有这么几个：

嘉良，此名始见于《隋书·附国传》，其云："附国者，蜀郡西北两千余里，即汉之西南夷，有嘉良夷，即其东部。"按《辞海》民族分册附国条云：附国"分布于今四川西部和西藏自治区昌都地区"。那么其东部的嘉良夷自然位于今嘉戎地区，而且《隋书》所记嘉良夷之自然环境、物产及风俗与嘉戎地区大同小异。

《隋书·附国传》云："嘉良有水，阔六七十丈，附国有水，阔百余丈，并南流，用皮舟而济。"此"嘉良有水"，一般学者都认为指大渡河及其上游大金川河。丹巴梭坡乡一带的大渡河水流缓慢，1949 年之前仍以牛皮船为渡。此外，大金川、小金川也是"南流"之河。其水势因河床变化而异，有的河段比较平缓，完全可以通皮船，与史载"南流""用皮舟而济"的嘉良水相同。又《隋书·附国传》云：嘉良"水有嘉鱼，长四尺而鳞细"。同样大渡河盛产营养丰富的甲鱼、土鱼，还有久负盛名的猫鱼。

《隋书·附国传》载，嘉良夷"言语少殊，不相统一"。就我们调查所得的语言材料来看，嘉戎地区差别较大的语言就有四种：丹巴的水子、梭磨、中路等地藏民操这种被当地称为"官话"的方言——康巴藏语，其发音虽与康定的藏话略有差异，但基本可通，这是第一种。"四土话"也称嘉戎语，嘉戎地区操这种语言的人最多。理县、马尔康、金川、小金、丹巴等县都有讲这种语言的人，这是第二种。丹巴的革什扎、金川的观音桥、马尔康的木尔宗等地操一种特殊的土话，语言专家称"尔龚语"，属于羌语支语言，这是第三种。马尔康的达维地区有与"四土话"存在一定差别的土话，这是第四种。

语言在民族特征中是比较稳固的因素，短期内不太容易形成较大的差别。嘉戎地区上述语言的差异少则也要上千年才可能形成。《隋书》云：嘉良夷“言语少殊，不相统一”，可能较真实地反映了古代嘉戎地区的语言情况。

《隋书·附国传》云嘉良夷“垒石为………高至十余丈”当是指石碉，今丹巴地区称为“卡尔”（mkhar），最高的据说有18层，每层用圆木相隔，外形有呈四角的，也有八角的；每层有箭孔，故又有箭楼之称，有些石碉周围还有其他建筑遗迹。《隋书·附国传》又云：“其土高，气候凉，多风少雨，土宜小麦、青稞，山出金、银。”嘉戎地区的地形、气候、物产、建筑等迄今犹然。

《隋书·附国传》载：嘉良夷“死后十年而大葬”。这既是土葬，又是二次葬。现在丹巴的巴底、耳基坪和小金等地仍流行土葬，其中小金有土葬的祖先坟地，其他革什扎多见水葬，梭坡、中路等乡多见火葬。据当地居民介绍，土葬是最古老的葬俗之一。

通过以上比较不难看出，嘉良夷这个古代民族，虽早已从历史舞台上消失，但其文化痕迹仍在嘉戎藏族中隐约可寻。这些活的文化“化石”证明，隋唐时期西山嘉良夷后来被藏族同化是事实，同化后的嘉良夷无疑是今天嘉戎藏族的重要来源之一。

除嘉良夷之外，唐代西山还有东女国、哥邻国等古羌部“皆散居山川”（见《旧唐书·东女国传》卷197）。其中东女国还是一个比较大的古羌人部落群体或地方政权。

如前所述，东女国的建筑、尚黑习俗以及对女性的尊崇，至今仍在嘉戎藏民的生活当中有所反映。

作为“西山八国”之首的哥邻国，很可能就是羌族史诗《羌戈大战》中的“戈”人所建的政权。按《羌戈大战》记载，“戈”为一大族，居岩洞，今天茂汶一带大量石棺葬被当地羌人称作戈人坟。今阿坝州理县中部薛城一带的藏人还自称“哥邻”，而且自称为“哥邻”的藏人同样存在于汶川、理县、马尔康、小金、金川、壤塘、甘孜州的丹巴，以及雅安地区的宝兴诸县境内。[①]如此看来，几乎所有嘉戎地区都有自称“哥邻”的人。显然，“哥邻”古为大族。“哥邻”之“邻”犹如藏籍中的“霍尔岭”（Hor gling）、“瞻岭”（Vboam gling）等之“岭”一样，并无特殊意义。因此，哥邻国的真正族称应是“哥”。“哥”与“戈”（ko或ka）、“格”（羌族自称“格如”kare）音极为相近，疑是同一个族群的自称在不同时代和地区的不同音记。

“哥邻”被吐蕃征服后称“吐蕃哥末国”，（唐杨谭：《兵部奏剑南节度破西山露本》，《全唐文》卷三七七。）“哥末”即“哥”人之意。“哥”人地区被藏族统治后划入“四大戎”（rong chen bzhi）之一的“嘉尔木擦瓦戎”，简称“嘉戎”，并把居住在嘉戎地区的藏族称为“嘉戎娃”，这是他称。“哥”人被藏族同化后，仍保留其族名，“哥”变音为“格”（ka），加上藏语“嘉戎”之“戎”，自称为“格戎”，这个名称实为古代“哥邻”或“戈”人语与藏语结合的名称，名称本身也真实地反映了古代藏族与“哥”或“戈”人的融合事实。

“戈”人从事农业生产，善于治水，居石洞，葬用无底石棺。[②]今东至岷江流域、西到大渡河流域的广大地区发现的大量石棺葬就是古代“哥”或“戈”人生活的见证（小金纳月山、丹巴革什扎、巴底、中路、金川等地均有石棺葬出土，但未正式发掘）。“哥”或“戈”人被藏族同化后自称“格戎”（ka run），他称“嘉戎”，久而久之，有些地方的“哥”人也自称嘉戎。今马尔康的木尔宗、金川的观音桥、丹巴的革什扎、道孚的城关和瓦日、炉霍的仁达、新龙的下占区等地发现的尔龚（rgu）语，即李绍明所说

① 冉光荣、李绍明等：《羌族史》，成都：四川民族出版社，1985年版，175页，209—210页；马长寿：《氐与羌》，上海：上海人民出版社1985年版。

② 冉光荣、李绍明等：《羌族史》，成都：四川民族出版社，1985年版，209—210页；马长寿：《氐与羌》，上海：上海人民出版社1985年版。

“与‘哥邻’语相近”的语言[①]，可能与古代“哥”或“戈”族的语言有关。

尔龚语（rgu）又称道孚语[②]。除嘉戎地区马尔康的木尔宗、金川县的观音桥、丹巴的革什扎（有人把巴旺话也纳入尔龚语，据调查巴旺话与四土话相通，属于嘉戎语）、道孚的城关和瓦日之外，新龙、炉霍还有少数操尔龚语的人。这些夹杂在藏语中的零星羌语支语言的插花语，无疑是被藏族同化、融合的某一支古氐羌语的残留。它们仅保留在某些村落和山沟之中。

与尔龚语同属于羌语支的语言还有木雅语、史兴语、贵琼语、扎巴语、普米语等。其中木雅人和普米族的来源与先秦时期的牦牛羌有较密切的关系。以此分析，这些零星夹杂在藏语支与彝语支之间的操羌语支语言的群体，历史上具有同源异流的关系。即他们同出自从甘青地区南迁的牦牛羌，以后分散各地，彼此隔绝，各自发展，形成了许多支系集团。唐代载于史籍的“哥邻”羌，当是其中的一支。唐以后，哥邻羌逐渐丧失自己的民族特征而融合于藏族之中，但其语言还未完全被同化，保留了一定的原貌，这就是尔龚语。

关于唐代及其以后，藏族进入嘉戎地区，既有史书明载，又有当地传说为证。

史载大历十四年（779），“吐蕃合南蛮之众号二十万，三道寇茂州，扶、文、黎、雅等州，连陷郡邑”（见《旧唐书》卷十二，本纪第十二）。

又载唐“上元元年后，河西，陇石州县，皆陷吐蕃，赞普更欲图蜀川，累急攻维州，不下，乃以妇人嫁维州门者。二十年中，生二子。及蕃兵攻城，二子内应，城遂陷。吐蕃得之，号无忧城。累入兵寇扰西川”（见《旧唐书》卷四十一，志第二十一）。

---

① 孙宏开:《川西民族走廊地区的语言》，载《西南民族研究》，四川民族出版社 1983 年 6 月第 1 版。

② 载《monu merta Serica》VOLXXIX，1970—1971。

自此，吐蕃占领西川的松州、茂州、维州以及附属的羁縻州，少则数十年，多则百余年。而且，吐蕃每攻下一地便派军驻守，少则数千，多则数万。吐蕃王朝崩溃后，驻守各地的这些吐蕃军队有很大一部分变成了《安多政教史》中所说的“呷玛罗”（ka ma log）部，即“没有赞普命令不得返回的人”，即类似屯垦移民。

唐代吐蕃强盛时期，其势力曾东达今松潘、茂汶等地，嘉戎地区当时基本上处在吐蕃的统治之下，而且是吐蕃政治、经济、军事等重要基地之一。因此，必然有大批吐蕃人迁居此地，其中包括“出师必发豪室，皆以奴从，平居散处耕牧”的吐蕃大批军队。吐蕃王朝灭亡后，原吐蕃军队中的贵族将领们四分五裂，分割一方，变成了世系领主和地方土官。现在嘉戎地区的许多土司自称其祖先来自西藏或自称是吐蕃军队的后裔，就是最好的印证。

巴蜀文化与儒释道

汉晋之际巴蜀地区儒学的传播与发展

颜　信[①]

汉代自武帝在统治者层面对儒学思想的正统加以认同后，儒学教义也在多层面被普遍地接纳，儒学思想逐步成为中国社会主流思想。儒学的“大一统”“尊君抑臣”等思想主张成为这一时期国家治理的重要依据，无论是在政治秩序的维护还是道德行为规范上都能取得行之有效的效果。儒学地位不断巩固，儒学思想广泛传播，儒学已经在这一时期成为一种十分重要的社会信仰。[②]东汉后期社会的动乱对汉室的统治地位形成了冲击，儒学的绝对地位也在这一时期受到了冲击，儒学的中衰现象已经在这一时期出现。汉晋之际的复杂政局和时局之下，儒学能够得以生存与发展则需要较为安定的地区社会环境，这一时期中国南方的巴蜀地区则具备这样的条件。巴蜀割据状态为儒学的传播创造了较为优越的环境，同时儒学在传播过程中受到巴蜀学派等地方本土学派的推崇，儒学思想变得更为丰富。汉晋时期的中原，儒学整体上呈现衰微的局面，但是巴蜀地区的儒学却得以延续与发展，这也为儒学在南北朝时期乃至后世不断发展奠定了良好的基

---

① 颜信，四川师范大学巴蜀文化研究中心助理研究员。2017年四川省社科规划基地重大项目“巴蜀文化的历史价值与传承创新研究”（项目编号：SC17EZD029）、2020年四川省社科规划中华传统文化专项项目“汉唐时期巴蜀地区城市发展与社会变迁研究”（项目编号：SC20ZW005）阶段性成果。

② 孔毅：《汉晋之际儒学信仰的危机与演化》，《云南社会科学》2005年第5期。

础。笔者将试以对汉晋间巴蜀地区的儒学传播与发展情况进行分析，以求对儒学在这段时间发展的情况有所揭示。

一、巴蜀地区儒学的传播

早在儒学兴起的秦汉时期，巴蜀地区就已经是儒学传播的重要地区，儒学传播的途径和形式则是多方面的。一方面借助于秦灭巴蜀后中央王朝为加强对巴蜀地区的控制与教化，大量人口向巴蜀地区的迁入，实现了儒学思想的传播；另一方面则是汉代文翁对巴蜀地区文化教育上面采取的一系列教化措施，加速了儒学在巴蜀之地的快速传播。自文翁化蜀开始直至东汉末期，儒学在巴蜀地区的发展一直都较为平稳。关于秦汉时期巴蜀地区儒学的传播与相关的发展情况受到了不少学者的关注，相关论著如房锐教授的《文翁化蜀对儒学传播的推动意义》(《孔子研究》2007 年第 2 期)；赖华明的《论儒学传入巴蜀》(《四川师范大学学报》1990 年第 5 期)；汤一介、李中华主编，许抗生著的《中国儒学史・两汉卷》(北京大学出版社，2011 年）等都有所论述，可以较为清晰地反映出汉代儒学在巴蜀地区的传播情况。有着这样良好的儒学传播基础，汉代巴蜀地区儒学传播迅速，以儒学为主导的思想影响着巴蜀地区各种思想文化的发展。

东汉时期巴蜀儒学思想更是改变着巴蜀社会的风貌，如儒家所倡导的“正道直行”的思想精髓影响广为传播。其传承了先秦儒家代表孔子主张的“士可杀而不可辱”，孟子倡导的“富贵不能淫，贫贱不能移，威武不能屈”等众多的优秀文化精神，伴随着大量中原文士入迁巴蜀而广泛传播，在巴蜀地区产生了极大的影响。本土巴蜀学派的代表人物杨厚就曾在东汉外戚梁冀擅权之时选择了“自退去，授门徒三千人”[①]，反映出其深受儒家所倡导

---

① ［晋］常璩：《华阳国志》卷一零《广汉士女》，刘琳校注，成都：巴蜀书社，1984 年，第 743 页。

的坚持正义与气节的思想。杨厚在巴蜀地区的收徒授学对儒学在巴蜀的传播有着积极作用，巴蜀学派也在杨氏的推动下不断壮大，其众多学生成为汉晋时期巴蜀地区儒学传播与发展的重要推动者。

两汉时期，儒学思想在各地的传播速度加快，影响的范围也越发广泛，到东汉时，巴蜀地区成为与豫兖青徐司、三辅和吴会齐名的儒家文化繁荣之地。[①]巴蜀地区的儒学繁荣反映出巴蜀地区对儒学思想的接纳，越来越多的巴蜀民众自觉地接受儒学主张。汉代巴蜀地区接受儒学思想的儒士主要由两大类人群所构成：一类是巴蜀地区本土的原住居民为代表的群体；一类则是秦汉以来从区域外迁入的移民，其中不乏来自中原及长江流域的外来移民。正是在这两大类群体的积极推崇之下，儒学在巴蜀地区的兴盛状态空前。

儒学在巴蜀地区的扎根与发展主要在于大量儒士的出现，推动了巴蜀地区儒学的繁荣。儒士的大量涌现从汉代巴蜀地区的具体条件看，一方面在于儒学成为当时的朝廷选拔人才的基本条件，同时中央王朝加强对巴蜀地区思想、政治等上面的治理，巴蜀各地官吏在治理百姓、社会舆论衡量和社会风气评价、个人道德行为评判等多个方面都是依托于儒学思想为依据。巴蜀本地各级官学、私学等教育体系中培养的人多是以儒学观念为重，最为典型突出的则是文翁化蜀对巴蜀居民的教化作用。另一方面则是大量巴蜀籍学者外出求学或为官，接受儒学思想，返回巴蜀地区后对儒学思想的传播起到了较大影响作用。汉末时期，大量的巴蜀学者就有到儒学盛行之地的荆州进行求学的经历，唐长孺先生在其撰写的《汉末学术中心的南移与荆州学派》一文中就巴蜀学人向荆州学派求学的相关情况有所评析。[②]大量求学外地的学者回到巴蜀地区仿效各地学派对儒学的传承模式和教学方式，

---

① 卢云：《汉晋文化地理》，西安：陕西人民教育出版社，1991 年，第 70—72 页。

② 唐长孺：《唐长孺社会文化史论丛》，武汉：武汉大学出版社，2001 年，第 1—12 页。

其中最为有名的则是巴蜀学派为代表的大量儒士出现，他们通过开设私学等加快了儒学的传播，扩大了儒学在巴蜀地区的影响力。

巴蜀地区儒学在巴蜀学派的倡导下快速传播，学派也因此受到汉末三国据巴蜀统治者的重视，以巴蜀学派为代表的巴蜀儒士群体对儒学的传播与发展带来了动力。汉末天下大乱之时，儒学传播受到了严重的阻碍，但巴蜀地区远离乱局中心，这为儒学在汉末三国时期的持续传播和发展创造了条件。汉末益州牧刘焉入蜀得到在京任职的益州籍士人的支持，其中巴蜀学派的代表人物之一董扶极力支持，而董扶正是巴蜀籍儒士之一。刘焉在治蜀中不仅任用大量巴蜀籍儒士，同时也依靠荆州移民的力量维护其统治，据蜀过程中刘焉多是凭借荆州儒士为班底人群实现对巴蜀地区的治理，荆州而来的这些儒士在刘焉治蜀过程中则扮演了重要的角色，同时也进一步将儒学思想加以传播。

三国刘备建立蜀汉政权以后，常常以忠义或道义自诩，而实际上他却深受儒家思想文化的影响，有着浓厚的儒家风格。蜀汉政权治统治时期，他往往以复兴汉室作为自己的目标。曹丕称帝后，刘备则为汉献帝制服发丧，以汉室后裔的继承人为名，立国号为汉，这样可以很好地以儒学维系人心，争取到众多儒士的支持。从辅佐治世的众臣看，其中有不少也是深受儒家精神影响的。刘备最得力的治国丞相诸葛亮则是一个忠节之士。在对巴蜀地区治理过程中，虽有用名法，但是从他在辅佐蜀汉王的过程中所展现出的鞠躬尽瘁和忠义精神看，多是对儒家精神的现实展现。这样的儒家精神深刻影响着当时巴蜀地区蜀汉政权统治阶层和各社会阶层儒学观念的构建，实现了巴蜀地区儒学的传播。诸葛亮在治蜀过程中也采用法家的理念，如澄清吏治、劝民农桑、信赏必罚等政策，因此诸葛亮把法家治术融合到儒家治本的精神中[①]，儒学与多学派的融合实现了巴蜀地区在三国时

---

① 李中华：《中国儒学史·魏晋南北朝卷》，北京：北京大学出版社，2011 年，第 25 页。

期儒学的广泛传播和稳步发展。

巴蜀地区有了良好的儒学发展氛围，儒学之士在这一时期大量涌现，如杜琼、谯周、许慈、郤正、尹默等。巴蜀地区的儒士在蜀汉政权时期不仅自身在传承儒学方面有着诸多成就，同时也在学术教育过程中积极地传授儒学的知识，促进巴蜀地区儒学的发展。史载："益州刺史董荣图画（谯）周像于州学，命从事李通颂之曰：'抑抑谯侯，好古述儒。宝道怀真，鉴世盈虚。雅名美迹，始终是书。我后钦贤，无言不誉。攀诸前哲，丹青是图。嗟尔来叶，鉴兹显模。'"① 这样一段文字可以充分地证明在三国蜀汉末期谯周执掌巴蜀地区的学术教育，积极推动巴蜀地区学术的发展，这一过程对儒学的传播起到了积极的作用，儒学思想的影响力在当时的巴蜀地区占据着重要的地位。

汉晋时期儒学在巴蜀地区的传播从整体上看，儒学伴随着巴蜀地区教育的发展和大量儒士的涌现，呈现出较为稳定的发展态势，儒学思想的传播范围不断地扩大，儒学无论是在统治阶层还是在巴蜀民众中都有着极强的影响力。儒学在巴蜀地区的广泛而持续的传播最为典型的特征则是不断兴盛的巴蜀学派及其学派中的大量儒士。他们不仅自身秉持儒学的思想，习得儒学的精髓，同时也在授学和为官过程中不自觉地将儒学思想加以运用和传播。巴蜀儒学的传播不仅对蜀学自身的完善与发展起到了很好地推动作用，同时儒学与蜀学的相互融合不断丰富了儒学的内涵，保存了儒学的传统。在北方地区儒学思想遭受到冲击和破坏之时，巴蜀地区能够较好地传承和保护儒学传统文化，这为儒学在之后一个时期的持续发展起到了积极的作用。

---

① ［晋］陈寿：《三国志》卷四二《蜀书·谯周传》，北京：中华书局，1982年，第1033页。

二、巴蜀学派对儒学的弘扬

巴蜀学派是汉晋时期在巴蜀地区极为盛行且颇具地方特色的学术派别，对巴蜀地区学术史的传承与发展起到了十分重要的作用。巴蜀学派是集经学、史学、谶纬之学、古文献学等多学科于一体的综合研究学派，学派中则涌现出谯周、杨厚、陈寿、任安等一大批著名的学者。他们不仅在学术上能够与当时中原地区诸学相鼎立对峙，而且其对巴蜀地区乃至全国的社会和政治方面的影响也是不容小觑的，特别是在思想文化方面对巴蜀文化和儒学传统的影响更是巨大。

兴起于汉代末期的巴蜀学派深受儒学思想的影响，其中以广汉（今四川射洪县南部）杨门的谶纬学和巴西（今四川阆中）谯氏的经学为学派代表。就巴蜀学派中杨门所推崇的谶纬学而言，他们将其称为家学。史载：杨厚字仲桓，祖父春卿，善图谶学，为公孙述将。汉兵平蜀，春卿自杀，临命戒子统曰："吾绨袠中有先祖所传秘记，为汉家用，尔其修之。"[①]统感父遗言，服阕，辞家从犍为周循学习先法，又跟随同郡郑伯山受《河洛书》及天文推步之术。杨统作有《加法章句》及《内谶》二卷解说，为官至光禄大夫，为国之三老。杨统的儿子杨厚承袭家学之风，亦修图谶，同时他也"修黄老，教授门生，上名录者三千余人"[②]。杨氏家族作为巴蜀学派中的重要代表，他们世修儒学，史载："统字仲通。曾祖父仲续举河东方正，拜祁令，甚有德惠，人为立祠。乐益部风俗，因留家新都，代修儒学，以《夏侯尚书》相传。"[③]史载称杨厚"弟子雒昭约节宰、绵竹寇欢文仪、蜀郡何苌幼正、侯祈升伯、巴郡周舒叔布及任安、董扶等皆征聘辟举，驰名当

① ［宋］范晔：《后汉书》卷三零《杨厚传》，北京：中华书局，1965 年，第 1047 页。
② ［宋］范晔：《后汉书》卷三零《杨厚传》，北京：中华书局，1965 年，第 1050 页。
③ ［宋］范晔：《后汉书》卷八一《谯玄传》，北京：中华书局，1965 年，第 1048 页。

世”[①]。以杨氏家学为代表的巴蜀学派在汉末三国时期不仅在图谶方面有着很深的研究，同时在家学思想上深受儒学思想的影响，兴办私塾、广收门徒，不少的杨氏学子为官从政，对当时政局产生了一定影响。杨氏家学为代表的巴蜀学派接受儒学思想，学派学者推动巴蜀学术的发展，在学术著作的编纂中不仅保留本地的学术传授谱系，同时也在这一过程中积极吸收儒学思想精髓，结合巴蜀本地的“师学家法”，形成独具特色的地方学术文化特征。

巴蜀学派中的谯氏则致力于经学的传承与弘扬，此派沿袭和遵从东汉的旧有学风与规模，十分注重师法、研究图谶、阴阳、占候之术等方面的内容。谯氏经学派始于西汉的末年，东汉时期在巴蜀学派中的影响力不断加大，其倡导者为谯玄。谯氏家族当时为蜀郡巴西的一个地方大姓。史载：“少好学，能说《易》《春秋》。玄独训诸子勤习经书。”[②]可见其自小习学以经学为主，同时也兼修谶纬学，在思想上接受儒家的传统思想，对儒家文化有着很强的依赖性。在汉成帝时因日食之变，诏举“敦朴逊让有行义者”，谯玄因此得以公车旨京，屡陈灾异。谯玄在王莽摄政以后弃官归家，此后便“训诸子弟勤习经书”。在谯玄之后谯周的父亲谯岍，治《尚书》，兼通诸经及图、纬之学，但在谯周年幼之时谯岍不幸离世，仅为他留下不少经书和图纬书籍。谯周稍长之时，便开始喜读书籍，史载曰：“即长，耽古笃学，家贫未尝问产业，诵读典籍，欣然独笑，以忘寝食。研精《六经》尤善书礼。颇晓天文，而不以留意，诸子文章非心所存，不悉偏视也。”[③]可见谯周在年幼之时已经饱读经书，同时对天文、图谶之学也投入关注与学习，对儒家思想有很高的接受度，儒学思想对其影响作用是巨大的。谯周在继承了谯氏家学之风的同时，也在年少时师从杜琼，成为他的唯一真传

① ［晋］常璩：《华阳国志》卷一零《先贤士女总赞》，刘琳校注，成都：巴蜀书社，1984年，第743页。

② ［宋］范晔：《后汉书》卷八一《谯玄传》，北京：中华书局，1965年，第2666—2668页。

③ ［晋］陈寿：《三国志》卷四二《蜀书·谯周传》，北京：中华书局，1982年，第1027页。

弟子。杜琼自少受学于任安，精研任安之学术，精通经学和谶纬之学。任安则为杨门之学的集大成者，因此谯周拜于杜琼门下，则在其早期接受谯氏家学基础之上更是吸收了杨门之学的精髓，并将两学派的精华加以融合，摆脱两个学派的发展困境。谯周作为巴蜀学派两大派系的集大成者，一方面对儒家思想的各种精髓有深刻的理解，另一方面则将经学和巴蜀本地学术加以结合，实现了巴蜀学派在汉晋之际的融合与发展。

巴蜀学派在汉晋时期的兴起与发展正和儒学思想在巴蜀地区的广泛影响有着十分密切的关系。巴蜀学派在壮大发展过程中，众多的学派学者不自觉地对儒学思想采取了接纳的态度，他们中的大多数人在早期学习中以儒家经典为指导，研习儒家经典，同时也在自己求学、为官、教授等过程中将儒学思想实现推广与传授。从巴蜀学派的学者受教和游学情况看，巴蜀学派的学者在成名以前大多在本地成名，在外受学的情况并不多见，多是以家学等学习为背景。学派的学者在成名以后，因受到儒学思想的影响，多有游学和交游的情况出现，同时也有到中原等地为官的情况。文献记载杨充，少好学，求师遂业，受古学于扶风马季长、吕叔公，南阳朱明叔，颍川白仲职，精研“七经”。李仁则有游学荆州，师从马德操、宋仲子接受古文经学的研习，在古文经学研究方面造诣深厚。三国时蜀人尹默和李仁一起受学司马徽、宋忠等人，他在研习中重点对“五经”有深入的学习，除对经学经典的全面学习外，《左传》也是其精修的内容。由于尹默在《左传》方面所具有的深厚造诣，他曾以《左传》授后主刘禅。蜀汉后主即位之后，任命尹默为谏议大夫、丞相军祭酒，深受蜀汉后主重视，他的儿子尹宗也为博士。从以上的一些巴蜀学派的学者情况可以初略了解到，他们在学术发展过程中不仅秉持巴蜀本土研究的特色，同时也广泛接受外来的学术之风，通过外出求学获取更大的学术升华，儒学在巴蜀学派的发展中扮演着十分重要的角色。

巴蜀学派在对儒学的接受过程中，充分反映出固守本土学术传承和对外来儒学思想的选择性接受的特征。总起来看，汉代，特别是东汉时期，由于当时政局的变化、政治中心的改变，巴蜀学派学者在儒学思想接受过程中重点与洛阳等为中心的地区有较广泛的交流。东汉末期随着荆州地区儒学思想的活跃，加之荆楚之地和巴蜀地区之间地理区位的相邻关系，大量的巴蜀学派学者去荆州地区求学，巴蜀儒学发展与荆州学术思想有着密切关系，特别是经学方面的接受与交流更是甚密。从巴蜀学派学人在学术思想上的追求看，大多数学人在经学方面造诣颇深，史载曰："多贵今文而不崇章句。"[1] 今文经学等深受学者推崇。但据《华阳国志》中的相关文献记载可以反映出巴蜀学派学人除对经学方面有较多学习外，学派中的学者对谶纬、卜筮等也有较为深入的研究，学术思想中的迷信和宗教成分很突出。[2] 巴蜀学派的学术特点最为明显的是大量接受儒学思想、经学主张的同时，学术思想中也糅杂大量的宗教与迷信等内容，对传统儒学思想不仅有所继承，同时也多进行改造，使其具有典型的本土特色。

巴蜀学派在对儒学思想的接受过程中，多对今文经学获益良多，如杜琼师从任定祖，学习经学、艺术等知识。杨宣则在年少时受学楚地的王子张，后向河内郑子侯学习天文、图谶等，学术方面取得很大进步，后教授学生数百人。大量的文献资料记载可以充分反映出汉晋时期巴蜀学派在经学方面取得显著的成就，正如段渝师认为："今文经学之所以成为两汉巴蜀儒家的主流，还在于它是儒家经典融合阴阳五行学说作为基础的，其中的灾异成分占有相当重要的地位；三国鼎立时期，不少巴蜀儒士为蜀汉政权所用，在这一时期，蜀汉儒家一改昔日今文经学之风，学者多治古文经学为主。"[3] 夏增民先生指出："今文经学的昌盛以及谶纬的流行是蜀地学术的

---

① ［晋］陈寿：《三国志》卷四二《蜀书·尹默传》，北京：中华书局，1982年，第1026页。

② 夏增民：《汉晋间蜀地江东地区儒学的传播与地域性发展》，《孔子研究》2009年第1期。

③ 段渝：《巴蜀文化与汉晋学术和宗教》，《中华文化论坛》1999年第1期。

一个鲜明的特色。今文经学的影响是普遍的，但是也有少数人坚持学习古文经学。”[①]汉晋时期巴蜀学派中大量的儒士研习今文经学和古文经学，同时治学上在图谶方面取得了很好的成就，这一时期的儒学也因为巴蜀学派等各类学者的学习与推广，实现了儒学在巴蜀地区的弘扬与发展。

三、巴蜀地区儒学的发展

正如前文所述，汉代文翁化蜀成为儒学在巴蜀地区早期传播与发展的动因，巴蜀学派在汉末兴起，儒学思想在巴蜀全面扎根并快速发展。随着蜀汉政权的建立，儒学思想在巴蜀地区获得了难得的发展机遇。巴蜀地区相对于中国南北各区域有着较为特殊的地理区位，四川盆地作为一个独立的地理单元体在中国古代历史上发展有其特殊性，政治上割据情况时有发生，经济和文化等方面也因为这种特殊的情形而获得独立发展的机会。汉晋时期中国政局大部分地域处于动荡中，战乱频繁，由此带来的经济、文化等方面的破坏明显，而巴蜀地区相对稳定的政局和远离战乱核心区域为经济和文化的发展创造了良好的机会，加之汉代文翁之后儒学在巴蜀的持续传播，儒学得以更为持续地在巴蜀地区不断发展。

巴蜀儒学发展最为具体的表现则是蜀汉政权建立前后各巴蜀儒士在政治、文化、教育等方面所做出的积极贡献。有关蜀汉建国一事的史料记载中，《三国志·蜀书·先主传》一书周群劝进先主刘备一事内容为：

> 魏文帝称尊号，改年曰黄初。或传闻汉帝见害，先主乃发丧制服，追谥越孝愍皇帝。是后在所并言众瑞，……治中从事杨洪、从事祭酒何宗、议曹从事杜琼、劝学从事张爽、尹默、谯周等上

① 夏增民：《汉晋间蜀地江东地区儒学的传播与地域性发展》，《孔子研究》2009年第1期。

言："臣闻河图、洛书、五经谶、纬，孔子所甄，念应自远。谨案《洛书甄曜度》曰：'赤三日德昌，九世会备，合为帝际。'《洛书宝号命》曰：'天度帝道备称皇，以统握契，百成不败。'《洛书录运期》曰：'九侯七杰争命民炊骸，道路籍籍履人头，谁使主者玄且来。'《孝经钩命决》录曰：'帝三建九会备。'臣父群未亡时，言西南数有黄气，直立数丈，见来积年，时时有景云祥风，从璇玑下来应之，此为异瑞。又二十二年中，数有气如旗，从西竟东，中天而行，《图》《书》曰：'必有天子出其方。'……当有圣主起于此州，以致中兴。时许帝尚存，故群下不敢漏言。……臣闻圣王先天而天不违，后天而奉天时。故应际而生，与神合契。愿大王应天顺民，速即洪业，以宁海内。"[①]

据任乃强先生在《华阳国志校补图注》中考证分析认为，本段引文中的"谯周"应当为"周群"，因为当时的谯周仅二十岁，尚未入仕，而"臣父群"合当是"臣群父"三字误倒，群父周舒与任安、董扶齐名，并列为广汉杨厚的杨门学派中的三大弟子，故此"西南数有黄气"云云，盖与董扶所言"益州分野有天子气"同为一事。[②] 在这段引文中所提及的何宗、杜琼是任安的学生，而周家在当时更是名闻一时的观气世家。从这一段文献材料的记载可见，巴蜀学风图谶文纬、天文望气的鲜明特色，更能反映出巴蜀学派基于对邦国乡土的关心。他们为寻求巴蜀地区治理的明君，主动寻求机会参与地方政治，同时为先主提供成为蜀汉政权英主真君的合法继统立论基础。而这种立真君的思想正是儒学思想最为直接的反映。陈寿在

---

① ［晋］陈寿：《三国志》卷三二《蜀书·先主传》，北京：中华书局，1982 年，第 887—888 页。

② 任乃强：《华阳国志校补图注》，上海：上海古籍出版社，1987 年，第 378 页。

《三国志》中记载巴蜀学派代表人物谯周等人关于蜀汉建国的相关内容，充分体现该学派在汉晋时期参与国家政治，为蜀汉政权的建立与发展，巴蜀地区在这一时期持续发展所做出的巨大贡献。

蜀汉政权以复兴汉室为己任，刘备则以汉室后裔名义即位，在巴蜀地区立国，建国号为汉。其目的正是打算利用儒学的思想维系人心，以儒学的理念继续开展在巴蜀地区的治理。就刘备治蜀的相关评价看，多认为刘备忠诚仁厚，施行礼仪。刘备蜀汉治理过程中虽然多用法家思想，如劝民农桑、应权通变等治术，但是这些法家的思想却融合到了儒学治本的精神中，这也是三国时期蜀汉治国吸收法家思想采取儒家治国之术。蜀汉的君臣刘备、诸葛亮等均深受儒家思想的影响，刘备重贤能，诸葛亮重忠节，无不都是儒家之风的现实反映。正是在蜀汉政权所推崇的儒学之风影响下，巴蜀地区儒学思想浓厚，魏正始年间（240—248）的玄学之风并未在巴蜀之地造成影响，反而有大量的巴蜀儒士出现，如杜琼、尹默、谯周等，他们也是巴蜀学派中儒士的典型代表。

蜀汉政权得以巩固和发展，正是儒学思想全面贯彻和运用的结果。刘备在治蜀初期采用汉室的治国制度，如设置儒林校尉、典学校尉、劝学从事等官职，其目的则是为了推行经术。三国中实力最弱且占据控制势力范围最小的蜀汉政权较当时的曹魏政权、孙吴政权明显实力更弱小，为了能快速提升自己的国力，加强文化和教育方面的实力，特设立了博士。正如文献所记载尹默被先主立伟扑（射），教授后主《左传》，而其子宗传其业，为博士。[①] 另史载曰："延熙元年，后主立太子，以李譔为庶子，迁为仆（射），转中散大夫、右中郎将，犹侍太子。……著古文《易》《尚书》《毛诗》《三礼》《左氏传》《太玄指归》，皆依准贾、马，异于郑玄。"[②] 从中原入蜀

---

① ［晋］陈寿：《三国志》卷四二《蜀书·尹默传》，北京：中华书局，1982年，第1026页。

② ［晋］陈寿：《三国志》卷四二《蜀书·李譔传》，北京：中华书局，1982年，第1027页。

的孟光学识渊博，博览群书，尤善经史，特擅长汉家旧典，对《公羊春秋》有深入研究。刘备建蜀汉，拜孟光为议郎，当时和许慈等人共同执掌朝廷礼仪制度，后迁大司农。另一位来自中原地区的来敏也是广阅群书，雅好儒学，特别对《左传》尤为擅长，同时精于《仓》《雅》等的训诂，儒学造诣颇深。蜀汉建立后刘备任命其为典学校尉，立太子后，来敏为家令，后又为虎贲中郎将。来敏之子忠，博览各类经学之书，以经术协赞姜维，被姜维任命为参军。以上的一些儒学志士在蜀汉政权中任有要职，共同治理蜀汉，同时也积极推动儒学的发展。

巴蜀学派的代表人物谯周更是当时的儒学大家，诸葛亮将其任命为劝学从事。谯周在儒学上深受其父的影响，其父对《尚书》尤为擅长，同时对诸经皆通。在谯周父亲影响下，他也对六经等内容有深入的研究，非常善于书札。因此在儒学学术方面著有《论语注》《古史考》《五教》《丧服图》《蜀本纪》《益州志》等十多种。[①] 蒋琬领益州刺史时，谯周为典学从事，总州之学者。后主立太子后，也以谯周为仆，转为家令，以儒学教太子。后迁光禄大夫，位亚九列。[②] 大量的儒士在蜀汉政权中获得重用，这也为儒学在巴蜀大地进一步稳固发展而获得良好的机遇。

西晋实现统一以后，儒学分立和不平衡的发展局面逐步消失，儒学的地域性特征也逐步消失，儒学思想逐步实现了统一。从两晋时期儒学的发展看，由于玄学、佛教、道教的兴盛，儒学地位逐步削弱，儒学发展受到了较大冲击，但汉代以来巴蜀地区儒学思想的广泛传播、三国时期儒学在巴蜀地区的持续发展，保证了两晋时期儒学在巴蜀地区及其江东等多地的存在与发展。东晋时期，鉴于西晋王朝的灭亡，统治者及有志之士开始总

---

① 刘汝霖：《谯周著述表》，《汉晋学术编年》下册，北京：中华书局，1987 年，第 81—82 页。

② 李中华：《中国儒学史·魏晋南北朝卷》，北京：北京大学出版社，2011 年，第 26 页。

结前代的得失，特别注重对思想及意识形态的考察，主要对玄学思潮流行的原因进行了全面的反省。较为一致的看法是：玄学多以儒学立论，弘扬名数，贬损老庄，抬高玄学地位，导致国力衰微。东晋时期，在检讨得失和批判玄学的同时，当权者也大力地提倡敦崇儒教、明经兴学，在政权的建设过程中将儒学思想的重塑作为最重要的内容。正是在这样的主导思想之下，东晋时期的儒学屡次兴起，导致了东晋政权的儒家化，同时也涌现出一大批著述和研究丰硕的儒士，儒学思想再一次成为统治政权的指导思想。

结语

汉晋时期的儒学的传播和发展受到时局的变化出现了衰微的局面，但是在一些地区，儒学的传播与发展则受到诸多因素的影响而获得较好的传播与持续的发展。巴蜀地区在汉晋时期因割据现象的出现，加之蜀汉政权的建立，儒学长期以来无论是在传播范围上还是发展的速度上都呈现出良好的态势。儒学思想在巴蜀地区的受众面不断扩大，特别是伴随着汉代巴蜀学派的快速崛起，学派中大量儒士对儒学的崇尚、儒学思想与巴蜀文化之间的相互融合，进一步地带动着儒家文化内涵的丰富，促使儒学在巴蜀大地的扎根与发展。巴蜀学派在弘扬儒学的同时也不断地将图谶与经学加以融合，呈现出儒学发展的地方化的特征，独具特色的巴蜀学派丰富了儒学思想的内涵，丰富了儒学的内容。巴蜀地区儒学的传播与发展也对当时政权的统治产生了巨大影响，特别是蜀汉政权在对巴蜀地区治理中崇尚儒学，以儒家传统礼仪制度作为治国的理念，结合法家等多种思想，实现了蜀汉在政治、文化、教育等多个层面上的持续发展。汉晋时期，巴蜀地区作为儒学发展的重要地区之一，一方面对汉代以来儒学思想实现了很好的传承；另一方面对儒学在汉晋以后的持续发展起到了较为关键的保护作用，为后世儒学在巴蜀地区乃至全国范围内的传播与发展奠定了一定的基础。

略谈儒释道文化对巴蜀文化的影响

鲁丽莉[1]

巴蜀文化是中华文化中不可或缺的重要组成部分之一，从考古学研究的三星堆和金沙遗址等地的出土文物来看，其与中原的殷墟文化以及良渚文化、红山文化有着千丝万缕的渊源关系，青铜器物技术与造型不无高超。甲骨文蜀字有多种写法，其结构就是头上长有大眼和勾卷身尾的龙造型，据东晋常璩《华阳国志·蜀志》记载："蜀之为国，肇于人皇……有蜀侯蚕丛，其目纵，始称王。"蜀人一支为古羌人后裔，下到川西平原与当地原住民融合。蜀地历经了多个时代，自夏商时期便已经存在，和中原地区的王朝联系密切的时候是在周朝时期。公元前1045年，周王室册封杜宇为蜀王，建都立国为蜀国，据宋代乐史《太平寰宇记》记载，是借用西周建都的历史经过，取周王迁岐"一年而所居成聚，二年成邑，三年成都"而得名蜀都。而巴国据晋代郭璞作注《山海经·海内经》记载："西南有巴国。太皞生咸鸟，咸鸟生乘厘，乘厘生后照，后照是始为巴人。"这里指出巴人是伏羲的后人。公元前1124年，巴国加入了周武王伐纣的战争。在周灭商后正式地成为周王朝的诸侯国之一，并入周王朝的疆域。《华阳国志·巴志》称："巴师勇锐，歌舞以凌殷人，前徒倒戈，故世称之曰：'武王代纣，前歌后舞'，武王既克殷，以其宗姬封于巴。"巴国是周初分封的姬姓诸侯国，巴

---

① 鲁丽莉，清华大学出版社国学项目部主任。

蜀又是如何被秦统一的呢？《华阳国志·巴志》曾载：“周显王时，秦惠文王与巴蜀为好。蜀王弟苴侯私亲于巴，巴蜀世战争。周慎王五年，蜀王伐苴侯，苴侯奔巴，巴为求救于秦，秦惠文王遣张仪、司马错就苴、巴，遂伐蜀，灭之。仪贪巴道之富，因取巴，执王以归。”秦时统一巴蜀，李冰修都江堰集灌、防洪、航运于一体，天府之国开始焕发生机，蜀地成为秦国的粮仓重地。从秦国陕西汉中开凿了两条古道：一条为金牛道，从广元入蜀，直达成都。这条道是唐朝武则天时期从广元到长安的盛世之路，也是李隆基安史之乱的逃亡之路。一条为米仓道，这是关中与巴蜀地区物资运输的交通要道。这两条要道同时也是中原文化进入巴蜀与巴蜀各民族文化交流影响与融合的重要通路。

关于中原文化对巴蜀地区文化的影响，从中原儒释道文化的角度略谈如下：

一、儒家文化进入巴蜀落地生根桃李满天下

儒家提出了三不朽说：“太上有立德，其次有立功，其次有立言，虽久不废，此之谓不朽。”（见《左传·襄公二十四年》）《史记·孔子世家》也记载：“孔子以诗书礼乐教，弟子盖三千焉，身通六艺者七十有二人。”唐代文学家韩愈的《师说》中写道：“古之学者必有师。师者，所以传道受业解惑也。人非生而知之者，孰能无惑？”儒家千百年来一直是积极入世，尚仁德、重礼教，儒家认为“有教无类，人人皆可为尧舜”。秦统一巴蜀为郡，作为秦汉的粮仓大后方，巴蜀的治理与安定不容忽视，派驻官员的选拔为重中之重，独尊儒术的汉代更是选拔儒家实力派作为巴蜀之地的郡守。

文翁，西汉时安徽舒城县人。汉景帝末年，文翁就任蜀郡太守。在西汉早期，蜀地被称为“蛮夷之地”，民众不通文字和礼乐。为了改变落后的民风，文翁打破世家门第的禁锢，选贤举能，提拔聪敏好学的下级官吏到

长安学习，学习费用由官家供给。公元前141年，文翁创办了“石室精舍”，开创了中国地方政府兴办公立学校的先河。文翁兴学广招平民，大兴教化，《汉书》称赞文翁在蜀地办学的功绩：“至今巴蜀好文雅，文翁之化也。”今天的成都石室中学就发源于文翁创建的石室精舍，迄今已有2 150多年的历史。《华阳国志》评价“蜀学比于齐鲁”，《汉书》记载“巴蜀文章冠天下”，可见当时的文风之盛。汉武帝为此下令“天下郡国皆立学官”。历史上，不少巴蜀文化名人都和石室中学有渊源，谯周、彭端淑、刘咸荥、张铮、何其芳、曹葆华、刘骏达都曾在这里任教，而司马相如、扬雄、陈寿、李密、郭沫若都是这个学校的“优秀毕业生”。唐代诗人王维《送梓州李使君》诗中也勉励友人到蜀地后向文翁学习兴办教学、移风易俗：“万壑树参天，千山响杜鹃。山中一夜雨，树杪百重泉。汉女输橦布，巴人讼芋田。文翁翻教授，不敢倚先贤。”明代何宇度在《益部谈资》中记述：“蜀之文人才士，每出，皆表仪一代，领袖百家……岂他方所能比拟。”

李冰父子修建都江堰后，天府之国的美誉终于从天而降，蜀地不但作为历朝的太平粮仓风调雨顺，鲜有战事，也是历代人才的“太平粮仓”，秦岭到巴蜀之路易守难攻方便了文人雅士躲避乱世、修生养性，以做到儒家《孟子·尽心上》所说的“穷则独善其身，达则兼善天下”。从秦开始到汉唐宋明，到巴蜀避难的名家数不甚数，如司马相如、李密、李白、岑参、杜甫、白居易、刘禹锡、李淳风、袁天罡、李商隐、陆游、张咏等。这些举国闻名的时代大家的到来，无疑为巴蜀文化的传承与发展增光添彩，加上了熠熠生辉的历史背书。

诗圣杜甫，唐代著名诗人，与李白合称“李杜”。出生于河南巩县（今巩义市），原籍湖北襄阳，杜甫入蜀，构成他与巴蜀文化之间的一种双向互动关系。杜甫在巴蜀完成其众多经典名篇，也对巴蜀文化产生了巨大影响。杜甫的思想核心是仁政思想，他有“致君尧舜上，再使风俗淳”的宏伟抱负。乾元二年（759）七月，杜甫弃官，“满目悲生事，因人作远游”。年底到达成都，在成都西郊盖了一所草堂，杜甫在四川漂泊了八九年，他经常过着“生涯似众人”的日子。他爱和劳动人民往来，“不爱入州府，畏人嫌我真。及乎归茅宇，旁舍未曾嗔”。杜甫在四川时创作的题材范围有所拓展，相较于前期的关注时事政治，杜甫在川开始创作关注百姓生活的农事诗，比如《为农》《种莴苣》《茅屋为秋风所破歌》《闻官军收河南河北》《又呈吴郎》《遭田父泥饮》《诸将》《秋兴》《岁晏行》等都是这时期优秀的作品，创造性地赋予七言律诗以政治和社会内容。后期受到樊晃、韩愈、元稹、白居易等人的大力揄扬。苏轼、黄庭坚、文天祥等人也深受杜甫忧国忧民思想的影响。

说到巴蜀儒家的落地生根就不得不提清朝被誉为“川西夫子”的刘沅了。刘沅号青阳子，双流县云栖里（今成都市双流区彭镇柑梓社区）人，清代四川著名国学大师。刘沅先生生逢清代学术鼎盛时期，师承徐十樵、静一道人、野云老人等。嘉庆元年，刘沅之兄刘芳皋中进士出任翰林院庶吉士散馆，刘沅随之北上。兄弟二人途经湖北当阳县（今当阳市）紫柏山时，刘沅遇到了他一生当中的第一个高人：静一道人。这位隐居于紫柏山的静一道人，向刘沅讲解了养身之道，还向其赠予一部《道德经》。静一道人的教诲让刘沅“讶其与吾儒同”，发现道家修养理论与儒家道德似有相通之处，这对刘沅无疑起到潜移默化的作用，可以说为刘沅日后留心道学、自成一说，在学修上开辟“贯通儒道”的道路奠定了重要的基础。嘉庆十八年（1813），刘沅移居成都，因宅院中有一株老槐树，故名“槐轩”。刘沅在槐轩治学讲学40余年，他通常让学生自学，定期解答疑难，并指导学生每日晨昏静坐，养心存神，强身健体。学费不计多寡，视学生家财而定，家庭贫困者亦可免费读书。刘沅先生治学严谨，经史功底深厚，其著作《槐轩全书》，以儒学元典精神为根本，融道入儒，会通禅佛，又创立槐轩学派，教书育人。他在医学上也颇有成就，是名医郑钦安的老师，被后世尊为“火神之祖”。据《清史稿·刘沅传》记载，他的学生多达数千人，遍及省内外，百余人考中进士、举人，300余人考中贡士，清末民初的蜀中国学大师刘咸炘、颜楷、钟瑞廷、刘芬等均出自其门。

清末以及民国和全面抗日战争时期，巴蜀的特殊属性更是让巴蜀近现代人才汇聚。当代的南怀瑾先生在巴蜀游学近十年，遍访名师，终成为一代不可多得的儒释道通达的国学大师，传道授业几十年，晚年更是回到祖国兴办教育直到最后一息，为中华文化振兴播种、培养后继人才。

二、佛教文化的积累与沉淀

佛教进入中国，巴蜀确为重要道路枢纽之一，近年来巴蜀地区发现不少东汉晚期的佛教造像。唐代以来，在中国固有文化基础上，佛教的禅宗对巴蜀影响极大。南北朝时期，佛教由南北交错传来遍及巴蜀盆地，摩崖石刻造像遍布川中。广元千佛崖有北朝造像，茂汶、西昌、成都万佛寺与龙泉山北周文王碑都有南朝和北朝的石佛像，表明佛教传播在巴蜀已很广泛。巴蜀地区的著名弹林寺院有成都的昭觉寺、大慈寺、文殊院、宝光寺，梁山（今梁平）的双桂堂，遂宁的广德寺，内江的圣水寺，重庆的华岩寺等。佛学界有“言蜀者不可不知禅，言禅者尤不可不知蜀”之说。

文献记载中历代高僧进入巴蜀的有：①东晋时的释法和。《高僧传》卷五《释法和传》云：释法和，荥阳人也。少与安公同学，以恭让知名。……因石氏之乱，率徒入蜀。巴汉之士，慕德成群。②东晋名僧慧远之弟慧持。《高僧传》卷六《释慧持传》云：庐山莫匪英秀，往反三千，皆以持为称首。③晋安帝时的凉州禅僧释贤护人蜀。《高僧传》卷一一《释贤护传》云：释贤护，姓孙，凉州人，来止广汉阎兴寺，常习禅定为业，又善律行，纤毫无犯，以晋隆安五年卒。东晋后期蜀郡已设置了僧官——僧正，说明僧侣众多，需有专职管理。④南宋时期长安的释昙弘。《高僧传》卷一一《释玄高传》云：昔长安昙弘法师，迁流岷蜀，道洽成都。元嘉初，又有禅僧罿良耶舍，西游岷蜀，处处弘道，禅学成群。⑤宋初释智猛人蜀传授禅法，并著《沙门智猛游行外国传》，流传于蜀中。⑥元时释僧隐是人蜀弘传戒律、禅法的高僧。《高僧传》卷一一《释僧隐传》云：释僧隐，姓李，秦州陇西人。……学尽禅门，深解律要。高公化后，复西游巴蜀，专任弘通。⑦释道汪是长乐（今江苏境内）人，13岁即投庐山慧远而出家，其后“研综经律，雅善《涅盘》”，至成都后，即得蜀中道俗之敬重。征士费文渊即从受学，并为立寺于成都城之西北，名为祇洹寺。于是“化行巴蜀，誉洽朝野”。⑧萧梁时期，释慧韶至蜀后，果然“于诸寺讲论，开导如川流”。⑨智诜禅师，俗姓周，汝南（今河南）人。唐代高僧，禅宗静众－保唐禅派奠基人。13岁出家，唐太宗贞观十九年（645）玄奘法师从天竺取经回国，智诜前往长安，拜玄奘法师学习经论。十几年后，智诜熟知了佛教的经藏和论藏，对日益兴盛的禅法产生了浓厚兴趣，便辞别玄奘，到湖北黄梅县冯茂山投奔禅宗五祖弘忍禅师学习禅法。常住资州（今四川资中）德纯寺30余载。其弟子处寂继承了智诜的禅宗学说，并在资州德纯寺等处弘扬禅法，后处寂传法与无相禅师。无相禅师，唐代高僧，人称“金和尚”，朝鲜人，住成都净众寺。无相传无住，由此开创了中国禅宗的净众－保唐禅派。四川的寺院丛林与四川禅宗的发展是密切相关的。

三、道教文化在巴蜀移风易俗与传承发展

世界上的几大宗教中在中国土生土长的宗教是道教。《左传》说：“祀，国之大事也。”古人从“万物有灵”的观念出发，认为天地日月、河海山岳都有主司的神灵。又认为，人死之后，灵魂离开肉体，即变成鬼。由此在古代的信仰世界中，逐渐形成了一个包括天神、地祇和人鬼的庞大神灵系统。孔子说，禹“菲衣食而致孝乎鬼神”。夏禹治水很劳苦，他宁愿衣食简单点儿，但孝敬鬼神的祭祀却从不马虎。东汉道教天师张道陵结庐传道

“静思精至”“整理鬼气”的基地在巴蜀。张道陵，字辅汉，东汉丰县（今江苏徐州丰县）人，张道陵入蜀，面对的是当地“俗好巫鬼”“俱事鬼神”的习俗。张道陵在传教过程中，一方面“因俗为制”，不排斥民众的鬼神信仰。他改造巴蜀原有仙鬼巫术，建立神系、宫观组织、教区组织和斋戒仪轨，将以前邪正不分的鬼神崇拜，以是否合道利民为标准来进行清理。神之所以为神，就在于其遵道而行，以利民为心。这样的神，才值得祭祀、祈祷。若求民血食，费民财物，则是邪神。这样的神，不值得祭祀。若祭祀之，则是淫祀。另一方面张道陵不排斥民众对正神的祭祀，同时又指出，信仰的核心不在于此。道教典籍《老子道德经想尔注》说：“天之正法，不在祭啜祷祠也。”信仰的核心在于信道。道乃是宇宙万化的根本。张道陵在传统的鬼神信仰中注入了道的内涵，从而提升了信仰的层次。人们信奉神灵，不仅在于神能消灾免祸，赐福生财，更在于神与道通，由敬神可进而体悟大道。《想尔注》中说：“道者，天下万事之本也。”《想尔注》还指出，“行善，道随之；行恶，害随之也”。要达到宝精长生的目的，还必须多积善功。《想尔注》给人们树立了一个理想人格，就是“自威以道诫，自劝以长生”，即自觉地以天地之道所规定的戒律来约束自己的行为，摒弃一切不合道理的世情俗态，清虚自守，卑弱自持，无论顺境、逆境，始终如一地追求崇高的精神境界。张道陵创教之始，即奉老子为道祖，以老子的《道德经》作为教化信众的基本经典。为帮助信众理解《道德经》，他亲自撰写《老子道德经想尔注》。史载汉代天师道的信众，人人都诵习《道德经》。为进一步确立《道德经》作为道教圣典的地位，系师张鲁亲自删定《道德经》为 5 000 字，史称“系师定本”。道教中人一直奉《道德经》为圣典。历代道教徒学道修真、济世度人，莫不潜心研习、领悟《道德经》的主旨。时至今日，《道德经》被翻译到世界各地，成为西方学者了解和学习东方哲学的重要经典。张道陵还创立了教区组织“二十四治”。初期的二十四治全在四川盆地西部，以阳平治（今彭州）为中心，鹿堂治（今绵竹）和鹤鸣山治（今大邑）最为重要。汉代天师道所施行的教化，如教民诚信，不欺诈，就遵循《道德经》所说的“言善信”的主张和“信不足焉，有不信焉”的告诫。各治祭酒于道路旁，设“义舍”，内置米肉供行人食用，就体现了《道德经》所说的要让人们“实其腹”的主张。上文提到川西夫子刘沅融道入儒，兴办教学助建寺庙，和道教在巴蜀的移风易俗、善施教化有关。由此可见，天府之国得天独厚、人杰地灵是和巴蜀人民勤劳淳朴、好学乐道息息相关的。

五代前蜀时，著名高道杜光庭入蜀定居青城山白云溪清都观，主持青城山及全蜀教务，著书立说，为道教理论建设做出了巨大贡献，被誉为“扶宗立教，天下第一”。杜光庭，道号东瀛子，处州缙云（今属浙江）人，唐末五代时期高道。中和元年（881），随僖宗入蜀，号“广成先生”。他对《老子道德经》的研究颇有成就，将以前注解诠释《道德经》的60余家进行比较考察，概括意旨，分为“五道”“五宗”，对“重玄之道”尤其推重。他调和儒、道二家的思想，“非谓绝仁、义、圣、智，在乎抑浇诈聪明，将使君君、臣臣、父父、子子，见素抱朴，泯和于太和，体道复元，自臻于忠孝”。他与诗僧贯休友善，每相戏谑。由此可见，巴蜀大地作为汉唐的物质和避难的大后方，儒释道各家也在这里因着蜀地天府之国的风调雨顺孕育着各家各派的交流与融合，尤其对佛教接地气的本土化起到了重要的作用，中华大地的祥和与包容使各种民族文化在这里美美与共，各美其美。

“传真天师”杜光庭的道论

孔令宏[①]

杜光庭（850—933），字宾圣，道号东瀛子，浙江缙云县人。876年春季至877年夏季之间，由剑阁经梓潼入成都，此后足迹遍至蜀中各地。杜光庭在蜀中，得到了前蜀皇帝王建的赏识和重用。曾任户部侍郎、谏议大夫、光禄大夫、检校太傅太子宾客、传真天师崇真（文）馆大学士等职。王建对其“礼加异等，事越常伦”，不仅除授其为尚书户部侍郎上柱国蔡国公，赐号广成先生，还特降恩旨，让杜光庭每遇起居朝贺，独入引对，不与“道众僧人齐班”。杜光庭专门写了《谢恩奉宣每遇朝贺不随二教独入引对表》，向皇帝王建表达自己的感激之情。此谢恩表又被王建宣付史馆，令史馆将其编入国史，这一行动本身就是对杜光庭的极高礼遇。杜光庭在前蜀国内的地位，确实达到了他自己所说的“宠荣增极”的地步。王建死后，王衍即立，乾德三年（921）封他为传真天师兼崇真馆大学士，此后不久即解官隐青城山白云溪，死后葬于青城山清都观，终年85岁。

杜光庭在道教哲学方面贡献良多，本文专就其道论进行探讨。

---

① 孔令宏，1969年出生于云南弥勒，哲学博士，现为浙江大学道教文化研究中心主任，教授，博士生导师，主要研究道教、中国哲学。

一、“不滞有无，不滞中道”的“重玄之道”

杜光庭的《道德真经广圣义》对他之前60家所注解的《道德经》进行了分析。他认为，就事迹而言，有明理身、理家、理国、因果、重玄、虚极、无为之道的区分；就理体而言，诸家的宗旨也不相同，有虚玄、无为、道德、非有非无、重玄之别。以虚玄为宗者有严遵、王弼、何晏、郭象等。严遵注老不拘泥于章句，而注重义理的发挥，例如，他对“道”注释说：“万物所由，性命所以，无有所名者，谓之道。”“道体虚无，而万物有形。”① 这是以无名、虚无规定道的本性。又如，他对有、无、虚、实做了如下规定：“虚之虚者生虚虚者，无之无者生无无者，无者生有形者。”“有生于无，实生于虚。”“无动不生，无而生有。”②

同样是遣有归无、遣实归虚。严遵乃扬雄之师友，扬雄《太玄》在营造博大的哲学体系时，是明确以“玄”标宗的，并解释说：“玄者，幽攡万类而不见其形者也。”③ 这也是用“无形”规定“玄”的本性。可见严遵对扬雄确实不无影响。杜光庭所列以虚玄之宗者还有王弼、何晏、郭象等人。他们均是玄学家，皆从玄学立场注释《道德经》。严遵开了以虚无立宗注释《老子》的先河。考察《老子指归》的思想，可以更好地了解魏晋贵无论酝酿、产生的前期过程。④ 杜光庭以严遵为虚无之宗、之首，确是对玄学渊源的洞见。

重玄之家以孙登为首。孙登乃孙盛之侄，孙盛是东晋大思想家，学问渊博，“善言名理”。孙登从学于孙盛。孙盛作《老子疑问反讯》，其中说道：“《道德经》云：‘故常无欲以观其妙，故常有欲以观其徼，此两者同出

① 严均平：《指归论》，《道藏》第12册，第370页。

② 严均平：《指归论》，《道藏》第12册，第349页。

③ ［西汉］司马光：《集注太玄经》，《道藏》第27册，第724页。

④ 任继愈主编：《中国哲学发展史》（秦汉），北京：人民出版社1985年版，第650页。

而异名，同谓之玄，玄之又玄，众妙之门。’旧说及王弼解，妙谓始，徼谓终，夫观始要终，靓妙知着，达人之鉴也。既以欲澄神昭其妙始……何以复须有欲得其终乎？宜有欲俱出妙门，同谓之玄，若然以往，复何独贵于无欲乎？”①这是对以虚无为宗的严君平、王弼于有欲与无欲、始与终、妙与徼遣其一端，执着一面的有力批评。然而作为孙登重玄学之宗的双遣方法也于此崭露端倪。蒙文通先生说：“重玄之说，实由‘有欲俱出妙门，同谓之玄’之难诘而属之也。”②可见，重玄思想是在对老子的“故常无欲以观其妙，故常有欲以观其徼，此两者同出而异名，同谓之玄，玄之又玄，众妙之门”进行解释时，纠正执着于虚无之偏的解释而产生的。

孙登之后，南朝道教学者们对这一思想有所阐发。对玄学贵无与崇有的偏执，后世学者们从两个方向力图进行纠正。道教学者们主张要兼顾有与无两个方面。顾欢解释“有之以为利，无之以为用”，说：“神为存生之利，虚为致神之用，明道非有非无，无能致用，有能利物，利物在有，致有在无，无谓清虚，有谓神明。而俗学未达，皆师老君全无之道，道若全无，于物何益？今明有之为利，利在用形，无之为用，以虚容物故也。”③臧矜也持类似的主张。这大体上可以视为以无为体，以有为用。

佛教学者们主张要对有与无均进行否定。罗什师徒所立中观学派被称为“三论宗”。三论宗最著名的思辨方法是“中道”方法。何为“中道”？隋唐吉藏《中观论疏》解释说：“非有非无则是中道。”④他在《大乘玄论》卷四说得更详细：“虽无而有，不滞于无；虽有而无，不累于有。不滞于无，故断无见灭；不累于有，故常着冰销……不累于有，故不常；不滞

① ［唐］释道宣：《广弘明集》卷五，《四部丛刊初编》本，上海：商务印书馆，1919年版，第0473册，第62页。

② 蒙文通：《古学甄微》，成都：巴蜀书社1987版，第350页。

③ 顾欢：《道德真经注疏》，《道藏》第13册282页。

④ 汤用彤：《隋唐佛教史稿》，北京：中华书局1982年版，第124页。

于无，故非断，即中道也。”[①] 既不滞于有，也不滞于无，不常不断，就是中道。

此后，成玄英对这两个方向的纠偏做了综合。李荣在成玄英的基础上进一步推演道：“借玄以遣有无，有无既遣，玄亦自丧，故曰又玄。又玄者三翻不足言其极，四句未可致其源，廖廓无端，虚通不碍，总万象之枢要，开百灵之户牖，达斯趣者，众妙之门。”[②] 俗人容易滞于有，学道者容易滞于无，既不滞于有，也不滞于无，这是玄。但这还不够，还要把对玄的执着也祛除，无所局滞，保持思想的开放性，无限逼近对终极真理的认识，这才是重玄。

杜光庭直接因陈了成、李的重玄理论，并对其做了阐发。在理体上，他推崇孙登的重玄，在事迹上，他认为要把理身与理国结合起来。理体必须结合于事迹，所以他尤其推崇唐玄宗之注，因为它把理身与理国紧密结合起来了。而且，他本着孙登的重玄宗旨对它做了补充和发挥。对“玄”，他认为：“玄，深妙也，不滞也。”也就是对事物持否定态度，不执着。对“又玄”，他说：“寄又玄以道玄，欲令不滞于玄，本迹两忘，是名不住，无住则了出矣。”[③] 就形而上而言：“道之为无，亦无此无，德之为有，亦无此有。斯则无有无，无执病都尽，乃契重玄，方为双绝。”[④] 重玄的思辨方法要求人们既不执着于有，也不执着于无，因为“执无者则病于有，执有者则病于无。”但一般人要做到这一点很难。唯有“圣人知道非有非无，两无所执，能病所执，是以不病。”[⑤] 不执着就是忘。根据这一点，杜光庭对重玄方

---

① 汤用彤：《隋唐佛教史稿》，第 124 页。

② 强思齐：《道德真经玄德纂疏》，《道藏》第 13 册，第 361 页。

③ 杜光庭：《道德真经广圣义·道可道章第一》“玄之又玄，众妙之门”疏，《道藏》第 14 册，第 344 页。

④ 杜光庭：《道德真经广圣义·释疏题明道德义》，《道藏》第 14 册，第 347 页。

⑤ 杜光庭：《道德真经广圣义》卷四十六，《道藏》第 14 册，第 548 页。

法总结道："夫摄迹忘名，已得其妙，于妙恐滞，故复忘之，是本迹俱忘，又忘此忘，总合乎道。有欲既遣，无欲亦忘，不滞有无，不滞中道，是契都忘之者尔。"[①] 这里所说的"不滞有无，不滞中道"是对此前"重玄之道"思想的一个很好概括。

作为一种理论方法，重玄和佛教禅宗"四照用"的方法有相似之处，二者都是要剥落主体能思能执的功能。但是作为一种思想体系，重玄又与佛教意趣相异。佛教以周围世界为虚幻不实，修炼讲究存思存神。从实质上讲，佛教是"不有"，道教是"无执"，其分殊由此可见一斑。但是，重玄理论对佛教确有涵摄之功，南北朝时期佛道互相诘难，佛教对道教也有吸取，但就这一时期总的态势来说，是"融合贯通少，模仿乃至抄袭比较多"[②]。这一局面到了唐代才有改变。

二、作为本体与本源的道

重玄既是一种思想体系，又是认识终极真理的方法。就后者而言，"道"就是道教的终极真理。

杜光庭对"道"有如下几种含义的界定：①道在气物、形质之先；②道超有无、时空；③道是万物运动之根源；④道即气；⑤道可悟得；⑥道即老君。前 3 种含义是就本体论而言，第 4 种含义是就本源论而言，第 5 种含义是就认识论而言，第 6 种含义是就宗教理论而言。这里先谈本体论。

杜光庭认为，道存在于万事万物中："道非阴阳也。在阳则阳，在阴则阴，亦由在天则清，在地则宁，所在皆合，道无不在。非阴阳也，而能阴

---

① 杜光庭：《道德真经广圣义》卷六，《道藏》第 14 册，第 344 页。

② 曾召南：《简论南北朝时期的儒释道关系》，四川大学学报编辑部、四川大学宗教研究所编：《宗教学研究论集》，四川大学学报丛刊第二十五辑。

能阳；非天地也，而能天能地；非一也，而能一；周旋反复，无不能焉。”[①]道虽然存在于万物中，但并不混同于万物。它是万物之所以成为自身的依据。这就是说，道是万物的本体。

杜光庭认为，作为万物的本体，道可以通过对有与无相互关系的考察而加深认识。他说：“无者，道之本；有者，道之末。因本而生末，故天地万物形焉。形而相生，是生于有矣。考其所以，察其所由，皆资道而生，是万有生于妙无矣。能自有而复无者，几于道矣。”[②]无为道之本，有为道之末，因本而生末，于是万物产生。万物产生后，不再是自无生有，而是有有相生。但归结起来，这两种情况都是依据道而生，万有生于妙无。妙无就是道。之所以要把道界定为妙无而不是通常所说的无，是因为学道者容易拘泥于无来认识道，不合重玄本义。正是在这个意义上，杜光庭对上述所谓“生”的思想解释说：“此明有无性空也。夫有不自有，因无而有。凡俗则以无生有。无不自无，自有而无，凡俗则以有生无。故云相生，而有无对法，本不相生，相生之名由妄执起，亦如美恶非自性生，是皆空。”[③]这里的言外之意，是对有、无不可执着，对无生有、有有相生，同样不可执着。

通过有无关系明了道的本体性后，杜光庭进而考察了道的性质。他系统地总结了前人对道的种种描述，认为道的“形体”有“虚无”“平易”“清静”“柔弱”“淳粹”“素朴”六个方面：“此六者道之形体也。虚无者，道之舍也；平易者，道之素也；清静者，道之鉴也；柔弱者，道之用也；淳粹者、素朴者，道之干也。”他认为，能够把这六个方面作为行动的原则并遵守它们的人就是“道人”，因为他们“行与道同，故曰能顺事而不滞，悟

---

① 杜光庭：《道德真经广圣义》卷三十一，《道藏》第 14 册，第 463 页。

② 胡道静、陈莲笙、陈耀庭选辑：《道藏要籍选刊》，上海：上海古籍出版社 1989 年版，第 2 册，第 166 页。

③ ［元］刘惟永编集：《道德真经集义·天下皆知章》，《道藏》第 14 册，第 128 页。

言教而同道也”[①]。

上述六个方面中，杜光庭认为，虚无是根本性的。为此，他专门把虚无提出来与自然并列，讨论了它们与道的关系。他在《道德真经广圣义》中说：“大道以虚无为体，自然为性，道为妙用。散而言之，即一为三，合而言之，混三为一，通谓之虚无自然大道归一体耳。非是相生相法之理，互有先后优劣之殊也。非自然无以明道之性，非虚无无以明道之体，非通生无以明道之用。”[②]这可视为他对虚无、自然与道三者关系的总论。其要点主要是两个：一是大道以虚无为体，以自然为性，以道为用；二是虚无、自然、道三者是相统一的，三者之间不存在着相生相法的关系，也不存在先后、优劣之别。在这个总论的指导下，杜光庭对三者分别做了论述。对于虚无，他引孔颖达《周易正义》的话解释说：“义曰：道者，虚无之称也。以虚无而能开通于物，故称曰道无不通也，无不由也。若处于有则为物滞碍，不可常通。道既虚无为体，无则不为滞碍，言万物皆由之而通，亦况道路以为称也。……无中之有，有中之无，不得指而定名。”正因为虚，所以能变为实；正因为无，所以能生有。道正因以虚无为体，所以能够通生万物而不会遭遇障碍而停滞。体与用是相互依存的。没有虚无之体，也就没有道之用。通生万物是道之用。对于道之用，杜光庭说：“义曰：夫道之无也，资有以彰其功。无此有则道功不彰矣。物之有也，资道以察其质，无此道则物不生矣。”[③]无通过有而表现其存在，道通过无而表现其通生万物的伟大功能。至于自然，主要表明道的存在的客观性、不可改变性。

杜光庭进而根据上述思想推导出道的三个方面的含义，即理、导、通。这并非他的首创，他在《道德真经广圣义·释疏题明道德义》中说：“臧玄

① 杜光庭：《道德真经广圣义》卷二十，《道藏》第14册，第408页。

② 胡道静、陈莲笙、陈耀庭选辑：《道藏辑要选刊》，上海：上海古籍出版社1989年版，第2册，第111页。

③ ［元］刘惟永编集，《道德真经集义·三十辐章》，《道藏》第14册，第297页。

静云：‘道者通物，以无为义。’”又说：臧玄静云：“智能为道体，神通为道用也。”又云：“道德一体而具二义，一而不一二而不二。二而不二，由一故二；一而不一，由二故一。不可说言有体无体，有用无用。是无体为体，体而无体；无用而用，用而无用。然则无一德非其体，无一用非其功，寻其体也，离空离有，非阴非阳，视听不得，搏触莫辩，寻其用也，能权能实，可左可右，以小容大，以大容小。体既无已，故不可思议之；用而无功，故随方不示见。”

这说明，杜光庭认为道有理、导、通三个方面含义的观点，是对臧玄静即臧矜思想的继承与发展。他对此做了详细的阐述。他认为，道的含义有三方面：“一理也，二导也，三通也。”具体来说，“理者，理实虚无，以明善恶；导者，导执令忘，引凡入圣；通者，通生万法，变通无壅”[①]。“理”即客观地存在于现象背后的“虚无”之实体。在社会生活中，它是善恶规范的依据，所以具有鉴别善恶的功能。“导”的含义，一是返归真性之本而去妄情，二是“摄有用之迹，归无为之本”。这包括理身与理国两个方面。“通”是生化万物而无滞碍。

如果以体用这一对范畴而论，理为体，导、通则属于用。体为形而上，用为形而下。对二者的关系，杜光庭继承《易传·系辞上传》“形而上者谓之道；形而下者谓之器”的思想而阐发说：“形而上者道之本，清虚无为，故处乎上也。形而下者道之用，秉质流行，故处乎下也。显道之用以形于物，物秉有质，故谓之器。器者，有形之类也。……此乃道是无体之名，形是有质之用。凡万物从无而生，众形由道而立，先道而后形，道在形之上，形在道之下。故自形而上谓之道，自形而下谓之器。形虽处道器两畔之际，形在器上，不在道也。既有形质，可为器用，故云形而下者谓之器。

① 杜光庭：《道德真经广圣义》卷五，《道藏》第14册，第337页。

夫道，无也。形者，有也。有故有极，无故长存。”[①] 在他看来，道无形无体，为无；器则有形有质，为有。道在器先，器由道立。道是体，器是用。这一思想，被后来五代时的道士施肩吾简洁地加以概括为：“形而上者谓之道，形而下者谓之器。上以下为基，道以器为用。”[②]

道如何生化万物，是涉及道的体与用的大问题。为此，杜光庭探讨了本源论。具体地说，就是探讨了道与气的关系。

对道与气的关系，前人已经有所探讨。《淮南子》说：“道始于虚廓，虚廓生宇宙，宇宙生元气，元气有涯垠，清阳者薄靡而为天，重浊者凝滞而为地。天地之袭精为阴阳，阴阳之专精为四时，四时之教散为万物。”[③] 由此可引申出道生气的观点。那么，道与气在化生万物的过程中究竟如何在职能上分工呢？《老子河上公章句》说：“言道禀与，万物始生，从道受气。”[④] 这里虽然提到“从道受气”，但对于道与气的关系却说得不够清晰。《太平经》进了一步，它指出：“夫道者何等也？万物之元首，不可得名也。六极之中，无道不能变化。元气行道，以生万物，天地大小，无不由道而生者也。故元气无形，以制有形，以舒元气，不缘道而生。”[⑤] 元气之上还有更加根本的道，“元气行道”明确地把气与道的功能做了分工，道是万物的主宰，是万物变化的根据。元气则具体生化万物，但在这过程中道仍然发挥控制、规范的作用。这暗含有道是元气生化万物的意思。《太平经》的这个思想对此后的道教有深远的影响，基本上奠定了道教对道与气在化生

---

① 杜光庭：《道德真经广圣义·三十辐章》第十一，《道藏》第 14 册，第 370 页。

② 《西山群仙会真记》卷一《识物》，《道藏》第 4 册，第 426 页。

③ ［西汉］刘安：《淮南子·天文训》，高诱注《诸子集成》，第 7 册，北京：中华书局 1954 年版，第 35 页。

④ 《老子河上公章句》虚心第二十一释“以阅众甫”，《道藏》第 12 册，第 6 页。

⑤ 王明：《太平经合校》卷十八至三十四《守一明之法》，北京：中华书局 1960 年版，第 16 页。

万物过程中道靠气来推动而发挥作用的思想。杜光庭在这基础上做了发展。他说："道，通也，通以一气生化万物，以生物故，故谓万物之母。"[①] 在他看来，道最根本的特性在于"通"，气最根本的特性在于"生"。"通"体现的是规律性，"生"体现的是变化性。在杜光庭看来，在万物衍生的过程中，道的功能体现为衍生这一运动的规则、规范、规律、秩序，也就是变中的不变性、稳定性。气的功能体现为衍生这一运动的具体活动，即变化的方面、不稳定的方面、适应环境的方面。这就是说，道与气的功能是有区别的，道的功能是"通"，气的功能是"生"。道在化生万物中起控制的作用，具体的化生万物则是元气的功能。杜光庭所提出的"道通气生"的命题，对道气关系的争论做了一个总结："以其道气化生，分布形兆，乃为天地。而道气在天地之前，天地生道气之后。"[②]

杜光庭认为，以道通气，"通"与"生"两性相合，"道——气"则达于直接的无差别的同一。所以说："道者，虚无之气也。混沌之宗，乾坤之祖，能有能无，包罗天地。"[③]把道直接等同于气，也就是把本体与本源合而为一成为"混元"，目的是把本体论和本源论统一起来，更好地解释在万物衍生的过程中道与气的关系，即"混元以道气生化"。

据此，杜光庭推出了道气——形气（阴气、阳气）——器物的宇宙生成图式："道本包于元炁，元炁分为二仪，二仪分为三才，三才分为五行，五行化生万物。"[④] 具体来说，首先，道的起源是："道之起也，无宗无祖，无名无形，冲而用之，渐彰于有。其初也，示若无状之状，无象之象，无

---

① 杜光庭：《道德真经广圣义·释御疏序下》，《道藏》第 14 册，第 334 页。又见：《太上老君说常清静经注》。

② 杜光庭：《道德真经广圣义·释御疏序下》，《道藏》第 14 册，第 334 页。

③ 《太上老君说常清静经注》"老君曰：大道无形，生育天地"注，《道藏》第 17 册，第 183 页。

④ 《太上老君说常清静经注》"降本流末，而生万物"注，《道藏》第 17 册，第 186 页。

物之物，无名之名。天地未立，阴阳未分，清浊圆通，含众象于内而未明，藏万化于中而未布，不可以名诘，不可以象言，故云有物混成，先天地生。”[①]这是由道而化生一的过程。对《道德经》中的“道生一,一生二,二生三,三生万物”一句，杜光庭的注释是：“一者，冲气也。言道动出冲和妙气。于生物之理未足，又生阳气。阳气不能独生，又生阴气。积冲气之一，故云一生二；积阳气之二，故云二生三。”[②]阴气、阳气、冲气是为“三”，“三”中的阴气、阳气各自分阴分阳，是为五行，即金、木、水、火、土，金为老阴、木为少阳、水为少阴、火为老阳、土为中（冲)。“三才”尚为无质之气，由三才所生之五行则已经有质，五行所派生之万物则既有质又有形。

三、道与德

杜光庭对道与德的关系也有新的发展。他从“道者，德之通；德者，道之功”这个基本点出发，从本迹、理教、境智、人法、生成、有无、因果七个方面，详细辨析了道与德的体用、同异关系。

杜光庭认为，道与德是两个独立的范畴，它们之间是有区别的。从有无来说,“有无者，无则为道，有则为德”[③]。从各自的内涵来说，与道有理、导、通三方面相对应，德也有得、成、不丧三个方面的含义。

但是，道与德毕竟是两个有紧密联系的概念。杜光庭说：“道非德无以显，德非道无以明。”[④]虽然说道是无，德是有，但是，“虚无不能生物，明

① 杜光庭:《道德真经广圣义》卷二十一,《道藏》第14册，第413页。

② 《唐玄宗御注道德真经》,《道藏》第11册，第734页。

③ 杜光庭:《道德真经广圣义·释疏题名道德义》,《道藏》第14册，第337页。

④ 杜光庭:《道德真经广圣义·释御疏序下》,《道藏》第14册，第335页。

物得虚无微妙之气而能自生。是自德，任其自德，故谓之德也”[①]。道作为虚无，不能产生万物。道只能通过德来显示自己的存在。德作为有，能够产生万物，但如果没有道，德产生万物的功能同样也不能完成。这就是说，道与德之间存在着“因待”关系。杜光庭这一思想的直接来源是成玄英，成玄英说过：“道体窈冥，形声斯绝，既无因待，亦不改变。”[②]不过，成玄英所谓的“因待”，只是说明事物之间依赖、联系的性质，并没有对立面双方互相得到说明和印证的意思，杜光庭对成玄英所用的这一概念显然是有所体会，因而能够创发新义。

除了“因待”，“互陈”也是杜光庭对矛盾同一性的另一种描述。如果说“因待”概念侧重于描述矛盾双方的依赖和印证关系的话，那么，“互陈”概念则重在描述矛盾双方的交叉关系，即你中有我、我中有你，二者不离不散。由此来看，对道与德的关系，他说：“道资于德，德宗于道，是互陈也。互者交也，差也。陈者布也。互观其理，皆过精微，斯所谓不可散也。”[③]“互陈”就是“互观其理”。“互观其理”就是对立着的矛盾双方交互显示对方所由以存在的根据，表现对方所具有的内涵。就道与德而言，“外分道德之殊，而经有互陈之义”。[④]通过“互陈”，明了“道与德有相资相禀之义”，[⑤]于是可以断言道、德不可分为绝对离散之两体，杜光庭把这种关系称为“道德相须”。这是对道与德关系提出的一个崭新命题。

杜光庭把“因待”“互陈”两方面综合起来，进而以同异这一对范畴来描述上述道与德的关系。他说：“道德不同不异而同，而异不异而异。用辨

---

① 杜光庭：《道德真经广圣义·释御疏序下》，《道藏》第14册，第334页。

② 顾欢：《道德真经注疏》卷三，《道藏》第13册，第298页。

③ 杜光庭：《道德真经广圣义·释御疏序下》，《道藏》第14册，第335页。

④ 杜光庭：《道德真经广圣义·释疏题名道德义》，《道藏》第14册，第337页。

⑤ 杜光庭：《道德真经广圣义·释疏题名道德义》。另见：《道德真经广圣义序》，《道藏》第14册，第310页。

成差不同而同，体论惟一。不异异者，《经》云：道德混沌，玄妙同也。知不异而异无所可异，不同而同无所可同，无所可同无所不同，无所可异无所不异也。”① 道与德既对立又同一。“同”描述了同一的方面，“异”描述了对立的方面。以同异而论，道与德既不同也不异，但究其本则是同；二者是两个相异的概念，虽然就其本来说是同，但毕竟还是异。这就是说，同是就体而言的，异是就用而言的。体为形而上，用为形而下。体通过用而呈现其存在，并对用有统御之能。所以说“不异而异无所可异”，“无所可异无所不异”。用虽然千差万别，但终究都以体为本，并以体为终极归宿。所以说“不同而同无所可同”，“无所可同无所不同”。

这样看来，道与德的同异关系可以通过体与用的关系而得到更清楚的说明。为此，杜光庭着力阐述了道与德之间的体用关系。这首先涉及体用这一对范畴的内涵。他推崇唐玄宗《御注道德经》，玄宗云：“知道者德之体，德者道之用。”② 杜光庭疏曰：“真实凝然之谓体，应变随机之谓用。杳冥之道变化生成，不见其迹，故谓之体也，言妙体也……此妙体展转生死，生化之物，任乎自然，有生可见而不为主，故谓之用，此妙用也。子曰‘昭昭生于冥冥，有伦生于无形’是也。”③ 他还说过：“有以无为本（体），无以有为用，道德相须为上下二经之目也。”④ 综合这两方面可见，在他看来，“体”可谓无、精、本、朴，“用”可谓有、粗、末、器，即所谓“精粗先后可两言之，体精而为本朴也，用粗而为末器”⑤。

杜光庭认为，道与德之间，一般来说，道是体，德是用。但是，对道与德的这种体用关系，不能泛泛而论。在他看来，体与用的关系可以从分

---

① 杜光庭：《道德真经广圣义·释疏题名道德义》，《道藏》第 14 册，第 338 页。

② 杜光庭：《道德真经广圣义·释御疏序下》，《道藏》第 14 册，第 334 页。

③ 杜光庭：《道德真经广圣义·释御疏序下》，《道藏》第 14 册，第 334—335 页。

④ 杜光庭：《道德真经广圣义·释御疏序下》，《道藏》第 14 册，第 334 页。

⑤ 杜光庭：《道德真经广圣义·释御疏序下》，《道藏》第 14 册，第 335 页。

与合（“混一”）两个方面来看。谈论体与用的关系，是就分而言的。“分而为二者，体与用也，混而为一者，归妙本也。”[①]以分而论，体与用确实是有差异的两个互不相同的事物。“体用虽异，是何故也。相资而彰，不可散也。”[②]就分而论体用，应该说是很简单、很容易的。要把二者之合说清楚，可就不那么简单、容易了，而且这是更重要的方面。如前所述，体与用相互依存，缺一不可，无体则用无法显现，无用则体的存在无法判明，二者“相资而彰，不可散也”。这是以合而论体用的方面之一。

体用除了“相资”之义，还有“相明”之义。杜光庭说：“可道可名者，明体用也。义云体用者，相资之义也。体无常体，用无常用，无用则体不彰，无体则用不立，或无或有，或实或权，或色或空，或名或象，互为体用，转以相明，是知体用是相明之义也。”[③]“相明”即相互开显，相互作为认识对方的出发点和依据。体用关系具体表现在无有、实权、色空、名象等方面，可以通过它们对道与德的体用关系有一个系统的认识。

既然体与用是“相资”“相明”的，那么，对二者就不能偏废。为此，杜光庭提出了“体用双举”的原则：“无为有为，可道常道，体用双举，其理甚明。”[④]这一观点，应该说是很有实在意义的。因为玄学有“崇本息末”的观点，学者们很容易受其影响而出现崇体息用、重体轻用的弊端。杜光庭“体用双举”的观点，显然有纠正这一偏弊的实际意义。

在上述体用内涵及其关系的基础上，杜光庭对道与德之间的体用关系阐述道：不可说言有体无体，有用无用。盖是无体为体，体而无体；无用为用，用而无用。然则无一德非其体，无一用非其功。寻其体也，离空离

---

① 杜光庭：《道德真经广圣义·释御疏序下》，《道藏》第14册，第335页。

② 杜光庭：《道德真经广圣义·释御疏序下》，《道藏》第14册，第335页。

③ 杜光庭：《道德真经广圣义·道可道章第一》疏，《道藏》第14册，第331页。

④ 杜光庭：《道德真经广圣义·道可道章第一》“玄之又玄，众妙之门”疏，《道藏》第14册，第344页。

有，非阴非阳，视听不得，博施莫辩；寻其用也，能权能实，可左可右，以小容大，以大容小。体既无已，故不可思而议之；用而无功，故随方不示见。今不异此，但知道德不同不异，而同而异。不异而异，用辩成差；不同而同，体论惟一。不异异者，《经》云：道生之，德育之也；不同同者，《西升经》云，道德混沌玄妙同也。知不异而异，无所可异；不同而同，无所可同。无所可同，无所不同；无所可异，无所不异也。[①]

体用之合的本义是“混一”。由此，杜光庭秉承重玄思想的精义，援引臧玄静之语：“无体为体，体而无体，无用为用，用而无用，然则无一德非其体，无一用非其功”[②]，对道与德的体用之义开出了新义。在他看来，就体而言，它既不是空，也不是有，既非阴，也非阳，人的感觉器官不能直接感觉到；就用而言，它既是权，又是实，可左可右，能以小容大，以大容小。体没有一成不变的实体，所以不可以理性思维去谈论它；用无所不能而不见其功，所以就某一事物而言看不到它的存在。所以说，从体用来看，道与德是混沌玄妙的同一。

与体用有紧密联系的范畴还有本迹。这是此前道教学者们已经有较多论述的。成玄英所提出的本迹相即、从本降迹、摄迹归本的思想对后来唐玄宗疏解《老子》颇有影响，如玄宗解释“同谓之玄”说：“玄，深妙也。自出而论则名异，是从本而降迹也；自同而论则深妙，是摄迹以归本也。归本则深妙，故谓之玄。”[③]受这一思想的影响，杜光庭首先对本迹的内涵做了界定，说：“本者，根也；迹者，末也。”[④]本为要，迹为末。然后，他也如成玄英一样阐述了本迹关系的三个方面。一是由本降迹，摄迹归本，他说：“标宗一字为名之本，可名二字为名之迹。迹散在物，称谓万殊，由迹

① 杜光庭：《道德真经广圣义·释疏题明道德义》，《道藏》第14册，第338页。
② 杜光庭：《道德真经广圣义·释疏题名道德义》，《道藏》第14册，第338页。
③ 杜光庭：《唐玄宗御制道德真经疏》卷一，《道藏》第11册，第750页。
④ 杜光庭：《道德真经广圣义·道可道章第一》疏，《道藏》第14册，第341页。

归本，乃合于道。是知道为名之本，名为道之末，本末相生，以成化也。”[①]不可名为道，即本，可名为德，即迹、末。由迹降本即道产生万物。由迹归本即万物遵守道的规律而运动变化。这主要是从本源论的角度来说。二是本迹相即。杜光庭说：“无名有名者，明本迹也。本迹者，相生之义也。有本则迹生，因迹而见本，无本则迹不可显，无迹则本不可求，迹随事而立，以为本迹。”[②]本与迹相互依存，不可分离。有本则迹生，因迹而见本，无本则无迹，无迹则本不可见。本迹共同存在于事物之中。这是力图把本源论与本体论统一起来。不仅如此，杜光庭还开出新意，即如体用关系一样有“相明”之义一样，本迹关系也有相明之义。他在《道德真经广圣义》卷六说：“本迹门中分为二别，以无为本，以有为迹，无名有名也。以有为本，以无为迹，互相明也。万物自有而终归于无也。”以无为本，以有为迹，这是无名与有名之别，是站在本源论的立场上，就道产生万物而言的。在万物和人产生之后，是以有为本，以无为迹，是就有而及迹，是就认识论而言的，目的是摄迹归本，这是本体论的反映。把这两个方面综合起来，本迹互为有无，互相发明，合为一体。这就是本迹相即之义。

正是在上述“有无互陈”“无同无异”“体用双举”“因迹见本”等一系列命题的基础上，杜光庭把“道德相须”的思想做了深化和发展，提出了“道资于德”“德宗于道”的观点。这对道教道与德的关系的争论应该说是做了一个很系统的总结。

---

① 杜光庭：《道德真经广圣义》卷六，《道藏》第14册，第332页。

② 杜光庭：《道德真经广圣义·道可道章第一》疏，《道藏》第14册，第341页。

道教文化与蜀文化

董小琴　颜　旭　袁　鸿[①]

“百里不同风，千里不同俗。”地域文化是中华文化多样性发展的重要载体和体现，是最能够体现一个空间范围内有特点的文化类型。地域文化存在的一个必要前提是同其他周围区域有较为明显的差异，从而能够反映不同空间范围内文化的个性特征。[②]产生这种差异的因素包括地理环境、移民、政治权力和行政区划、民族、宗教以及外来文化等等。其中，宗教之于地域文化具有多重意义。宗教信仰，特别是民间信仰本身就是地域文化的构成要素，但作为地域文化重要的精神内核，又对地域文化的其他构成产生着或大或小的影响；同时在传播的过程中，宗教常常受地域文化影响而显现出本土化特征，从而进一步凸显不同地域文化的独特性。本章以道教、蜀文化为研究对象，旨在梳理二者发展脉络的基础上，探讨它们之间的交互关系。

一、蜀文化概况及特点

四川简称“蜀”，蜀文化即以成都平原为中心、辐射岷江流域、覆盖四

---

①　董小琴，四川省社会主义学院副教授；颜旭，四川省社会主义学院马克思主义理论和统战理论教研部主任、教授；袁鸿，四川省社会主义学院教授。

②　葛剑雄：《中国的地域文化》，《贵州文史丛刊》2012年第2期，第7页。

川盆地及盆周山区的地域文化，其地域范围大致相当于今天四川省的行政区划（不包括甘孜、阿坝、凉山等地的少数民族聚居区），而重庆西部、云贵北部及陕南汉中地区亦深受其影响。蜀地山川毓秀、人文鼎盛，是中华文化孕育发展的沃壤。这里不仅诞生了世界上历时最久的水利工程“都江堰”、人类最早利用天然气的“火井”、世界上第一张纸币“交子”等经济成就，也孕育了以“三星堆”“金沙”为代表的青铜文明，是政府首开学宫传播儒家“七经”从而形成历久弥新“蜀学”传统的地方，还是最早发明和运用雕版印刷术的地区之一。这里哺育出一代又一代的文化名贤和“蜀学”精英，有司马相如、陈子昂、李白、苏轼等文学家，有扬雄、卫元嵩、赵蕤、李鼎祚、房审权、来知德等《易》学家，有张栻、唐甄、刘沅等思想家，有洛下闳、王灼、秦九韶等科学家，有陈寿、常璩、李焘、李心传等史学家，有魏了翁、虞集、杨慎、李调元等文献学家和博物学家，有严君平、郑子真、赵蕤、陈抟等大德隐士君子，有杨锐、刘光第、廖平、宋育仁等经学家和改良学者。此外，还有李阳冰、文与可、苏轼等书画名家，有张道陵、张鲁、宗密、马祖道一、杜光庭等宗教学者等等，创造了“文章冠天下”“蜀学垂无穷”以及“易学在蜀”“天数在蜀”“宗教在蜀”“史学在蜀”“方术在蜀”等一个个文化奇观，丰富了祖国的文化宝库。[①]

（一）肇于人皇，源远流长

四川盆地气候温润、水源充足、物产丰富，很早便有人类在此繁衍生息。1951 年发现的资阳人头骨化石证明早在 35 000 年前旧石器时代，四川地区就有人类活动。关于蜀文明始源的传说可见于西晋常璩所著《华阳国志》：“蜀之为国，肇于人皇，与巴同囿。至黄帝，为其子昌意娶蜀山氏之女，生子高阳，是为帝颛顼；封其支庶于蜀，世为侯伯。”（《华阳国志》卷 3）这

① 舒大刚：《巴蜀文献：中华文明的重要记录》，《光明日报》2011 年 7 月 18 日，第 5 版。

一传说表明在古人的观念中，蜀文化与中原文化几乎同时发轫，甚或更早，其始源可追溯至传说中炎黄之前的人皇时代。其发展过程中或有中原文化的因子，但其始源和发展脉络都是独立的。传说中的古蜀国历经蚕丛、柏濩、鱼凫、杜宇（望帝）、开明（丛帝）五代蜀王。近年来通过对成都平原宝墩文化（公元前2500—1700年）、三星堆文化（公元前1700—1200年）、金沙遗址和十二桥文化（公元前1200—500年）的考古发现，不仅印证了古蜀王国的存在，也表明这一时期蜀文化已进入第一个发展高峰。公元前316年，秦惠王遣张仪、司马错灭蜀，置蜀郡。公元前256年起，蜀守李冰父子于岷江修建都江堰，引岷江水灌溉成都平原，从此“水旱从人，不知饥馑，时无荒年”（《华阳国志》卷3），为蜀地农业经济发展创造了极为有利的条件，奠定了后世蜀文化繁荣兴盛的物质基础。至两汉，蜀地一跃而为当时全国最繁荣富庶的地区，成都位列“五都”，被喻为“天府之土”；蜀守文翁兴学，创立了蜀地文教传统，一时“蜀学比于齐鲁”（《华阳国志》卷3）。汉赋四大家，蜀人独占其三，“文章冠绝天下”（《华阳国志》卷3），蜀文化进入第二个发展高峰。唐宋时，巴蜀地区的经济文化得到全面发展，时有“扬一益二”之说（《资治通鉴》卷259），“繁盛与京师同”（周密：《癸辛杂识》续集卷上）。陈子昂、李白、薛涛、三苏皆为蜀人，杜甫、李商隐、白居易、陆游、黄庭坚、吴道子等在蜀中仕宦游历，蜀学显赫一时，蜀文化迎来第三个发展高峰。[①]后连经宋末、元末、明末三次战乱，蜀地人口离散、经济残破、文化式微，以致“文物泯尽”（罗寿：《成都瞻学田记》，载正德《四川志》卷36）、“蜀学微绝”（虞如集：《道园学古录》卷6《送赵茂元归乡序》），时人谓“蜀祸之惨，诚不可言”（袁桷：《清容居士集》卷34《史母程氏传》），直到清中期后才渐有恢复，至近代始乃复兴。

---

① 袁庭栋：《巴蜀文化志》，上海：上海人民出版社，1998年，第9—18页。

（二）广揽博收，兼容并包

蜀文化一大特点是由对外交流和移民文化而表现出的兼容性。尽管从地理上看，蜀地中心为盆地，周边高山险峻，为四塞之国，但并未妨碍蜀地与其他地区的往来交流。自成都出发，北越剑门，经秦巴栈道可抵关中，东顺岷江、长江而下，过三峡可入荆楚，西南接茶马古道、彝藏走廊，经南方丝绸之路可与南亚、中亚、西亚相通。西汉张骞出使西域，曾在大夏国见到从南亚身毒国转运而来的蜀布及邛竹杖，遂向汉武帝建议以蜀郡为起点开辟南向对外通道（《史记·大宛列传》卷123）。独特的地理位置和得天独厚的农业生产条件，使蜀地在中华文明发展历程中犹如一座水库，对中国历代的政治、经济、文化、人口等起到了流动、储存、调节、融合、扩散等的“水库效应”。当外界有战乱变故就成为“避难所”，时机成熟时便成为逐鹿中原的“根据地”、开拓西南边疆的“前哨基地”。[①] 这种“水库效应”也促使蜀文化在长期发展过程中形成了兼容并包、海纳百川的文化传统，这种文化的复合性在不同历史时期四川的几次移民大潮中表现得特别明显。从先秦起，历代的蜀地都容纳了东西南北四方众多的移民。秦汉时期周边向蜀的移民，客观上带来了周边的多元文化；蜀汉时期上层荆州士人集团及大批普通民众的迁入，客观上整合了巴蜀文化；隋唐五代，巴蜀经济昌盛、文赋繁华，吸引大批文人墨客入蜀，不仅使蜀成为全国文化最盛的地区之一，而且促进了蜀文化与各种文化的大交流；清代“湖广填四川”加速了楚文化、粤文化与蜀文化的融会。历史上这几次大规模的移民活动，带来文化的大交流和大交融，使蜀文化杂糅各家，兼容并包，灿烂辉煌。[②]

---

① 林向：《巴蜀文化区的“水库效应”》，《光明日报》2011年7月18日，第5版。

② 唐永进：《蜀文化探析》，《中华文化论坛》2005年第1期，第7页。

（三）绝域殊方，别一世界

蜀文化鲜明的独特性一直为世人瞩目。“诗圣”杜甫曾因避乱入蜀，看到了一个山川风物迥异于中原的别一世界，故而留下了“我行山川异，忽在天一方。但见新人民，未卜见故乡”“天路看殊俗，出入异中原”等诗句。蜀文化有其独特的始源和发展脉络，虽然在发展过程中杂采各家，但其鲜明的独特性传承至今。这种独特性首先表现在对待中原文化的态度上：蜀人始终按照自身的文化传统和思维方式去接受中原文化，形成了重文学、重今文经学的文化传统。《汉书》说“文翁为蜀守，教民读书法令，未能笃信道德，反以好文刺讥”（《汉书·地理志》卷28），蜀中士子虽习儒家经典，但未能笃儒家学说，“颇慕文学”（《隋书·地理志》卷29），“多斑彩文章”（《华阳国志》卷3）。司马相如、扬雄、王褒、李白、“三苏”皆以诗词文章见长，故有“巴蜀鬼才”一说。又如蜀人在《五经》中，对《易经》特别偏爱，以致西汉一代，四川找不出名、法、儒、墨和六经出众的经师，这也是蜀文化特殊性作用的结果。[①] 这种特殊性也反映在其好休闲、喜游乐、善宴饮的民风上。《汉书》说蜀地“俗不愁苦，而轻易淫佚”（《汉书·地理志》卷28）；西晋《华阳国志》说蜀人“尚滋味”、“好辛香”（《华阳国志》卷3），《隋书》也说蜀人“多溺于逸乐，少从宦之士……士多自闲，聚会宴饮，尤足意钱之戏”（《隋书·地理志》卷29）；《宋书》则记载蜀人“所获多为遨游之费”（《宋书·地理志》卷89）。虽时代不同，但时人对蜀地风习的印象大致相同，古今同然，蜀地风习显然与“克己复礼”的儒家思想格格不入。当然，这种独特性还表现在宗教信仰上，道教对蜀文化的影响甚于对其他地域文化，下文将予以详述。

① 蒙文通：《巴蜀古史论述》，北京：人民出版社，1981年，第97页。

二、道教在蜀地的创立和发展

蜀地是道教的重要发源地，蜀地道教发展史可视作中国道教发展史的缩影。道教发轫于蜀绝非偶然，秦汉时期蜀文化中已经出现关于自然环境的各种神话、鬼神观念和驱鬼避邪的诸多巫术，以及不为物役、顺其自然、适得其乐的生活态度和生活方式。这种世界观和人生价值观为中国道教早期主要道派——五斗米道在蜀地创立提供了思想元素和方法。[①]蒙文通先生说："词赋、黄老和卜筮，历数这才是巴蜀古文化的特点。"三星堆、金沙遗址展现了古蜀文化神秘主义的始源。早在上古时期蜀地便盛行巫鬼道等原始宗教，形成了"俱事鬼神"(《后汉书》卷86)、"俗好鬼巫"(《华阳国志》卷9)的鬼神崇拜风气，创造了符书、咒鬼使鬼等巫觋之术，并最迟于汉代产生了长生修仙的仙道思想，而这正是孕育五斗米道的思想前提及其重要道术来源。同时，蜀地的生活方式及其价值观念也是吸引张陵入蜀创教和传教的重要原因。蜀地封闭却优越的自然地理环境孕育了蜀人从容、闲适、平和、随遇而安的生活态度和性格特征，包蕴着顺其自然、适得其乐、不为物役的人生价值趋向。而这种趋向恰好与道家的价值观念相吻合，直接激发和强化了张陵的已有思想，并为张陵创教提供了直接的感悟对象，成为五斗米道在蜀地诞生和迅速传播的一个重要原因。[②]

（一）汉末创教

东汉时期，蜀地方士和儒生之通谶纬术者甚多，其中还有兼好《老子》，尚黄老言者。许多高逸之士隐修于蜀地，著名的如李八百、严君平、费长房等人。汉顺帝时，张陵弃官学道，运用先秦两汉的黄老之学改造巴

① 闵丽：《道教与蜀文化关系刍议》，《宗教学研究》2006年第4期，第56页。

② 闵丽：《道教与蜀文化关系刍议》，《宗教学研究》2006年第4期，第58页。

蜀的原始宗教和巫术思想，入大邑鹤鸣山修炼，自称“天师”，借太上老君口御造作道书，创立五斗米道。因“从其（张陵）受道者，辄出米五斗”（《后汉书·刘马传》卷75）而得名。洪雅县东汉遗留的《张道陵碑》中有“正一”“天师道”等字样，可以看出五斗米道又称“正一道”和“天师道”。该道以老子《道德经》为主要经典，奉老子为教祖，尊为太上老君，并设24治，划分出24个教区，这就标志着中国道教实体教团的正式产生，也标志着道教的正式形成。在24治中，除北邙治外，其他23治沿金牛道和岷江通道从北向南分布，均在古代的巴蜀地区，其中蜀郡、犍为、广汉各为六治。大邑鹤鸣山被列为第三治鹤鸣神山太上治，成为道教创教开派的核心区域，道教开始向其他区域传播，因此，古今中外历来都把张陵称为中国道教的创立人，奉为“祖天师”，把大邑县鹤鸣山看作道教发源地，誉为“道源圣城”，把青城山看作道教发祥地。其时蜀地成为道教最发达的地区。

（二）魏晋发展

东汉永寿二年（156），祖天师张陵羽化后，其子张衡继续传道于蜀，其嗣张鲁再承父业，道教中称张陵为“天师”，张衡为“系师”，张鲁为“嗣师”。经过祖孙三代的传教，特别是在张鲁的努力下，在汉中建立了政教合一的政权，自此，道教在川北、川东和汉中都有了很大的发展。后来张鲁虽降曹魏，但蜀地的天师道发展依然迅速，只是中心开始转向北方。王濬任益州刺史时，发现蜀地无论是官员还是百姓“竟共事之”，严重影响了政府权威，于是采取“焚其传舍”“免官除名”的打压措施（《华阳国志·大同志》）。继“三张”之后，西晋末年的范长生又是蜀地一位影响较大的道人。范长生博学多才，通晓天文地理，著有《道德经注》和《周易注》，蜀汉刘备时，范长生家族迁入青城山开始修道，蜀人奉他为神，成为天师道教主，刘备为他建长生宫，助其修道。如今，青城山下景色秀丽的鹤翔山庄就是长生宫的遗址。西晋末年（291—299），虔信天师道的巴西賨民李特、李雄父子领导略阳、天水等六郡流民起义入蜀，得到范长生的支持，攻占成都，李雄于惠帝永兴元年（304）十月，建立成汉政权，即位皇帝，国号大成，以范长生为丞相，加号“四时八节天地太师”（《太平御览》卷123），封西山侯，并在灌县离堆为范建造范贤馆，范长生以“国师”身份大张旗鼓地弘扬天师道，使当时成都地区的天师道空前兴盛。范贤馆的遗址就是今天远近闻名的伏龙观。成汉政权被东晋剿灭之后，虽然天师道在巴蜀地区虽然不再是官方支持的宗教，但长期在民间发展，直到宋初，天师道在蜀地仍然有相当影响。现如今成都及其周边的长生观、真武宫（祖师殿）、上清宫、上皇观、丈人观、严真观、通真观等都兴建于这个时期。

（三）唐宋繁荣

经过魏晋南北朝时期范长生、寇谦之、陆修静等人的倡行，再加上唐太宗、高宗推崇，道教在全国范围内迅猛发展，经过南北改造的中原道教不断回传蜀地，蜀地道教迎来繁荣时期。这个时期道教在蜀地的社会地位大大提高，道士人数大增，名重全国的高道、真人辈出，道教组织更加强大，道教宫观遍布于蜀，而且规模也日益壮大，改变了传统天师道的格局。如赵昱、梅彪、朱桃椎、王柯、罗公远、玉真公主、傅仙宗、孙思邈、徐佐卿、李班、杜光庭、谭峭等高道。当时谈玄论道，注释《道德经》的，全国共有28家，其中蜀地就有6家，位于全国前列。尤其是被后人誉为“药王”的中国古代最负盛名的医药学家孙思邈援道入医，写出《千金方》，成为中华医药学的经典之作。安史之乱中的唐天宝载（742—755），唐玄宗避难逃入蜀中，大量召见高道、真人，其中彭州九陇山人罗公远成为其座上客。《方舆胜览》记载，“赵昱隐青城山，隋炀帝起为嘉州太守”。赵昱传说为二郎神的原型，唐太宗封他为神勇大将军，在灌江口为之立庙。随着当时蜀地道教在全国影响的增长，蜀地道家宫观的兴建迎来了高潮。除对原有宫观扩建之外，光成都地区新建的宫观就有数十座。例如：青羊宫、至真观、玉局观、紫极宫、鸿都观、庆都观、仙居观、度人观、明月观、朝真观（乘烟观），青城山的常道观、太清宫、建福宫，温江金乌观，双流兴唐观，新津老君观，邛崃崇真观，大邑鹤鸣观等全国知名道观。黄巢起义爆发以后，唐僖宗避难入蜀，多次派道士和朝臣至玄中观（即今青羊宫）设灵宝道场、丈人观设周天大醮，对成都乃至全国的道教发展影响亦大。此时的青城山不仅兴建了许多宫观，而且由皇室确立了道教在青城山的统治地位。自隋唐至宋，许多著名道士都在青城山留下足迹，使道家圣地青城山名扬全国。五代时道教在成都周边更盛行，青城山已经成为前蜀和后蜀皇家王室经常出入的圣地。前蜀后主王衍受道箓于宣华苑，还将其父前蜀高祖王建和他本人的肖像塑在道观上清宫里陪侍仙人王子晋，皇宫之中嫔妃都穿道士服。宋代时期，著名的道家学者、易学家和内丹家巴蜀高道陈抟等一批道士被皇帝赐封，在全国影响较大。据天禧五年（1021）统计，蜀地道士有 4 653 人，洪迈在《夷坚丙志》中描述：“青城道会时，会者万计，县民往往旋结屋下，以鬻果茶。”可以看出当时青城的道教节日已成为民俗盛会。

（四）明清衰落

元朝、明末的战乱造成了四川人口的锐减和经济、文化的萧条，蜀地各种宗教活动也随之萧条，特别是道教已远远落后于佛教的发展。据统计，清代末年成都有佛教徒 597 人，迷信佛教者有 9 万多人，而道教徒只有 266 人。据此可以断定，当时的道教相对于佛教已经开始衰落。当然，这种衰落是相对的，就道教本身来说，仍然有所发展。就全国而言，元朝开始以炼养为主的新道派逐渐兴起，以道法为主的旧道派日趋衰落，全真派在北方逐渐形成强大的教团，而旧有灵宝、上清诸派则被并于正一派，影响多在南方。全真派虽在宋末就已经传入蜀地，但是由于长期以来正一派在蜀地根基深厚，一直是蜀地的主要教派，致使全真派在蜀中人数极微，难以形成很大影响。相对于全国其他地区，蜀地道教革新明显落后。清康熙八年（1669），武当山全真道龙门派道士陈清觉与道友相偕来到蜀，见青城山各道观破败，决定留下重振青城道务，著名道教殿宇常道观正是在他的努力下在废墟上重建的，并重新整修青城山天师洞，将天师洞转为龙门派正嗣。与此同时，张清夜主持成都青羊宫、武侯祠，张清仕主持青城山文昌宫，蜀地道教渐成龙门派气象。康熙二十六年（1687），晚年的陈清觉居于成都青羊宫，并得到官方的支持在青羊宫附近为他修建了二仙庵，就是今天成都的文化公园。后来陈清觉还被康熙皇帝召见入京，封为“碧洞真人”，自己的道派也被称为“全真道龙门派碧洞宗”。该道派以青城山和青羊宫为中心逐步向蜀地周边以及云南、贵州、重庆等地传播，逐渐改变四川正一派占主导的地位，现如今全真道龙门派碧洞宗已经成为蜀地道教的主要门派。到了中华民国时期，四川地区政局动荡，各派军阀混战，四川道教发展受到严重遏制，殿宇荒芜，许多道士改行。中华人民共和国建立后，四川许多宫观被改作他用，尤其是“文化大革命”经历十年浩劫，四川地区道教再受重创，许多宫观遭到破坏，大部分道士被迫流散还俗。

（五）新时期重生

20 世纪 80 年代初，随着国家改革开放及党的宗教政策全面落实，四川地区逐步恢复和开放了部分道教宫观，大批宫观得以重建修整，道教活动逐渐恢复，道士们得以安居乐业，开展正常的宗教活动。例如：四川目前著名的宫观青城山常道观、祖师殿、上清宫、朝阳洞、圆明宫、玉清宫、建福宫，成都市区的青羊宫，都江堰市的二王庙、八角庙，新津老君山老子庙，彭州葛仙山道观、丹景山天师宫道观，大邑县鹤鸣山道观，崇州上元宫道观等宫观都是改革开放之后陆续得到修缮，重新对外开放的。四川地区继1962年成都道教协会成立，都江堰（青城山）、新津、大邑、崇州等（市）县也相继成立了道教协会。截至现在，成都地区已开放道教活动场所28处，有道士300余人。著名道场有被列入全国重点文物保护单位的都江堰二王庙，有国务院首批重点道观成都市区的青羊宫、二仙庵、青城山三师洞、祖师殿，还有被省市列为重点道观和文物保护单位的青城山上清宫、彭州阳平观等，成功举办四届的中国（成都）道教文化节业已成为四川，乃至全国的道教文化盛会。

三、蜀文化中的道教因素

蜀文化滋养了道教，使其在蜀地发祥并走向全国。而道教也以四川为重要传播区域，留下了众多名山宫观、洞天福地，吸引了历代高道来此修道传道，进一步发展了蜀地道教，使之成为引领或紧随中国道教发展潮流的重要力量。而这些宫观和道士在蜀地的传道活动，客观上强化了道教对蜀地风俗习惯、思维方法、世界观和价值观等文化要素的影响。我们可以在蜀文化中发现道家与道教特有的人生价值理念，而这种理念正是蜀文化的精神内核，使之与其他地域文化相区别。时至今日，我们仍可在蜀文化诸多构成中发现道教的文化因子。

（一）道教文化之于川人

蜀人的人生态度和蜀地的生活方式为道教在蜀地的滥觞提供了丰厚土壤，而道教一旦产生并广为传播后，理论化、系统化的道教思想又为蜀人展现了一种更高层次的人生理想境界，进一步强化和升华了蜀人的人生价值理念和蜀地固有的民风习气，并最终成为蜀文化的精神内核。蜀中道教讲求养生养性，寄望以自身修炼，以达到长生久视、羽化登仙的人生境界。蜀地道教视彭祖为养生养性权威，尊其为“仙真”。“彭祖本生蜀”（《华阳国志》卷12），四川彭山被称为彭祖故里，《华阳国志》已有武阳县（县治在今彭山区江口镇）彭州祠的记载。彭祖养生注重食疗，强调动静结合，传说发明了“雉羹”“羊方藏鱼”等养生名菜和长寿气功。同时，彭祖认为保神是养生的根本，切不可伤神、散神、烦神、败神，推崇心境平和、从容自得、处世旷达。在这些思想的影响下，蜀人往往不愿去追逐功名利禄、荣华富贵，不愿为世俗的东西所左右，主张率性而活，本真而行，修身、养性、运动、健脑的文化在蜀人生活中随处可见。外地游客往往会被四川人追求美食和闲适生活的人生态度所吸。时至今日，在青羊宫、武侯祠等神圣之地，仍可感受到世俗的欢悦气息；在城市周边众多的农家乐中，亦可发现清净自然、闲适逍遥的娱乐场景。这些欢悦气氛和娱乐场景折射出蜀人顺其自然、自得其乐、不为物役的人生态度和价值理念，以至于“安逸”一词成为今天的四川人评价生活质量的基本标准，省会成都也成为张艺谋镜头中“一座来了就不想离开的城市”。

（二）道教文化之于川才

“自古文宗出西蜀”。始创于西汉的蜀学一直有重文学、重今文经学的传统。道教创立后，其“修道成仙”的思想从神学维度强化了这一传统。自唐宋以降，蜀中士子飘逸自在的生活态度和浪漫主义的文化心理更为凸显。他们践行道家和道教关于顺应自然的思想，过着逍遥自在、风流豪放、不拘礼数的生活，以讴歌人生和人性的文学作品“显于世”，而不是以压抑人性、弘扬礼制的儒家典籍为研习重心。他们中有陈子昂、李白、杜甫、“三苏”、陆游、杨升庵、巴金、郭沫若、李劼人等。他们或为蜀人、或循“天下文人多入蜀”的传统客居于此，深受蜀文化的浸润而创作出众多弘扬人性、否定礼教或制度约束的传世佳作。这种传统一直延续至今。20世纪八九十年代，四川出版物《星星》和《四川文学》是朦胧诗的重要阵地，而以流沙河、魏明伦、马识途、阿来为代表的四川作家在中国当代文坛上占有一席之地。不仅如此，道教的影响还体现在“蜀女多才”上。蜀女曾以文学闻名于世，卓文君、薛涛、黄崇嘏、花蕊夫人皆为一代传奇。这一独特现象的出现也与蜀地盛行道教有关。道教“重阴阳、等男女”的思想，为社会尊崇女性、提升女性自我意识、提高女性地位提供了思想理论基础。道教肯定了女性的才能，认为女性也能修道成仙，所以在道门中出现了像《女金丹》《坤元经》《樵阳经·女工修炼》等专论女性丹经的道书，而道教礼仪、道场活动，以及宫观住持也一直遵循男女皆可主持的传统，这就为女性充分表达自己才能、智慧提供了机会。蜀中女性受到道教这一重视女性权利的传统文化的熏陶浸染，积极发现自我意识，养成独立自主的人格，形成“好文雅”的传统，涌现出许多女性文学家，并通过文学创作，抒发了她们敢爱敢恨的情感和追求高尚独立的人格。

（三）道教文化之于川俗

道教对四川民间习俗的影响主要通过与民间信仰习俗的联系，进而影响到岁时习俗、游艺习俗、经济习俗。以四川省会成都为例，当地传统的岁时节日往往与道教有关。始于唐代的青羊宫传统花会，其举办日期为宗教始祖李老君诞辰的二月十五日，又称“花朝节”。“花朝节”也是经济习俗和游艺习俗的重大节日，当日举办交易蚕丝制品的“蚕市”，并举行戏曲、竞技等娱乐活动。而延续千年的都江堰清明放水节也源自五斗米教的祀水传统。旧时四川总督须亲临主持典礼，足见蜀人对这一节日的重视。此外还有三月初一洛带“城隍会”、三月三上巳节游凤凰山通真观、五月五抬张天师像出巡、六月六登长秋山太清观、六月二十四都江堰二王庙川主节、九月九游玉局观“九皇会”及赶药市、冬至日天庆观朝天等等，不一枚举。四川游艺竞技民俗也与道教文化息息相关，如源于五斗道“燃灯祭斗”仪式的灯会、源于道教祭神贡品的糖画、源于道教经典曲调的四川竹琴、源于道家门神符箓的年画等。其中，四川年画以绵竹年画为名。绵竹年画中有许多题材以道教人物故事为原型，如《八仙过海》《三官大帝》《赵公镇宅》及《紫微高照》等。道教题材年画画风较一般的门神画及风俗画更显朴素，无过多场景渲染刻画，没有过多装饰，主要突出人物形象，这符合道家“无为而治”“清心寡欲”的哲学主张和审美追求。[①]

（四）道教文化之于川剧

川剧是蜀地特有的地方剧种，形成于清雍乾时期。在川剧诞生以前，道教文化已经在蜀地民间广泛流播，并对川剧的形成和发展产生了重要的影响。首先，从川剧的剧目内容看，传统川剧中有大量的以表现道教神仙故事、传奇传说为主题的剧目，在一定程度上从不同侧面和层次宣扬道教思想和文化。例如：《八仙过海》《八仙庆寿》等“八仙戏”主要演绎八仙修仙学道和劝善度脱的故事；《子牙出世》《太极图》等“封神戏”表现了道教神仙道统之争；《劈山救母》《焚香记》《药王成圣》《钟馗救驾》等大量以突出赏善罚恶、宣扬修道成仙和道教伦理为主题，具有浓厚道教文化色彩的剧目。其次，川剧的演出场也有较强的道教文化特色。与其他传统戏曲多在瓦肆勾栏、宅第府邸、会馆戏楼演出不同，川剧演出的重要场所万年台，大多是依靠各地道观或道教神庙而建，且万年台上的三星壁源于道教文化中的“三星神崇拜”。都江堰二王庙乐楼、绵阳东岳庙乐楼、资中县东岳庙戏台均是至今保存比较完整、具有道教文化特色的万年台。再次，川剧音乐也颇受道教洞经音乐的影响。道教唱腔为川剧广泛运用，有的演为戏曲曲牌类名，如川剧高腔中最常用的“棱梭刚”类曲牌源出道教“步罡踏斗”法事唱腔。在“步罡”中，道士们且舞且唱，步态缭绕，犹如穿

---

① 蒲娇：《绵竹木版年画中的道教题材及其形态》，《美术》2012 年第 12 期，第 115 页。

梭状，四川方言俗称为“梭罡”。[1] 目前，学界对川剧乐器和音乐曲牌的研究成果已充分证明川剧音乐通过多种渠道吸纳了大量道教的音乐。最后，川剧的演出习俗也与道教文化密切相关。传统川剧演出往往选择观众比较集中的庙会。如四川比较有名的药王会、牛王会、火神会、老君会、城隍庙会等，药王会唱《药王成圣》，火神会唱《伏魔剑》，城隍会唱《山王岗》《玉祖寿》等一些道教神仙剧目。

（五）道教文化之于川菜

“食在中国，味在四川。”常璩以谶纬之说解读蜀人饮食取向，认为蜀地天文分野为“未”，“未”代表“万物皆成，有滋味”（《史记·律书》），故蜀人“尚滋味”；而管理西部的少昊帝在庚辛之日，“其味辛”（《礼记·月令》），故蜀人“好辛香”。可见蜀地早在三国两晋之时便已形成独特的饮食特色和膳食理念。至两宋，川菜已作为知名地方菜系而见于《益部方物略记》《东京梦华录》等文献。川菜的发展离不开四川特色饮食烹饪文化的熏陶。丰富多彩的四川饮食烹饪文化中，一个关键的文化因子就是强调“饮食之道法自然”。有学者用“和、廉、变、通、美”[2]来概括四川饮食文化精神，这些精神都可以从道教文化中找到思想来源。“和”，即讲饮食烹饪的五味之和，但五味之和的前提是天人之和。《道德经》指出，“域中有四大，而人居其一焉。人法地，地法天，天法道，道法自然”。以此逻辑，人之生存之道、饮食之道、烹饪之道，皆应该“法自然”，以此实现天人之和，从而利于人的生存、健康和发展。四川饮食烹饪中，以“阴之所生，本在五味；阴之五宫，伤在五味”（《黄帝内经·素问·生气通天论》）的思想为基

---

① 蒲亨强：《道教：音乐与中国传统戏曲音乐》，《华中师范大学学报》1988年第6期，第52页。

② 熊四智、杜莉：《举箸醉杯思吾蜀》，成都：四川人民出版社，2001年，第9—18页。

础，即强调人在与自然界物质交换过程中，通过饮食而保持身体阴阳平衡的思想，根据春夏秋冬不同时节人的身体对食物需要的不同，对动植物原料的搭配，对主料、辅料、调料的搭配，来实现“五味调和百味香”，这其实就是“法自然”的具体体现。“廉”，即用料节省廉俭，一物多用、废物利用等。道教历来倡导节俭、朴素的生活，老子“俭故能广”的观念，至今还影响广泛，仅从川人饮食烹饪注重“廉”而言，其思想或多或少都会受到道教崇俭思想的影响。“变”体现在调味方法层出不穷、烹饪技艺高低有别、成品工艺简繁皆有等，这些都是追求变易精神的具体化。《周易》在阐释烹饪用鼎之时，就说过“革去故也鼎取新”，川人在饮食烹饪方面呈现出的不断求新、发展，体现了这一思想。“通”，即讲究融通。《道德经》讲“知常容，容乃公”，其实就是强调包容、兼收并蓄。这一思想对川菜“通”的精神形成，有着特别的作用。比如烹饪原料的四川化就是很好的例子。川人好辣，但辣椒乃明末清初从南美洲传入，在四川种植后，既作为蔬菜，又作为川菜的重要调味之一。川人对辣椒的接受、认可、重用的事实即体现了融通的思想。

巴蜀佛教与丝绸之路

宗 性[①]

一、佛教传入巴蜀地区的时间

佛教何时传入巴蜀地区，现存的文献中并没有确切的年份记载，但从考古资料及现存的佛教遗迹可知，巴蜀地区在东汉时期已有佛教寺院的修建。据黄辉《重建万福寺碑记》云：东汉延熹（158—166）就有佛教造像面世（如乐山麻浩崖墓、柿子湾崖墓的东汉佛像，彭山东汉崖墓出土的陶座佛像；绵阳何家山东汉崖墓钱树铜佛像），这就说明在东汉之前就有佛教在巴蜀地区传播。

另据《宋高僧传》卷十九《唐成都郫县法定寺惟忠传》记载："惟忠……出家法定寺，本是后汉永平中佛法始流中国便有，置德净伽蓝，神光屡现……隋开皇四年改名法定焉。"如果这段文字中所记属实，那就表明巴蜀地区在东汉永平（58—75）时期，就已经具备建寺安僧的条件，说明佛教在此之前就已经传入巴蜀地区。

如果以此为基础来推算，佛教在巴蜀地区的传播已有近 2 000 年的历史，同时也形成了具有独特属性的巴蜀佛教。

---

① 宗性，第十三届全国政协委员、中国佛教协会驻会副会长，成都市文殊院住持。

二、西晋时期佛教与西南丝绸之路

唐代高僧义净在《大唐西域求法高僧传》中，为后世记录了西晋时期（265—316）佛教通过西南丝绸之路同印度传播互动的重要信息。据该传记载："于时有唐僧二十许人，从蜀川牂牁道而出。"西晋中国僧人去印度求法学习时，印度国王建有专门的寺院，供中国去求法学习的僧人居住，这所寺院离鹿园寺不远，被命名为支那寺，带有典型的中国僧人留学园区的色彩。义净在公元 7 世纪去印度求法时，这所寺院已经不存，但其遗址尚在。据义净记载，在义净到达印度之前，这所寺院还存在的时候，有 20 余名左右中国去的留学僧人居住在该寺院。至于该寺修建的缘起，是因为西晋从中国去的 20 余名僧人经常向大菩提寺礼拜，其虔诚度感动了室利笈多国王，于是室利笈多国王布施出专门的土地修建寺院，供中国去的留学僧人居住，并为寺院配备了相应的生活所需物资。义净到达该地时，时间已经过去将近 4 个世纪，这所寺院已经荒废了，当时去的僧人已经亡故。义净去时的国王还表示，如果有继续从中国来的僧人数量增多时，愿意重新恢复该寺院。以上是义净到达印度时有关支那寺的历史和现状记载，这充分反映了西晋赴印度求法僧人所受礼遇的实际情况，也从侧面可以知道西晋佛教与印度的互动和交流。

当时正值中国西晋末年，"八王之乱"兴起，北方社会动荡，南方僧人要想从北道赴印度求法是比较困难的，选择从西南丝绸之路赴印度求法的可能性最大。所以"从蜀川牂牁道而出"的记载，为我们了解西晋时期，佛教高僧通过西南丝绸之路与印度交流互动的情况提供了依据。

三、南北朝巴蜀佛教与丝绸之路

南北朝时期（420—589），由于北方战乱频繁，巴蜀地区相对比较稳定，这一时期的巴蜀佛教传播已经有了相对宽松的环境。西域丝绸之路上的僧人进入中原后，也有因为避战乱而进入蜀地居住弘法的，甚至还有中国本土僧人，经由巴蜀地区转道而西行求法的。

据文献记载，南北朝时期，从西域丝绸之路来的高僧居于巴蜀，或通过巴蜀地区中转，而进入其他地区传法布道的僧人有昙摩蜜多、畺良耶舍、明达等。

昙摩蜜多，是一位从克什米尔来汉地弘法译经的高僧，他沿着丝绸之路从甘肃进入四川，再从四川辗转到达当时的首都南京从事佛经翻译。昙摩蜜多（356—442），译名法秀，佛经翻译家，罽宾国（今克什米尔）人。刘宋元嘉元年（424）入蜀，随后又出三峡。

畺良耶舍，是一位从西域来汉地弘法译经的高僧，曾在晚年到巴蜀弘法布教。畺良耶舍（383—442），译名时称，生于西域，博通《阿毗昙》《律部》等诸经，尤其精通禅观。刘宋文帝元嘉十九年（442）西游岷蜀弘法。

明达，是一位从古西域康居国来汉地弘法的神僧，来蜀地居住约 15 年之久，多有神异教化。明达，姓康氏，其先康居国（约在今巴尔喀什湖和咸海一带）人，少年出家，严持斋戒。于梁天监初年（约 502），从西域到达成都，曾以神异助州郡教化巴峡蛮夷群贼。后到达梓州（治所在今四川三台）牛头山，建造精舍，塑造佛像，建寺造像中，灵异不绝。

据文献记载，南北朝时期，中国本土僧人，赴西域求法归国后进入巴蜀弘法或通过巴蜀地区中转赴西域求法的僧人有智猛、慧睿、法献等。

智猛，是一位赴西域求过法的中国本土僧人，佛经翻译家，归国后从事佛教翻译，晚年入蜀，并圆寂于成都。智猛（4 世纪前后—453），雍州新丰（今陕西西安临潼区）人，幼年出家，专志修业，讽诵之声，日夜不绝。

元嘉十四年（437）入蜀，元嘉十六年（439）造传，记述游历事迹。元嘉末年（453）寂于成都。智猛自437年进入巴蜀地区，至453年圆寂，前后在巴蜀生活了16年之久，以其求法的经历和广博的学识，对当时的巴蜀佛教的传播和发展产生一定程度的影响，应该是情理之中的事。

慧叡，是一位中国本土僧人，游历至巴蜀西部，前往西域求法的中国本土僧人。慧睿（355—439），南朝刘宋僧，冀州（河北）人，少年出家，常游历学经。曾到达巴蜀西部，为盗贼所掠，经敬信佛法的商人赎出。后继续游历，往天竺诸国。

法献，是一位途经巴蜀前往西域求法的中国本土僧人。据《高僧传》卷十三记载。法献（？—498），俗姓徐，西海延水（青海海晏）人，随舅父至梁州（治所在陕西汉中）出家。刘宋元徽三年（475），自建康出发西行，“西游巴蜀，路出河南，道经芮芮”，最后到达佛教东传的中转站于阗（今新疆和田）。今供奉于北京八大处佛牙舍利塔中的佛牙舍利，应该就是法献在于阗请回的，其功德泽被今世。

昙摩蜜多、畺良耶舍、明达三位都是处于丝绸之路上的西域高僧，他们都先后到过巴蜀弘法布道，与巴蜀佛教结下了不解的法缘；智猛、慧睿、法献三位虽然都是中国本土僧人，一位是赴西域求法后，来巴蜀弘法布道并终老于巴蜀的高僧，另外两位是途经巴蜀赴西域求法的高僧，都与巴蜀佛教有很深的渊源。

从以上6位高僧事迹的侧面可以反映出，南北朝时期巴蜀佛教在丝绸之路上的交流与互动是十分频繁的，充分说明这一时期的巴蜀佛教具有强大的影响力。

四、唐代巴蜀高僧在丝绸之路上的活动

赴西域求法的高僧，除了为大家所熟知的法显、玄奘、义净之外，实

际上有一个庞大的求法群体存在，并且绵延数百年之久。在近现代学术研究中，最早对赴西域求法群体进行关注的首推梁启超先生（1873—1929）。据他统计，从公元3世纪至8世纪，典籍记载共有105人（佚名者尚有82人），这105名西行求法高僧中，有籍贯可考者65人，其中四川有6人，位居甘肃（10人）、河南（8人）、山西（7人）、两广（7人）之后。

梁启超先生统计的赴西域求法的6名巴蜀高僧，其中有5人事迹见于唐义净所著《大唐西域求法高僧传》。据该传记载，这5名唐代巴蜀高僧分别是明远、义朗、智岸、义玄、会宁。

明远，益州清城人（今四川都江堰市）。他是从海上丝绸之路去西域求法的，由交趾（今越南北部红河三角洲一带）泛海，经诃陵国（今印度尼西亚爪哇岛一带），到达师子洲（今斯里兰卡），为君王礼敬，后欲潜取佛牙，为国人所觉，颇见凌辱，后向南印度。

义朗，益州成都人（今四川成都市）。他也是从海上丝绸之路去西域求法的，从乌雷（今广西钦州市）跟随商船一道，越扶南（今柬埔寨和越南南部），经朗迦戍（今马来半岛）、师子洲（今斯里兰卡），搜求异典，顶礼佛牙，住师子洲颇久，后到达西域。义净到达印度时，义朗已经亡故，年龄大约40余岁。

智岸，益州成都人，与义朗同行，至朗迦戍国，病故。

义玄，益州成都人，是义朗的胞弟，与义朗同行。

会宁，益州成都人。他也是从海上丝绸之路向西域求法的。于麟德年中（664—665），杖锡南海，搭船至诃陵洲，并在此国前后住了三年。与此国高僧若那跋陀罗合译《大般涅槃经后分》，并派僧人运期送归，后会宁方适印度。义净到印度时，会宁已经亡故，春秋约34或35岁。

义净所记载的以上唐代5位巴蜀高僧赴西域求法的事迹，虽然不是十分详细，但是为我们提供了唐代巴蜀高僧在丝绸之路上活动的重要信息。从文字记载来看，他们5人都是从海上丝绸之路出发前往西域的，他们途经的国家有今柬埔寨、越南、印尼、马来西亚、斯里兰卡、印度等东南亚、南亚国家。巴蜀高僧赴西域求法是唐代巴蜀佛教繁荣的有力证明，更是唐代巴蜀佛教与东南亚、南亚等丝绸之路沿线国家佛教传播互动的重要史实。

五、结语

早期的巴蜀佛教具有开放包容、拓展进取的品格，不仅接纳域外高僧入蜀讲经弘法，形成了繁荣的局面，还使巴蜀在隋唐之际一度成为中国佛教的中心。同时，早期巴蜀佛教界的僧人，也积极主动地参与到西行求法的行列中，建立起巴蜀佛教与丝绸之路沿线国家和地区的佛教互动传播的信息纽带。

新时代巴蜀文化的传承与创新

巴蜀文化的历史内涵与当代价值

李明泉[①]

"巴蜀文化"概念的命名是由中国现代考古学奠基人之一卫聚贤在全面抗战期间主持重庆考古民间学术团体"说文社"，编辑《说文月刊》时于1941年首次提出来的，距今不到80年，但作为中华文明史的巴蜀，其文化悠久灿烂，博大精深。

一、巴与蜀的称谓及巴蜀文化

从文化地理学看，"巴"的空间范围比"蜀"广阔，不但包括长江三峡在内的川东、鄂西地区，还北达陕南汉中，包有嘉陵江和汉水上游大部分地区，又南及黔涪，包有黔中和湘西地区，同夜郎文化交融。因此，"巴"这个名称包含有地域、族群、人种、国家、文化等多层次内涵，是一个复合型概念。

最早记载巴人事迹的古文献是晋代郭璞作注《山海经》。《山海经·海内经》说："西南有巴国，太皞生咸鸟，咸鸟生乘釐，乘釐生后照，后照是

---

① 李明泉，1957年生于四川宣汉，曾任四川省社科院副院长，现为中国文艺评论家协会副主席、四川省文联副主席、成都市政府参事、二级研究员，省文艺评论家协会主席、四川省中华优秀传统文化传承与文化产业事业研究智库首席专家，四川大学博士后合作导师，四川省学术和技术带头人，国务院特殊津贴专家。

始为巴人。”清江流域的廪君蛮姓巴，巴人始祖是后照。可见，巴人族群源脉可追溯至远古。

古巴人分为两支，一支是清江流域的廪君蛮，另一支是嘉陵江渠江流域的板楯蛮。传说廪君为巴人五姓之首，死后化为白虎。白虎是巴人的图腾。今天土家族就是从廪君蛮和板楯蛮来的，他们至今还保留着巴人的习俗。巴人的中心活动区域是嘉陵江，古称渝水。巴人逐渐南迁，曾在宣汉罗家坝遗址、阆中、江州涪（涪陵）等地建都。

巴人曾帮助周武王伐纣，“歌舞以凌敌”。到汉初，巴人帮助汉高祖夺天下，立了大功。汉高祖刘邦减轻他们的赋税，每户每个男丁每年“岁出賨钱口四十”，出賨钱的人就被称为“賨人”。从此，巴人又称为賨人。

“蜀”主要指四川盆地。东晋常璩《华阳国志》说“蜀之为国，肇于人皇”。人皇是远古时代传说中的神，传说人皇兄弟九人分长九州，各立城邑。其中一人建立了蜀国。今成都平原发现的宝墩古城，是川西地区最早和最大的古城，是人皇兄弟之一在公元前2550年建立的蜀国都城。

从文化语义学上看，东汉许慎在《说文解字》中称，“巴”字象形为蛇。《山海经·海内南经》记有“巴蛇食象，三岁而出其骨”的故事，这条大蟒蛇吞掉一头大象，消化了三年才把它的骨头吐出来。

有关巴字的其他含义，现代学者有多种解释：

一是认为“巴”指山区的“坝”，巴、坝二字同音。

二是认为巴字来源于“巴贯”，指石板。

三是认为“巴”指阆水曲折三回，如“巴”形。

四是认为“巴”字是中国南方壮傣语系民族中“鱼”的读音，“巴就是鱼，鱼就是巴”。

蜀，《说文解字》：“蜀，葵中蚕也。”从罒，即“网”；从勹，指“包裹”；从虫，指“活物”，意为用带孔眼的网罩包裹住活动物体。“蜀”字去掉“虫”以后仍然维持原有音义。四川得名为“蜀”是因盆地自有一番天地，具有若干进出口通道与外地交往，好像网内是一个独立空间，但仍然可以通过网眼看到外面世界。

另说“蜀”字体现了“眼睛崇拜”，因“蜀”字的“罒”有如“目”。三星堆遗址出土了许多与“眼睛”有关的文物，诸如凸目青铜面具、菱形青铜单体眼、大眼睛的青铜大立人像等。这是古蜀人独特的属于原始宗教范畴的“眼睛崇拜”。

可见，巴似“蛇”，蜀似“虫”，是古人对这方土地上的族群的拟物似命名，这与远古自然崇拜有关。所以，后来才有“在川一条虫，出川一条龙”之说。

在战国以前的文献里，巴和蜀一直都是分开称呼的。在殷商甲骨文里有巴方（“方”为“国”意），在周原甲骨文（陕西岐山南麓的岐山县与扶风县一带古称周原）里有伐蜀的记载。当时蜀国是巢国（夏代之前形成的巢氏部落为有巢国，简称巢国）邻近的一小国，但甲骨文里没有巴蜀连称。直到战国时代，巴和蜀这两个区域才连称在一起。最早的记载是汉代汇编的《战国策·秦策一》合称“巴蜀”：“苏秦始将连横，说秦惠王曰：‘大王之国，西有巴蜀、汉中之利，北有胡貉、代马之用，南有巫山、黔中之限，东有肴函之固，田肥美，民殷富，战车万乘，奋击百万，沃野千里，蓄积饶多，地势形便，此所谓天府，天下之雄国也。’”

“巴蜀”合称的过程表明：至少在春秋战国时代，巴蜀已成为这一地域人类群体具有共同集体性格的文化。故《史记》《汉书》才把巴蜀与汉中、关中列为同风同俗的文化区域。“巴蜀由来古，殷周已见传。”这样一个文化共同体一直延续发展到现在，两千多年从未中断过。

二、巴与蜀的特质及巴蜀精神

从经济基础看，蜀地以成都平原为中心，据《华阳国志·蜀志》载：

蜀地“山林泽海，园囿瓜果，四节代熟，靡不有焉”。近年来宝墩遗址等考古研究证明，成都平原是中国早期稻作文明的产生地之一。

川东巴人则多位于河谷及丘陵地区，土地贫瘠，农业相对滞后，长期停留在刀耕火种的阶段，直到唐宋时期都是如此。蜀地的农业经济与巴地的渔猎经济显然是两种不同的经济模式。

从上层建筑看，蜀文化从本质上说是一种内陆农业文化。不仅有以大禹治水、李冰治水著称的农耕文明，而且有发育较早的工业和商业，是中国天然气开采、雕版印刷术、纸币等最早的起源地。蜀地农业发达，是中国最早出现城市文明的地区之一。在三星堆、金沙文化时期，古蜀有比较发达的神权和礼乐制度。

巴族的姓是大姓，是一种部落组织。与蜀相比，巴还没有完备的“国家”机构。在制度文化中，其社会组织仍然呈现自然松散式状态，保留着较浓厚的氏族组织形式色彩。

从意识形态上看，巴族是一个沿水而居、以渔猎经济为主的民族，善于驾舟、习于佩剑。巴式青铜器中以青铜乐器虎钮錞于、编钟、钲等为主，体现了巴人天性劲勇、好战喜舞的民族性格。《华阳国志》记载：“其人勇敢能战”“郡与楚接，人多劲勇……有将帅才。”巴族自古以来具有崇力尚勇、淳朴憨直的民族性格。

巴蔓子将军的故事生动地体现了巴人性格。蔓子为东周末期（约战国中期）的巴国将军。约公元前4世纪，巴国朐忍（今云阳一带）发生内乱，时巴国国力衰弱，国君受到叛乱势力胁迫，百姓被残害。巴国将军蔓子遂以许诺酬谢楚国三城为代价，借楚兵以平息内乱。事平，楚使索城，蔓子认为国家不可分裂，身为人臣不能私下割城。但不履行承诺是为无信，割掉国土是为不忠，蔓子告曰：“将吾头往谢之，城不可得也。”于是自刎，以授楚使。传说中的巴蔓子，既是忠勇爱国精神的化身，也是西南地区人民重义气、讲诚信，舍生取义的人格代表。

巴文化所体现出来的“忠勇信义”核心价值：于国家讲忠诚，于征战讲勇武，于社会讲信用，于朋友讲情义；其精神内核使这块土地诞生了“智勇坚定、排难创新、团结奋斗、不胜不休”的“红军精神”，有如精神基因，一直滋养着这方土地。

与巴人的强悍相比，蜀人则显得更为精明。《华阳国志》称蜀人“尚滋味”“好辛香”“君子精敏，小人鬼黠”。《华阳国志·巴志》说：“巴有将，蜀有相也。”这与汉代“关东出相，关西出将”的说法一样。

巴与蜀在远古是两支各自起源与发展、性格相反相成的文化，经过长时期的历史发展，两支文化才互补交融。巴蜀文化在从古至今的发展进程中形成了多民族、多地域文化的交汇与趋同、融合与升华，特别是经过秦灭巴蜀移民万户，汉末至三国蜀汉荆楚移民入蜀，两晋之交和隋唐之交北方移民入蜀，两宋之交大批外省人入蜀，元末明初的“湖广填四川”，清王朝统一全国后向四川移民 115 万，全面抗日战争期间近 2 000 万人转移到大西南，中华人民共和国成立前后的南下干部到内地和三线建设者们到四川等数次大移民，巴蜀文化已是各地文化的大融合。既显示出巴蜀自然环境的广博接纳力、深刻整合力，又体现出巴蜀人文精神的异质同化性和多样包容性。如川剧的高腔、昆腔、胡琴、弹戏、灯戏“五腔共和”，川菜的“融会贯通，食古化今，集众家之长，成一家风格”等。

巴蜀文化一为“山文化”，一为“水文化”，正如《论语·雍也》所说：“知者乐水，仁者乐山；知者动，仁者静；知者乐，仁者寿。”这方文化版图深刻体现了巴山蜀水刚柔相济、阴阳互补、文武之道的和合精髓和辩证要义，它与中原、草原、海洋、吴越、齐鲁、荆楚等文化板块的单整性不同，具有强大的内生矛盾运动和对立统一禀赋。这在中华文明史上独具特色和魅力。

三、巴蜀文化对世界的贡献

1. 四川与丝绸之路

四川蚕桑种植和织锦工艺历史悠久。养蚕种桑，相传为嫘祖发明。自古以来，崇州、绵阳、南充等为桑蚕盛产地。从三星堆青铜立人所穿丝绸锦衣，可推断这一时期蜀地养蚕制衣技艺已具相当水平。2012 年成都天回镇老官山汉墓出土了 4 部木制织机模型和 14 个纺织工匠彩绘俑，填补了中国纺织科技史的空白。诸葛亮治蜀“决敌之资，惟仰锦耳”，足见养蚕织锦的经济实力。唯此，史称“锦缕专为蜀有”。成都是公认的世界织锦之都。

成都丝绸因气候潮湿不易长期保存，但在干燥之地却能上千年而色泽鲜艳。1995 年，在新疆尼雅遗址出土东汉至魏晋时期绣有“五星出东方利中国”的蜀锦护膊，不仅证明成都很早融入北方丝路，而且表明成都很早就把中华文化的思想传播到西域和海外。[“五星”指水、火、木、金、土五大行星，“东方”是中国古代星占术中特定的天穹位置，“中国”指黄河中下游的京畿地区及中原，是一个地理概念。“五星出东方”指五颗行星在一时期内同时出现于东方天空，即“五星连珠”或“五星聚会”现象；出现五星共见东方之天象，则于中国军国大事有利。美国天文考古学家班大为（David W.Pankenier）在研究中国古代五星聚的论文里曾说，伴随 2040 年 9 月 9 日五星聚会奇观的同时到来，中国将再次走向繁荣和富强。]

据英国哈维《缅甸史》、霍尔《东南亚史》记载，公元前 2 世纪以来，中国的丝绸从缅甸经印度到达阿富汗，远及欧洲，形成以“蜀身毒道”“牂牁道”“五尺道”“灵关道”“茶马古道”等为主干线的“南方丝绸之路”。《史记》多次提到“蜀布”等“蜀物”，就是蜀地生产的丝绸，由蜀人商贾长途贩运到印度出售，再转口贸易到中亚、西亚和欧洲地中海地区。南朝时期，从长安到西域的传统商路因战乱受阻，改由从成都向北经吐谷浑至敦煌张掖以连接西域，形成丝绸之路“河南道”（甘南藏区联通川青道）。汉晋以降，青藏高原逐渐融入北方丝路，“唐蕃古道”逐渐形成，向南联通尼泊尔、印度。司马迁描述“栈道千里，无所不通”。四川经关中到河套地区、蒙古高原，连接“草原丝绸之路”。由甘青地区经玉树至西藏，出喜马拉雅到印度，此为“高原丝绸之路”。汉代蜀地的丝绸、漆器、瓷器、茶叶、枸酱等行销广西等地，经合浦港到南亚诸国销往世界各地。“蜀葵”于15世纪从中国输入欧洲，已绘入西方油画之父提香·韦切利奥的作品中。前蜀永陵“二十四伎乐”中的乐器如觱篥、羯鼓、铜钹、竖箜篌等来自南亚、中亚。

2. 四川与文化交流

唐宋时期，成都与扬州并称“扬一益二”，南北文化、东西文化、中外文化在这里交汇，孕育出儒释道融会贯通、唐诗宋词高峰耸立、联通中外包容万千的文化生态。早在西晋，中国僧人通过川黔“牂牁道”赴印度求法。唐宋时期，成都成为京师之外聚集外国人最多的城市之一。唐代玄奘经成都走向西域、南亚。无相禅师以新罗国王子之身入蜀求法，成为大慈寺开山祖师。宋代高僧兰溪道隆生于涪江郡，赴日本弘法，其名望堪比鉴真和尚。此时的成都成为全国雕版印刷中心之一，1023年诞生了世界上最早的纸币“交子”，推动了全国货币的广泛流通，早于英镑纸币600年。史上第一部汉文佛教大藏经《开宝藏》历时13年雕版完工。后来，高丽使者据此复刻，是为《高丽藏》。

巴蜀的戏曲、音乐、绘画等艺术获得长足进步，形成了“自古诗人例到蜀”的巴蜀文化鼎盛局面。《全唐诗》记载，“初唐四杰”、杜甫、白居易、李商隐等著名文人均入蜀；《全宋诗》记载，两宋时期入蜀就达300多人，这是巴蜀文化鼎盛的生动诠释。

四、传承、创新巴蜀文化的建议

1. 推动巴蜀文化与传承教育“化”起来

林语堂在《苏东坡传》中提及四川人的精神是“吃苦耐劳、机警善辩，有自恃自治的精神”。四川人千百年来形成的这一人文精神，正是现时代需要继承和弘扬的精神基因。“开放包容、崇德尚实”是川人品格，“吃苦耐劳、敢为人先”是川人的品质，“达观友善、巴适安逸”是川人的品性。这24字人文精神的提出意义深远，可以让外界更清晰地认识川人的性格，扛起四川人的精神旗帜，利于四川人文精神的传播。

2. 推动巴蜀文化与群众生活“动”起来

巴蜀青铜礼器、乐器造型独特，巴蜀陶器、漆器工艺精湛。这些有形的符号传递着远古巴蜀的智慧和情感，而无形的神话传奇和“李杜”“三苏”等却深刻反映了历代巴蜀人的心灵世界和卓越历史，构成了巴蜀文化视觉、听觉、味觉、触觉、知觉符号系统。应将巴蜀文化与当代文化生活结合，融入群众社区、校园、街道的文化生活之中，成为历史与现实交相辉映的公共文化产品和服务。

3. 推动巴蜀文化与城镇发展“雅”起来

世界城市发展趋势是文化主题城市的兴起。四川城镇化建设当以巴蜀文化思想价值和人文精神作为自己的城镇主题，以巴蜀文化符号标识和造型风格作为自己的城镇特色，坚持走城镇文化差异化路子，突出巴蜀独有的“山”“水”特点。充分挖掘巴蜀文化内涵，凝练“四大城市群”各地城镇文化主题，促进城镇建设与历史文化的典雅结合、文雅相伴和雅致品位。

4. 推动巴蜀文化与文物典籍“活”起来

应高度重视巴蜀文物的挖掘、发掘与整理、分类，推动博物馆、档案馆、历史馆的资源转化利用以及民间收藏的展览展示，加强古籍整理和研究，加强文博产品的开发和创新。从文物中提取古人的思想、智慧、哲学、美学，将其作为精神滋养、文化养料，转化为大众教育、国学普及、历史知识、人文素养的现实资源，使其走进寻常百姓家。

5. 推动巴蜀文化与文化创意“兴”起来

巴蜀文化精神与名人文化、红色文化、生态文化等经脉相通。文化产业应拓展资源配置空间，激活创意生产能量，为巴蜀文化的场景再现、历史体验、心灵感悟、认知深化，营造旅游休闲、演艺观赏、视听娱乐、阅读学习、虚拟成像、竞技游艺、美食消费等产品生产与服务环境，形成具有巴蜀文化内容与形式的文化创意产业体系。

6. 推动巴蜀文化与艺术创作“融”起来

“武王伐纣，前歌后舞”，其舞风刚烈，音乐铿锵；巴蛇吞象、比翼齐飞，其神话壮阔、想象奇特。巴蜀这方土地将刚柔、实虚、丰约、动静、张弛等辩证艺术法展现得淋漓尽致。应以艺术创新精神探究和体现深厚的历史文化传统、神秘的地理文化趣味、飘逸的文化想象才情、超拔的人文精神情怀、内敛的叙述表达张力、敦厚的真善仁义风范的巴蜀美学精神，为丰富人民群众生活提供源源不断的精神食粮。

7. 推动巴蜀文化与一带一路“连”起来

身处长江流域的广袤巴蜀地域，迫切需要跨区域、跨行业合作，携手共建具有全球影响力的内河经济带、国际黄金旅游带，推动与“一带一路”沿线国家和地区友好城市深度合作，加强巴蜀文化“走出去”，其文化姿态、文化形态、文化业态所经“一带一路”之处必将展现“神女应无恙，当惊世界殊”的风雅颂和精气神，推动巴蜀文化在“民心相通”方面发挥独特作用。

天府文化创造性转化创新性发展研究

——基于成都城市美学的视角

李　洁[①]

城市的形成和发展源远流长，自古就是人们生存休憩、创新创造的重要空间，其功能系统庞大驳杂。美国城市理论家刘易斯·芒福德（Lewis Mumford）指出："城市主要功能是化力为形，化权能为文化，化朽物为活生生艺术形象，化有机的生命繁衍为社会创新。这都是城市能够发挥的积极功效。"[②]其中，城市文化系统的功能意义越来越受到学界和政府的重视，文化作为城市发展的"灵魂""软实力""内核"等理念已经成为共识。

基于此，成都市将文化自信的重要战略要求与城市发展实际结合，提出"弘扬中华文明，发展天府文化"，努力把成都建设成为独具人文魅力的世界文化名城。蜀地特色自然人文、历史记忆积淀于成都城市发展脉络中，使得成都成为最具有天府之地典型审美意义的样本。成都市积极推动天府文化的创造性转化创新性发展，探索天府文化融入城市美学的文化实践，对当代中国城市美学内涵的丰富具有重要现实意义。

---

① 李洁，成都市社会主义学院副主任、副教授。

② ［美］刘易斯·芒福德：《城市发展史：起源、演变与前景》，上海：上海三联书店，2018年，第529页。

一、“天府文化”与城市美学

追溯城市美学理论的研究发展过程可以看到，城市美学研究的内涵和外延在20世纪90年代发生了重要转变。在此之前，“城市美学”的研究运用主要是在建筑学、城市规划学等学科，认为城市美学“是一门研究建筑、城镇、大地景观等一般审美规律的综合性的部门分支美学”[①]。这种观点具有代表性，从当时特定的经济发展和城市建设背景中总结而来，并进一步指导城市规划设计工作，解决的是城市建筑形态、景观设计等环境建设问题，因此研究关注更多的是城市硬件设施等市政建设。

但我们不能忽略的是，城市是“人”的城市，是“满足人们对美好生活需要”的城市。正是认识到城市发展的根本价值旨向，90年代以来，城市美学不再局限于传统意义的精英视角和理论美学，研究对象和范围随着城市发展变化而更新，将“城市”的审美客体及主体活动充分纳入其中。如学者彭立勋提出城市美学不能片面关注城市空间环境美，更应关注城市生活美。他认为，城市美学“既要研究城市的美，也要研究城市的审美，既要研究城市美的创造，也要研究城市美的欣赏，研究城市审美活动和审美教育的规律”[②]。

“人”之于城市的主体地位得以凸显，其精神生活、审美感知、幸福维度逐渐成为城市美学研究的重要领域，意味着城市美学研究立场和视角的现代化转变。刘锋杰提出城市美学应“在对城市人的审美意识的深刻把握中，建构以城市审美经验为内容的现代美学思想”[③]。城市人的历史生活、文

---

① 马武定：《城市美学之一》，《规划师》2000年第4期。

② 彭立勋：《城市美学的研究对象和范围》，《长沙水电师院学报（社会科学学报）》1993年第1期。

③ 刘锋杰：《审“城市”之美：中国美学研究的新支点》，《安徽师范大学学报（人文社会科学版）》2004年第5期。

化传统及审美个性等都应进一步考察，以人文的温情、动态发展的眼光去审视城市美学价值问题，这就需要我们以特色城市作为案例进行研究。

成都市《关于弘扬中华文明发展天府文化加快建设世界文化名城的决定》将“城市美学引领城市崛起”作为新一轮城市崛起的重要发展方向。“美学之城”的定位体现出成都在城市发展理念上的前瞻性意识。亚里士多德在其《政治学》中曾说：“人们居住在城市，是为了生活得更好。”从生存性、物质性需求上升为发展性、精神性需求的增加，“更好”表达的是城市人对“美好生活”的孜孜以求，城市美学是城市去往“更好”方向的应有之义。城市美学的彰显得益于城市经济、生态、精神文明均衡发展态势，相应地，重视城市美学建构又有助于推动城市转型，为成都跻身世界城市之林塑造独具魅力的美学形象。

对比于国内外世界文化名城，许多城市美学标志性特征还不够鲜明。我们反思城市发展面貌“同质化”曾面临的迷茫困惑，诸如“国际化都市”的趋同性建筑、“文化城市”的宣传口号等，更应积极考量如何寻找和界定城市独一无二的美学价值，这种差异性主要呈现为城市文化个性。城市文化与城市美学当有机融合，城市文化是其城市美学价值的核心要义，城市美学为城市文化的外化凝练和演绎，使之可知、可感。

成都提出的城市美学建构，以“天府文化”为精神内核。美国国际美学学会主席阿诺德·伯利恩特（Arnold Berleant）在《培植一种城市美学》中提出如何成为“人性化”的城市的问题，强调城市不应该“牺牲优雅、愉悦与美”。“城市美学也不应该被看成仅仅是一开始就已经确定的整个建设计划的一个独立的组成部分，而不考虑当地特殊的地理、文化和历史条件，或者政治和社会气氛的特点以及居民的一时爱好。”[①]天府文化作为成都的美学内涵表达，契合了这座城市千百年来应地理特征、人文底蕴而生的

① 阿诺德·伯利恩特：《培植一种城市美学》，《第欧根尼》1987年第2期。

"优雅、愉悦与美"，同时又适应具备现代性特征的价值诉求。

"城市记录人类思想、情感与成长过程的所有片段。"[①]正因如此，建构城市美学非一蹴而就之事，它在历史与当下，传统与现代的交互碰撞中渐生、演变和形成。成都将城市美学图景描述为"蜀风雅韵"，从城市外在形态美上致力于构建"历史与现代、人文与自然交相辉映的公园城市的美学"，从城市内在人文美上努力营造"优雅时尚、温情和煦、诗情画意的生活美学"。这一天府美学图景延展了成都城市生长的美学温度和审美活力。

二、以"天府文化"为特质的城市美学内涵

学者曾繁仁在《美学走向生活："有机生成论"城市美学》中提出城市美学"有机生成"的原则："有机性、生成性、生命力、个性化与和谐性，导致城市及其居住者充满生命活力。"[②]把城市美学的生发、形成看作是多重因素相互作用、和谐共生的生命过程。从可欣赏观感的形象化特征，包括山水自然风貌、街巷居所格局等，到城市内在涵养，包括对历史文化的延续和现代性转化，最终凝聚体现为城市个性鲜明的审美风格。成都以"天府文化"为特质的城市美学是中国城市美学生动实践的重要组成部分，并以其与时俱进的审美创造参与和丰富着中华文化的美学精神。

1. 基于天府地域背景的审美基础

天府美学植根于巴蜀大地成都平原，天府之国物产优厚、俗好娱乐，这与生俱来的地域烙印渊源已久，深刻影响着天府美学产生的情感基调和审美心理，只有在这一特定的地域环境和背景中才能理解、把握天府美学的全貌。钱穆先生指出："各地文化精神之不同，究其根源，最先还是由于

① 张在元：《城市发展的软道理》，《建筑学报》2005年第8期。

② 曾繁仁：《美学走向生活："有机生成论"城市美学》，《文艺争鸣》2010年第21期。

自然环境有分别，而影响其生活方式，再由生活方式影响到文化精神。”[①] 自然环境与生产生活方式息息相关，是地域文化生成和地域审美样态的先决条件。自然条件的先天优势给予该区域人们未闻饥馑、富足安恬的生活，为萌生更高层次的审美诉求奠定了物质基础，蓄积了审美生活到来的可能性。

正如“天堂”之于杭州，得天独厚的自然环境中氤氲出杏花春雨、温润精致的江南美学。“天府”之于成都，其优雅时尚、乐观平和的气质同样得益于地理环境的优越禀赋。“天府”作为地理范畴的概念先于文化美学概念之前。《三国志》记载益州为“天府”：“益州险塞，沃野千里，天府之土，高祖因之以成帝业。”成都平原在地理位置上处于天府之国核心区域，而“险”“塞”是其显著的地理特征，有政治、军事作用。

东晋常璩《华阳国志》：“旱则引水浸润，雨则杜塞水门，故记曰‘水旱从人，不知饥馑。’‘时无荒年，天下谓之天府也。’”记载“天府”之地生活无忧、宜居宜人的农耕文化场景，特别是明确记录了都江堰水利工程的修建之于“天府之国”概念形成的内在关联。从水利技术来看，它解决了成都平原历史上的水患灾害问题，为天府大地美田弥望、丰衣足食开创了极为关键的农作条件。从经济社会层面的影响来看，都江堰福祉绵延千年，润泽后世经济、生态、文化的广阔领域，不断造就“天府之国”物质文明和精神文明的高峰。

正因如此，“天府”的经济、文化意义逐渐突出，其影响超越“险恶”“远僻”等地理因素。至唐代，陈子昂在其散文《上蜀川军事》中写道：“伏以国家富有巴蜀，是天府之藏。”可谓大手笔盛赞巴蜀地区在全国范围内具备富庶物质、宝藏的显著优势。而诗人李白将成都山川物华与“秦川”做比：“九天开出一成都，万户千门入画图。草树云山如锦绣，秦川得及此

---

① 钱穆：《中国文化史导论》，商务印书馆，1994 年版，“序言”第 2 页。

间无。”写尽成都风光气韵、锦绣繁盛以及无可比拟的城市吸引力。“天府”在诗词中成为一种具有象征意蕴的文化审美对象，同时当人们提到“天府”，便会联想到审美性表征，诸如富丽、娴雅、浪漫、诗意、幸福等关键词。

钟仕伦指出：“地域审美观是基于人与自然地理环境的相互关系上的概念，是特定空间结构下的自然地理环境和人文地理环境的审美价值在人们头脑中的创造性反映。”①当“天府”一词构筑起地域审美的稳定性认同，它不再局限于地理范畴的天府，也不仅仅是经济领域的繁荣，更是根植于独特地域文化中的美学“天府”。

2. 基于天府精神特质的审美基因

城市承载着审美主体的人文情怀和审美认知，人们居住其中创造美、享受美并影响城市美的评判标准及其演变趋势。当前，成都提炼的天府文化精神特质，包含创新创造、优雅时尚、乐观包容、友善公益四个方面，与天府之国历史文化传统紧密衔接，同时又为当代成都人民树立了精神层次的全新价值维度，这些基因特质深刻作用于城市社会生产、生活方式、风俗人情等方方面面，影响着天府审美习惯和审美品格的形成。

创新性和创造力是审美追求等精神需求产生的重要推动力。远在古蜀文化时期，成都平原就创造了自成一体的文明体系，既有见之于神话传说的信仰传统及哲学理念，更展现出古蜀时期令人惊叹的科技创新力和艺术创造力，孕育出三星堆、金沙遗址等别样精彩的文明样态。秦灭古蜀，蜀地在融入中华民族共同体进程中勇于提升自我，开启创新、创造的新篇章。尤其是汉代“文翁兴学”的开创性举措，以文化人继而以文化城，有效提振了天府成都的文化内驱力。班固在《汉书·循史传》中写道：“至今巴蜀好文雅，文翁之化也。”经济、科技以及文化水平创新性增强的驱动下，城

① 钟仕伦：《赫特纳美学地理学思想的意义及其启示》，《当代文坛》2014 年第 6 期。

市审美意识不断萌发和增长，进一步催化城市审美演进历程。

和谐包容是形成天府绚丽多元之美的重要因素，这种和合的基因早已融入成都血脉。自秦以来蜀地历史上吸纳了四方移民，带来人口来源的重要结构变化，更意味着外来文化、审美习惯的输入和接纳。形成于清代的川剧就是移民文化融合背景下的戏曲艺术结晶。即外省流入的昆腔、高腔、胡琴、弹戏和四川灯戏交融，“最终在成都形成南北声腔熔于一炉、全国拥有声腔最多的大剧种——川剧”①。川剧于巴蜀本土俚趣中又不乏书卷气，具有雅俗可赏的审美特性。川菜亦是如此，在“五方杂处”的文化土壤中博采众长，糅合多种色香味精华，“尚滋味”“好辛香”是大众生活审美必不可少的日常。蜀地以开放、包容、友善的胸怀海纳多样的移民文化，既“美人之美”，尊重不同源头的文化，释放审美个性和文化创造性，又“美美与共”，将之融汇转化成和谐共生又独具美学魅力的天府文化。

“蜀人好游乐无时”，成都民众素有“好休闲”“喜时尚”的性格基因，追求自由快乐、闲适悠游的审美享受是社会整体性的价值取向。许倬云曾形象地描述过地域因素作用下的集体文化心态：“丘陵山林里有足够的粮食，湖泊和河流旁有许多肥沃的土地，所以这个地区居民的生活是快乐的，心态是活泼的，他们愿意变动，也不在乎变动。”②这种乐观活泼、积极向上的生命状态，孕育出成都人“慢”“闲”“乐”的生活艺术，滋生了“崇文学”“好游乐”以及“好音乐”等丰富生动的审美情趣。成都人的休闲是审美的，也是平民化的，“平民意识或平民精神，是一种崇尚和尊重人的生命、尊严、价值、情感和自由的精神。”③平民精神引领这座城市普遍性和审美性

---

① 成都市地方志编纂委员会办公室：《成都精览》，成都：电子科技大学出版社，2016年，第173页。

② 许倬云：《万古江河——中国历史文化的转折与开展》，长沙：湖南人民出版社，2017年版，第5页。

③ 黄维敏：《成都城市文化精神中的平民意识》，《中华文化论坛》2008年第1期。

的精神风尚，休闲和审美走进更广阔的大众人生。

3. 基于天府文化意蕴的审美个性

决定城市审美品格和个性呈现的根本性因素在于城市文化特色。刘圣鹏认为，江南美学的标识性任务就是要明确定位城市美学品格。“城市美学品格是城市的美学风格和文化风格，如果说城市美学风格更多体现为标志性或区别性的城市外观的话，那么城市文化风格则兼容了灌注于城市外观的美学风格之中，并成为标志性城市文化内涵的人文历史及其现代传承”[①]。在现代化城市建设进程中，摩天大楼竞相争高暴露出城市面貌“趋同性”危机，特色小镇“不特色”、文化小镇“没文化”屡屡被诟病，原因就在于城市外在形式“易得”，而城市内在神韵“难得”。因此，城市文化意蕴愈典型鲜明，审美品格的差异性愈能彰显，这对城市美学的生命力构建尤为重要。对比国内典型城市，杭州是江南文化的代表，即柔性的、唯美的，北京是“雍容大气、热情豪放”的“京味文化”，成都所代表的“天府文化”，蕴涵着“蜀风雅韵”的地域特色，优雅时尚、温情和煦、诗情画意结合的文化韵致和美学风貌，呈现出雅俗共赏、动静相宜、古今辉映的审美特征。

美在自然，是生态意境之美。成都地处西南腹心，有着“水绿天青不起尘，风光和暖胜三秦”的气候条件，山水如画、花木繁茂独异，自是历代文人反复吟咏的重要审美对象，被赋予了丰富的情感性和象征意味。“花重锦官城”的美学形象极为深入人心：芙蓉花令成都“四十里如锦绣”，海棠花“锦绣裹城迷巷陌”，杜鹃花“夜叫思归山月中”，乃至今日诗人所写“桃花才骨朵，人心已乱开”。花草烂漫、曲江水流本属自然，但有了人情的倾注和审美的观照，便营造出成都这座城市“繁华盛丽”“诗情画意”的美学意境，不但是安顿生活的乐土，更能栖居美的精神和灵魂。

① 刘圣鹏：《新型城镇化与江南城镇美学》，《宁波大学学报（人文科学版）》2006年第1期。

美在人文，是优雅诗韵之美。成都历来是文化艺术氛围浓厚的美学重镇，白居易称“诗家律手在成都”。作为“当代诗坛创刊最早专业诗歌刊物”的《星星诗刊》1957年在成都创办，至今成都也是名副其实的“诗歌之城”。谭继和先生认为，巴蜀文化发展史上有三大突出现象：“巴蜀自古出文宗”“诗人自古例到蜀”“自古蜀中多才女”，并由司马相如开启了蜀地文学“浪漫主义倾向”。[①] 成都有着崇文重教的传统，汉赋的恢宏遒劲、“李杜”诗词的浪漫和深情，花间词的绮丽浓艳，无不浸润着蜀地独特的人文底蕴，成都的诗性气质也在千古传唱中得以成就和延续。

美在日常，是休闲品质之美。不同于杭州的“唯美诗性”，北京有“王者之气”，成都城市之美更具烟火气、人情味，是市民大众广泛参与、鲜活灵动的生活美学，这正是天府美学难能可贵的个性所在。易中天《读城记》中对比北京和成都的差异性认为：“如果说北京是帝王贵胄、文人学者、市井小民共生共处的地面，那么，成都则更多的是平民的乐土。”[②]唐宋以来成都游乐休闲平民化趋势明显，赏花、饮酒、饮茶及浣花大游江等活动不分雅俗高下，并非官员文人的专享，是“所有人参与的‘众乐乐’，官员民众、市农工商、男女老幼、穷人富人、本地外来等等，概莫能外”[③]。谚语“茶馆是个小成都，成都是个大茶馆”形象地道出成都的休闲氛围无所不在，茶馆承载的是成都人公共性的审美生活方式，以及展开日常审美体验的过程。成都的休闲意味着普通民众对高质量生活的追求，是成都人实现美好生活的必要形式。

刘悦笛指出当代美学研究应该转向社会生活实践，关注幸福人生的构建，把“过生活”变为“享受生活”的“生活美学”。成都人“俗尚闲适，

---

① 谭继和：《神奇、神秘、神妙的巴蜀文化（下篇）》，《四川党的建设（城市版）》2007年第9期。

② 易中天：《读城记》，上海：上海文艺出版社，2006年，第268页。

③ 伍松乔：《天下古成都》，成都：四川人民出版社，2014年，第186页。

家多宴乐”，注重生活享受的民风世俗，成都市倡导建设“品质生活城市”理念，恰恰契合了“生活美学”的价值取向。

三、塑造和传播天府城市美学的路径思考

不论是在国际还是国内的城市竞争力体系指标中，文化特征、美学内涵以及城市软实力越来越成为举足轻重的影响因子。城市美学的构建为城市的有机更新和文化功能完善拓展了广度和深度，它涉及城市审美关系的主客体，包括物质和精神文化多个层面，是跨越历史时空又不断生长和丰富的活力机体。如若能积极把握这一重要发展趋势，以美学自觉意识重视城市美学理论和美学规律在城市文化建设中的实际应用，对于塑造具有典型识别性的天府城市美学，增强天府成都的综合性竞争力将大有裨益。

1. 重塑天府美学的立体空间

以“美学的原则”构建天府美学立体空间。吴良镛先生指出刘易斯·芒福德提出的“美学的原则”即“城市规划必须有一个小心谨慎的、社会的、生物学的及美学的原则”[①]。其中包含着城市建设自然观、人文观和整体观的重要启示。今天的城市规划应是在坚持以人为本的根本理念下，处理好技术与人文的主次关系、绿化空间与人居城市的平衡关系，着眼于整体设计，从城市生态环境、建筑格局、色彩对比上突出人文性、个性化的美学内蕴。

按照习近平总书记关于“突出公园城市特点，把生态价值考虑进去”的要求，成都市提出建设“美丽宜居公园城市”，不同于“园林城市”“花园城市”，是将生态平衡观、以人文本观等美的理念融入公园城市的“大美”形态塑造中，“包括绿水青山的生态价值、诗意栖居的美学价值、以文

① 吴良镛：《芒福德的学术思想及其对人居环境学建设的启示》，《城市规划》1996 年第 1 期。

化人的人文价值、绿色低碳的经济价值、简约健康的生活价值与美好生活的社会价值”。融合经济、生活、社会功能，突出生态、美学、人文意涵。“以绿色为底色、以山水为景观、以绿道为脉络，以人文为特质、以街区为基础的人城境业和谐统一的新型城市形态。”[①]这种全新“公园城市”美学形态的构建、公园美学消费场景的营造，既传承了历史成都“绿野平林，烟水青色”的灵秀景致以及文化气韵，又创造性地植入当代审美消费经济，在城市立体空间格局构建上，无疑具有中国城市美学实践的创新性和示范性意义。

2. 提炼天府成都的美学意象

在历史续接和现代创新中提炼天府成都典型性、时代性的美学意象。田园牧歌般的“乡愁”奠定了乡村美学的审美视野和情感基调，而城市美学从审美范畴、审美意象及特征呈现上都极大地区别于“乡村美学”，从城市审美对象来看，它包蕴城市物质和精神的广泛实践领域，从自然生态、历史遗迹、文化艺术到城市空间布局、科技创造、流行文化等，极具现代、厚重、多元之美。于纷繁的城市意象中提炼代表城市审美特性的具象符号，如“西湖”之于杭州，城市美学更具可识别性和可读性。

从山水自然意象上看，天府美学新景观不断涌现，如天府绿道、锦江夜游景观、龙泉山城市森林公园等新兴景象都有待梳理、提炼。天府绿道“一轴、二山、三环、七带”格局呼之欲出，绿道建设顺应区域生态和人文本底，“熊猫”特色绿道、植入非遗文化记忆的星河绿道、融入诗歌意境和川西林盘景观的七里诗乡绿道，无不在绿意盎然的山水画卷中浸润天府文化记忆，犹如翡翠项链般烘托城市之美。其绿色动脉体系即将嵌入天府城市肌理，成为具有全球识别性的生态美学名片。

---

① 成都市美丽宜居公园城市规划（2018—2035 年），http://www.cdipd.org.cn/index.php?m=content&c=index&a=show&catid=85&id=88。

从历史文化资源中展开提炼，挖掘应用金沙太阳神鸟、青铜纵目面具等古蜀文化符号，创造性地拓展宽窄巷子、太古里、锦里等文化商业街区的美学效应，塑造集慢生活文态、时尚消费业态、古典场景形态于一体的现代城市美学景观。从创意生活领域展开提炼，如工业风十足的时尚产业园区东郊记忆、再现二十四伎乐音乐盛宴的武侯区音乐坊、以热辣火锅为主题的沸腾小镇等全新的城市创意美学地标，围绕视觉、听觉、情感、体验等多角度打造体现“老成都、蜀都味、国际范”的审美识别系统。

3．传播天府美学的品牌形象

立足于本土认同和国际输出的不同语境，从中探索传播天府美学形象的有效路径。天府美学的构建基于城市各美学要素的认识、凝练，并在此基础上形成国际国内公众高度认可的美学形象和品牌印记。从本土及全国范围来看，天府美学的传播应增强文化认同感，着眼于城市文化个性、旅游吸引力、幸福感召力等层面展开，以期满足民众对“宜居城市”“幸福城市”的归属认知。2003 年成都市推出张艺谋执导的城市宣传片，“成都，一座来了就不想离开的城市”几乎家喻户晓；到 2017 年，一首《成都》令人们对这座城市“一见倾心”。正是精准地捕捉了天府成都的人文内蕴以及由话语背后的“美好生活”发出的强烈感召力，成都引领“生活之美”的幸福品牌植入人心，多次在城市排行中脱颖而出。

在城市愈加深度参与国际化交流和竞争的环境下，必须积极思考如何运用天府美学讲好“天府故事”，天府美学的对外传播应彰显地域文化自信。筛选天府美学中最具国际审美通感的核心内容，如熊猫、美食等关键词。2010 年成都市将最能代表地域特色的国宝熊猫搬上美国纽约时报广场的电子屏，即“典型中国，熊猫故乡”，以区域的“唯一性”丰富世界城市审美的“多样性”，突出了成都形象的美学辨识度和国际美誉度。同时，传统表达路径应转换为现代表达路径，如科技影像、新媒体流量、文化贸易等传播方式结合，适应世界多元文化的接受背景。

“世界文化名城论坛·天府论坛”的举办、2021年世界大学生运动会落地是成都向国际舞台再出发的良好契机。成都市加快国际化脚步，将“文化之都”“中国历史文化名城”的历史定位提档升级，即“建设世界文化名城”，打造“三城三都”金字品牌，从文创、赛事、会展、音乐、旅游、美食等优势资源中汇聚品牌力量，以开放、跨界、创意的先进思维传递天府成都的文化魅力以及美学典范性。

新时代巴文化的价值及传承、发展、实践探索研究

——以达州市为例

王　诤[①]

近年来，从中央到地方都高度重视传统文化的保护传承和发展。习近平总书记指出："发展中国特色社会主义文化，就是以马克思主义为指导，坚守中华文化立场，立足当代中国现实，结合当今时代条件，发展面向现代化、面向世界、面向未来的，民族的科学的大众的社会主义文化，推动社会主义精神文明和物质文明协调发展。"[②]四川自古以来被称为巴蜀大地，巴蜀文化是中华文明的重要组成部分。中共四川省委、省人民政府高度重视巴蜀文化的传承发展，做出"推动巴蜀文化繁荣兴盛"的战略部署，并将其纳入文化强省建设的重点内容。达州境内有罗家坝、城坝两大遗址，是巴文化的发祥地和巴文明起源地之一，深入挖掘巴文化价值及传承、发展巴文化使命光荣，责任重大。

① 王诤，达州市巴文化研究院院长。

② 习近平：《决胜全面建成小康社会　夺取新时代中国特色社会主义伟大胜利》（在中国共产党第十九次全国代表大会上的报告），人民日报2017年10月19日。

一、新时代巴文化的价值挖掘

（一）具有历史传承价值，是中华传统文化的重要组成部分

“中华民族伟大复兴需要以中华文化发展繁荣为条件”[①]，中华优秀传统文化是中华民族的“根”和“魂”。古代巴人所留下的物质和精神遗产是当时人民智慧的结晶，也是中华文化的瑰宝。因此，新时代通过深入挖掘研究巴文化蕴含的哲学思想、人文精神、价值理念、道德规范等，推动巴文化创造性转化、创新性发展，向世界展示巴文化灿烂成就，揭示其蕴含的中华民族的文化精神、文化胸怀和文化自信，不仅能增强民族自信和民族凝聚力，为新时代坚持和发展中国特色社会主义提供精神支撑，而且能夯实文化软实力根基，为中华民族的伟大复兴提供助力。

（二）具有道德育人价值，是社会主义核心价值观的基础体现

虽然目前巴文化精神还没有形成统一的认识，但是有些学者结合已有考古资料和文献记载，归纳总结为“忠勇信义”[②]。比如，武王伐纣，“巴师勇锐，歌舞以凌殷人，前徒倒戈”[③]，体现出巴人勇士信守誓言、征战勇猛的品质。巴蔓子将军“诚许楚王城，将吾头往谢之，城不可得也”[④]，体现出巴蔓子将军忠于国家、敢于牺牲、信守诺言的品格。巴文化所体现的“忠勇信义”精神潜移默化地影响着在这片土地上人民的思想方式和行为方式，是他们忠诚担当的心性冶炼和价值追求。社会主义核心价值观核心内涵立足于中华优秀传统文化，汲取了传统文化中蕴含的丰富思想道德。巴文化

---

① 中共中央宣传部：《习近平总书记系列重要讲话读本》，北京：学习出版社，2016年版，第206页。

② 彭邦本：《文化历史地位与核心价值》，《中华文化论坛》2016年第12期，第9页。

③ ［晋］常璩：《华阳国志》，刘琳校，成都：巴蜀书社，1984年版，第21页。

④ ［晋］常璩：《华阳国志》，刘琳校，成都：巴蜀书社，1984年版，第32页。

所体现的“于国家讲忠勇，于社会讲诚信，于个人讲情义”的精神内核与社会主义核心价值观一脉相承，是其基本体现。

（三）具有经济社会价值，是区域文化软实力的重要支撑

据了解，广汉市以三星堆博物馆为核心，三星堆考古遗址公园、三星堆文化产业园为两翼，全产业链打造“中国文化版迪士尼”，年游客量80余万人次，年门票收入3 000多万元。巴文化是多元一体的中华文明最具特色的区域文化之一，底蕴深厚、思想深邃、内涵丰富，文化资源广阔。通过深入挖掘巴文化资源，促进巴文化与产业融合发展，塑造区域特色文化品牌，提升巴地鲜明的文化形象和知名度，增强区域文化软实力和竞争力，助推区域经济社会发展繁荣，为夺取新时代中国特色社会主义伟大胜利贡献文化力量。

（四）具有文学艺术价值，是文艺创作的重要资源

在广袤的巴地上有着巴文化留存的丰富内容，如方言土语、巴山情歌、劳动号子、故事传说、民俗礼仪、非物质文化遗产等，这为作家、艺术家开展艺术创作提供了宝贵的文化资源和有益的艺术借鉴。比如，巴中深入挖掘巴山民歌、劳动号子等巴文化元素，推出大型廉政川剧《挂印知县》，让深埋民间的民俗焕然一新，成为2016年全国地方剧团四川唯一进京在北京长安大剧院演出的剧目。可见，通过对具有巴文化元素的内容进行再度创作，推出一批文艺作品，不仅能够丰富群众文化生活，极大彰显巴文化独特魅力，而且还能发挥文化潜移默化的作用，将巴文化镌刻进群众的内心，提升文化认同感，起到凝心聚力作用。

（五）具有社会认同价值，是连接川渝城市群建设的文化纽带

据《华阳国志·巴志》记载：巴国“东至鱼复，西至僰道，北接汉中，

南及黔、涪”[①]。大致相当于今重庆、川东、陕南和鄂西一带，也就是说川东和重庆都属巴地区域，山水相连、血脉相亲。同时，两地文化也有差异性，红色文化和民俗文化特色鲜明，各有特点。文化基因相同有利于双方开展合作发展、交流，差异性有利于双方互融互通、差异发展。如川渝两地以巴文化为联结合作联动，整合力量，统筹资源，协调发展，不仅能推动川渝城市深度合作，而且还能呈现巴文化的精彩魅力，产生真正的巴文化效应。

二、达州与其他区域巴文化传承、发展、实践比较分析

（一）达州建设全国巴文化高地实践

一是大力实施保护发掘工程。制定出台了全国首部巴文化保护地方法规《达州市巴遗址遗迹保护条例》；达州市巴文化主题展陈馆、賨人文化陈列馆、中国汉阙文化博物馆等建成使用；宣汉罗家坝、渠县城坝国家考古遗址公园、达州巴人历史文化馆等一批重点项目有序推进。

二是大力实施巴文化学术研究工程。开展了全国性巴文化学术研讨会，出版了《賨人与賨文化》《川东北考古与巴文化研究》《巴文化达州选萃》等书籍。

三是大力实施巴文化传承工程。根据国家级非遗“川东土家族薅草锣鼓”创作而成的《幸福生活抿抿甜》，成功亮相央视综艺节目《直通春晚》；大型情景史诗剧《梦回巴国》震撼公演。

四是大力实施巴文化旅游融合发展工程。依托巴山大峡谷，重点打造“大巴山＋巴文化”文旅融合精品项目；开展“穿巴人服、唱巴山歌、跳巴人舞”的特色文化推广活动；推动通川区江湾城一小打造巴文化特色校区。

① ［晋］常璩：《华阳国志》，刘琳校，成都：巴蜀书社，1984 年版，第 25 页。

（二）其他区域巴文化传承发展实践

从调研情况来看，目前四川巴中市，陕西安康市岚皋县，重庆市，湖北省恩施州、宜昌，湖南湘西州对巴文化重视程度比较高，进行了一系列实践探索，取得一定成效。为更清晰、直观地展示各地巴文化传承发展情况，在实地调研和参照相关资料的基础上，以表格总结如下。

其他区域巴文化传承发展实践

地域	典型代表	研究队伍	展陈项目	文艺展演
四川省巴中市	巴中月亮岩、南龛石窟	成立巴文化研究院；巴中职业技术学院巴文化艺术研究中心，及市级部门相关专家。	恩阳区：以“古镇核心带动，文化产业驱动，旅游服务联动”为发展思路，以“文创、研学、休闲、展销”为主题，打造恩阳文化创意产业园。	“巴人文化艺术节”已连续举办八届。
陕西省	肖家坝、蔺河镇草垭村巴人洞穴墓葬遗址、巴人崖居百子洞群遗址等	有全国知名高校、专家学者，以及大量历史文化专业人才和专业解说人才。	安康市岚皋县：打造“巴山画廊·富有岚皋”品牌，深入挖掘并大力弘扬巴文化精髓，集中推出一本书、一台戏、一个长廊、一座广场、一个风情园为主要内容的巴文化“五个一”工程。	编排大型巴文化舞台剧《巴人追梦》；修建一座巴文化乡愁馆。
重庆市	涪陵小田溪、云阳李家坝战国墓地等	成立以巴文化考古学研究为主的专业机构：重庆三峡古人类研究所、三峡区域文化研究所，当地高校和科研院所拥有一批巴文化专家学者。	九龙坡区：打造古巴国建筑特色的特色文化商业街区。立“巴将军”铜像。建巴人博物馆，有相应的历史故事、历史人物雕塑景观等。建巴国城文化广场。 巴南区：修建巴文化公园（巴文化电影公园），以雕塑和浮雕的形式展示巴国、巴人和巴文化。	推出“巴文化”百集网络视频讲座《巴国传奇》。
湖北省	湖北长阳清江国家地质公园、香炉石文化遗址等	三峡大学成立湖北省三峡文化研究会、巴楚艺术研究中心，设有三峡民俗文化陈列馆。有张昌平、曹大明、陈宇京、邓辉等教授。	恩施州：建设廪君文化公园、女儿城，定期举行廪君祭祀节，打造“巴风楚韵·山水硒都”文化名片。 宜昌市长阳县：建有巴人博物馆，当地结合廪君的传奇故事，打造5A级景区“清江画廊”。	举办中国廪君文化艺术节；拍摄土家风情故事片《哭嫁》。
湖南省	老司城遗址、骑龙岗古墓群等	吉首大学历史与文化学院罗维庆、陈廷亮等教授。	湘西州：成立中国土司文化研究院，利用研究成果，联合老司城遗址、湖北恩施唐崖土司城遗址、贵州遵义海龙屯土司遗址以“中国土司遗产”，成功申报“世界文化遗产”。	推出《魅力湘西》《边城》等舞台剧。

（三）各地巴文化传承发展的特点

一是研究成果不断涌现，但研究深度、广度不够。各地研究工作取得一定成效，但在对巴文化的历史消长变迁、不同时代的文化景观、巴文化的精神和其历史、艺术、科学价值等方面缺乏系统挖掘和研究。

二是重视程度比较高，但巴文化价值当代转化能力弱。各地十分重视巴文化传承发展，但都未能占据巴文化高地。各地对巴文化深度研发和产业发展等方面的大策划和大运作不够，对巴文化创意产品及衍生品的开发还停留在探索阶段。

三是巴文化展示项目类型多样，但对巴文化内涵精神提炼运用不够。各地在巴文化传承发展中进入一个思想误区，过于注重展陈载体的修建，而忽视了对人们影响最大、最深的方面——精神方面的传承。

四是巴文化文艺作品创作有一些成果，但社会影响力不大。巴文化研究常常局限在学术领域，缺乏对其通俗化翻译阐释，无法将巴文化价值与当代需求和当代价值观很好地结合起来，推出一批具有重大影响力的文艺作品。

（四）达州巴文化传承发展的比较优势

一是政策优势。“成渝地区双城经济圈建设”和“万达开川渝统筹发展示范区”国家战略的实施。中共四川省委十一届七次全会明确指出“支持达州建设巴文化传承创新和旅游发展高地”。中共达州市委、市人民政府高度重视巴文化传承发展，做出了一系列部署。

二是资源优势。达州拥有罗家坝、城坝两大遗址均属国家重点文物保护单位，是整个长江流域探索古巴文明的代表性遗址。达州自古文臣武将辈出，不乏彪炳中华史册的重要人物，且达州非物质文化遗产丰富多姿。

三是阵地优势。四川文理学院成立巴文化研究院和秦巴文化产业研究院；四川省巴文化研究会、四川省社会科学院巴文化研究中心落户达州；

成立达州市巴文化研究院；组建“巴文化专家智库”“市内巴文化研究特约专家”，研究队伍不断壮大。

三、达州建设巴文化传承创新高地的路径分析

（一）亟须解决的问题

一是全市对巴文化内涵尚未达成共识。当前，达州市在巴文化内涵上仍存在很大争议，众说纷纭，特别是关于巴文化、賨文化、土家文化三者的关系问题。

二是巴文化传承发展项目呈现同质化现象。机构和学会类似、雷同非常严重，且很多名存实亡，没有发挥应有的作用。“一轴两翼”规划建设的巴文化展陈项目，可能会出现展陈内容有些雷同或重复的现象。

三是“巴人故里”品牌影响力不大。达州号称“巴人故里”，但尚未形成具有强大传播力的巴文化符号、品牌和有深度、有影响的课题研究和学术成果，文化产业开发利用效果不明显，产生的社会和经济效益较少。

四是“全市一盘棋”的工作体制、机制不健全。巴文化传承发展工作涉及宣传、文化、考古、旅游、教育、城市规划、工商等多个部门，受行政壁垒和职能、职责分割的影响，没能完全形成共同发力、齐抓共管的传承保护工作机制。

（二）路径分析

1. 拓宽视野，强化研究，增强巴文化竞争力

一是建设巴文化专题数据库。全方面搜集整理巴文化遗址遗迹及其所形成的独具魅力的精神文化遗产等内容，通过影印、图片、音频等形式，逐步建设全方位、立体化、多层次展示巴文化遗址遗迹分布、学术研究成

果、研究专家队伍等方面的集成性巴文化数字资源库。

二是规划引领，制定《巴文化研究发展规划》。根据现有研究基础、资料数据、人才队伍、发展需求等情况，充分征求全国知名巴文化专家学者意见基础上，制定出《巴文化研究发展规划》，循序渐进，分步实施，逐步推进。

三是基础研究和应用转化并举。加大对罗家坝和城坝两大遗址、巴人标识、族属、源流等进行深入研究，提炼总结出巴文化精神和文化符号。注重巴文化应用研究，开展重大项目论证，加快成果转化，服务地方经济社会发展需要。

2. 搭建平台，借智借力，增强巴文化吸引力

一是团结各方研究力量。在构建专职研究人员、专家智库、市内特约专家队伍的基础上，通过完善项目招标，创建资助国内外学者出版巴文化研究专著等方式，实现专（兼）职研究人员的整合，促进研究力量跨区域合作，成为国内外学术界巴文化成果权威发布平台，助推全国巴文化研究高地建设。

二是拓宽学术阵地。借助省、市各大学术研究平台，进行巴文化课题研究。采取以书代刊的形式，与四川文理学院合作，在《巴文化研究》上刊发巴文化研究成果。积极创造条件，申报学术科研平台，争取创办巴文化研究专刊，拓宽学术阵地。

三是开展学术交流。针对巴文化传承发展中的重大理论问题和巴文化建设的实践需要，积极组织谋划举办全国性高水平学术会议；支持市内专（兼）职研究人员参加国内外学术会议，到学术研究先进基地学习取经；邀请全国知名巴文化专家学者到达州调研指导和讲授研究成果。

3. 加强学科建设，培育专业人才，增强巴文化凝聚力[①]

一是加强学科和专业建设。依托四川文理学院，逐步凝练以地域文化为主的文化与产业方向，以哲学、历史、文学、工学、艺术等多学科支撑的学科专业建设，在课程建设上，逐步建设形成以地域文化为主、通识课程为补充的课程体系建设。

二是强化研究管理人才队伍建设。加强现有人才的自身建设，不断优化人才管理队伍，培养学科学术带头人，培育优秀青年人才，不断增强团队的专业能力、合作精神和凝聚力。

三是培育一批文化产业发展等专业型人才。不断探索、形成、完善以弘扬中华文化精神为目标的地域文化人才培养的方法、路径和体系，培育一批文化研究、文创产品设计、文化产业发展的专业型人才。

4. 创新方式，打造精品，增强巴文化影响力

一是推进巴文化宣传普及。组织开展巴文化专题讲座、秦巴讲堂等论坛，推进巴文化知识普及；建设一批巴文化传承展演节目；建设巴文化特色校园、特色街区、特色景点；创建巴文化实践教学和交流场所（成立传习所、工作坊或兴趣小组）；打造特色文化项目，促进农文旅融合发展。

二是打造巴文化艺术精品。不断完善文艺精品创作、文化发展奖励扶持机制，以巴文化等传统文化为核心，创作老百姓喜闻乐见的作品。加强对巴文化等特色文化的梳理，推动文艺题材创新、表现手法创新、业态样式创新，以主题展览、演艺剧目、微视频、动漫游戏等形式展示巴文化沿革。

三是策划一批文创产品。依托四川文理学院美术学院、巴山文学院、巴山书画院等，培育一批文化创意工作室、文创产业园区或交流基地，加强对包括民俗产品在内的创意产品的设计和研发，创作一批弘扬巴文化的

---

① 参考四川文理学院巴文化研究院、达州市巴文化研究院2020年中华文化研究院申报书。

文创精品，进行市场化运作、营销，逐步实现“产品”到“产值”的转变。

5. 加强合作，协同联动，共享发展，增强巴文化号召力

一是高校、市属文博单位、职能部门应强化合作。四川文理学院研究工作起步早，学术积淀丰富；市属文博单位和职能部门在巴文化保护利用、展陈规划建设、宣传推广等方面优势明显。各方发挥各自比较优势，建立长效合作机制，明确任务，各有侧重，同向发力，必将有力推动全国巴文化高地建设。

二是加强与市外、省外和泛巴区域高校、文博单位、企事业单位合作。进一步强化与市外相关高校、文博等单位在巴文化保护利用、研究推广等方面开展深度合作。如泛巴区域可以联合出版“巴文化系列丛书”。

三是加快融入巴蜀文旅走廊。主动融入巴蜀文旅走廊，塑造“大巴山·大三峡”文旅品牌。利用巴山大峡谷、八台山、黑宝山等景区和良好的生态禀赋，建设一批巴文化经典场景再现、观赏体验、深化感悟认知的文化项目，营造良好的旅游休闲、休闲娱乐、美食消费旅游环境。

四、积极争取省委、省政府的大力支持

（一）加强规划指导，编制四川省巴文化传承发展总体规划。高起点、高水平的规划建设，是巴文化传承发展的前提条件和制度保障。建议：①提档升级，纳入四川省“十四五”规划编制；②精准施策，在达州设四川巴文化研究中心。通过省市联动合作，将达州建成全国性的巴文化数字保护、巴文化学术研究交流中心、文化产业发展基地等为一体的示范点，抢占巴文化传承发展制高点。

（二）加强政策引导，营造良好发展环境。建议：①加大考古发掘力度，积极向国家文物局争取，提升罗家坝和城坝遗址的考古发掘面积规模，

加快考古发掘进度；②共享考古发掘成果，推动体制改革，在不改变考古发掘成果权属的前提下，共同开展文物保护、研究利用等活动，盘活文博领域的沉默财富；③设立巴文化研究发展专项资金，建立全省巴文化研究发展扶持基金，对重大巴文化研究项目、开发项目进行资金扶持和奖励。

（三）铸造文化品牌，提升对内对外影响。建议：①统筹协调，健全文旅融合体系，着眼全省“一盘棋”的思路，形成巴文化区域旅游发展大环线；②联动泛巴区域其他省市协同发展，共同打造考古发掘、人才培养、艺术精品创作、演艺剧目表演、文旅融合等一体化错位发展格局，切实提升巴文化对内对外影响力。

习总书记指出：“我们要加强考古工作和历史研究，让收藏在博物馆里的文物、陈列在广阔大地上的遗产、书写在古籍里的文字都活起来，丰富全社会历史文化滋养。”[①]当前，各地深度挖掘巴文化价值，并采取一系列举措传承发展，取得了一定成绩。在今后工作中，达州市需进一步推进巴文化创造性转化和创新性发展，切实让“让文物活起来，名人亮起来，故事响起来，让景区火起来，让效益好起来”，为融入“双城圈”、建好“示范区”“冲刺 4 000 亿”“建设双 300”，加快实现“两个定位”，奋力争创全省经济副中心贡献文化力量。

① 习近平在中央政治局第二十三次集体学习时强调：“建设中国特色、中国风格、中国气派的考古学，更好认识源远流长、博大精深的中华文明”，人民日报，2020 年 9 月 30 日，第 1 版。

巴蜀文化与巴渝

——以成渝双城经济圈为视阈的观察

周　勇①

在中共中央决定建设“成渝双城经济圈”的背景下，举办“巴蜀文化论坛”，意义重大。

本文以国家经济与社会发展战略的宏观视野，梳理巴蜀文化、巴渝文化的内涵，厘清相互关系，为进一步加强文化认同，推进文化共识，为建设成渝双城经济圈提供学理的支撑。

一、在中国区域城市一体化发展的大趋势下，成渝城市文化需要深入研究，进而为建设成渝双城经济圈提供学理支撑

中国40年来改革开放的重要成果就是按照市场的规律，以城市为中心，进而依托城市群来推动国家的经济与社会发展。大约40年前开始的珠三角、大约30年前开始的长三角、大约20年前开始的长江流域、大约近10年来开始的京津冀，就是这一战略实施的代表。面向未来，推动中国发展的新引擎将是粤港澳大湾区和成渝双城经济圈。

---

① 周勇，中国抗日战争史学会副会长、中国城市史研究会副会长、重庆市地方史研究会会长，西南大学、西南政法大学教授、博士生导师。

2015年1月，“成渝城市群”入围国家级城市群，成渝城市群一体化发展纳入长江经济带的发展规划之中。2016年4月15日，国务院批复《成渝城市群发展规划》[①]。成渝城市群总面积18.5万平方千米，横跨四川和重庆，以重庆和四川成都两地为双核，主要范围包括四川省的成都、绵阳、德阳、乐山、眉山、遂宁、内江、南充、资阳、自贡、宜宾、广安、达州、泸州，和重庆直辖市的主城九区、万州、涪陵、合川、永川、江津、大足、垫江、璧山、铜梁等。几年来，政、学两界对推进成渝城市群发展做出了重要努力。

2020年1月3日，习近平主持召开中央财经委员会第六次会议，研究推动成渝地区双城经济圈建设问题。[②]10月16日，中共中央政治局召开会议，审议了《成渝地区双城经济圈建设规划纲要》。[③]推动成渝地区双城经济圈建设，有利于形成优势互补、高质量发展的区域经济布局，有利于拓展市场空间、优化和稳定产业链供应链，是构建以国内大循环为主体、国内国际双循环相互促进新发展格局的一项重大举措。中央要求，要全面落实党中央决策部署，突出重庆、成都两个中心城市的协同带动，注重体现区域优势和特色，使成渝地区成为具有全国影响力的重要经济中心、科技创新中心、改革开放新高地、高品质生活宜居地，打造带动全国高质量发展的重要增长极和新的动力源。中央要求，成渝地区牢固树立一盘棋思想和一体化发展理念，健全合作机制，打造区域协作的高水平样板。唱好“双城记”，联手打造内陆改革开放高地，共同建设高标准市场体系，营造一流营商环境，以共建“一带一路”为引领，建设好西部陆海新通道，积

---

① 2016年5月4日，《成渝城市群发展规划》由国家发改委正式发布。

② 《习近平主持召开中央财经委员会第六次会议强调 抓好黄河流域生态保护和高质量发展 大力推动成渝地区双城经济圈建设》，人民日报，2020年1月4日。

③ 《中共中央政治局召开会议审议〈成渝地区双城经济圈建设规划纲要〉》，人民日报，2020年10月17日。

极参与国内、国际经济双循环。坚持不懈抓好生态环境保护，走出一条生态优先、绿色发展的新路子，推进人与自然和谐共生。处理好中心和区域的关系，着力提升重庆主城和成都的发展能级和综合竞争力，推动城市发展由外延扩张向内涵提升转变，以点带面、均衡发展，同周边市县形成一体化发展的都市圈。

成渝地区双城经济圈是一个区域发展的概念，文化发展是其题中之义，建设好成渝地区双城经济圈关乎国家发展大局和川渝发展大势。

成渝本是一家，都受到悠久的巴蜀文化的浸润和滋养。经过最近 20 多年的发展，成渝两地的研究更加深入、更成体系，为进一步的融合发展奠定了坚实的基础。

在这一背景下，成渝两地的学界已经行动起来，如成渝历史学界正在构建成渝历史学界互动与合作共同推动成渝地区双城经济圈建设的历史研究新机制，搭建起了“成渝双城历史文化论坛”。论坛由重庆市地方史研究会和成都市历史学会牵头，联合成渝历史文化专家，加强以成都、重庆为中心的成渝城市群历史文化研究，筑牢学术共同体，努力为成渝城市群经济、社会、文化发展做出贡献。

本次论坛由中央社会主义学院牵头，川渝社会主义学院携手，着眼于多元一体的中华文化中的巴蜀文化，中华文化和中华民族共同体，中外文明交流，助力成渝双城经济圈建设，这是一件大好事。这将推动我们加强以成都、重庆两个中心城市为牵引的中国又一特大城市群的历史文化研究，共同推进学术共同体建设，互动共赢，让学术研究走出书斋，成为实际的、生动的、活化的历史，为建设“成渝城市群——成渝地区双城经济圈”提供学理支撑。

二、巴渝文化是重庆城市文化体系的基础，是成渝经济圈建设的题中之义

“巴渝文化”发端于旧石器时期早期“巫山人”和新石器时期“巫山大溪文化”，存在于以重庆为中心的四川盆地东部区域。后巴人先民们在这片土地上生息繁衍，历经先秦巴国、秦时巴郡、汉之江州、隋唐渝州，至宋时恭州改为“重庆府”，重庆由此得名，元、明、清相沿下来，以至近代，绵延至今。巴渝文化从属于巴蜀文化，是巴蜀文化的重要组成部分，也是重庆的基础性文化形态。

（一）时代需要消除文化异见，实现合作共赢

1997 年之前，重庆市是四川省的一部分，重庆的文化是巴蜀文化的一部分。1997 年重庆直辖，打破了这个文化平衡。隐形的川、渝文化之争以“口水仗”的方式表现出来，严重伤害了川渝人民的情感，干扰了区域发展的进程。如何准确定位重庆与四川的文化关系，成为四川和重庆学界的重要课题。

自古以来，重庆和成都就是中国西部两座地位显赫、风格各异、作用同样巨大的城市。

设立重庆直辖市既有利于充分发挥重庆中心城市的带动作用，又有利于加快四川经济与社会的发展。重庆直辖以来 23 年的实践也充分地证明了这一点——重庆和四川都有了长足的发展。

但在文化上有一些杂音和乱象。主要表现在媒体特别是网上，时不时地两个文化之间打起了“口水仗”……

这种现象最主要的原因是，一些人对成都和重庆这两座城市的共同文化之根——“巴蜀文化”有一些误读，以致认识上发生了一些偏差：有的人认为“巴渝文化”子虚乌有、多此一举，是重庆直辖后一种情绪化的产

物，因而提出了强烈的批评；有的人则把“巴渝文化”的地位无限地拔高，外延无限地扩大，甚而至于把“巴渝文化”与“巴蜀文化”等量齐观……这种对共同文化根源的认识偏差，伤害了川渝人民的感情，也有碍于川渝的共生与合作，特别是不利于我们现在正在共同建设的中国经济新的增长极——成渝双城经济圈的建设与发展。

时代需要消除文化异见，实现合作共赢。

“街娃”的“乱劈才”我们自然不用去理他，无人喝彩也就烟消云散了；意气之争也只需时间的消磨，用不着大惊小怪。但作为社会良心的川渝文化人，作为城市历史文化研究者，深感有责任去理性地面对，有责任去影响舆论。早在2007年夏，川渝文化界的几位领军人物相会于江西庐山。笔者提出，当前四川和重庆在文化上需要做一些沟通和交流，可以把川渝文化界的朋友们请到一起，进行求同存异的学术交流，用我们的共识去影响社会，把我们的异见规范在学术的范围内，继续做学理的研究，用增加文化认同的方式消除口水仗。这一提议得到了大家的赞同，被称为2007川渝文化“庐山共识”。

2007年11月，第一届“川渝文化合作论坛”在重庆举行。中共中央政治局委员、重庆市委书记汪洋，市长王鸿举为论坛召开发来贺信。希望能坚持“包容多样、合作双赢、尊重差异、真诚相与”的原则，为加强川渝合作、促进城乡统筹谱写绚丽的文化华章。来自川渝两地的专家学者就弘扬巴蜀文化、携手打造西部文化新高地进行了深入的交流。“川渝本是一家人”“川渝要多些理解，少些误解”“不打口水仗，合作兴文化”，成为与会川渝文化人士的高度共识。会议签署了《川渝文化合作宣言》，提出今后将致力于重庆和四川人文精神的提炼与传播，打造具有地域文化特色的文艺产品，在图书信息、艺术教育、文化旅游等方面实现共享，推动川渝两地经济社会和文化大发展大繁荣。力争在城市文化品牌、文化创意产业等方面合作，联合打造川渝文化产业旗舰，为中华文化和世界文明发展做出新贡献。从而开启了川渝文化合作的新征程。后来，在成都又举办了第二届“川渝文化合作论坛”。

（二）时代推动了“重庆文化体系”的形成，也催生了成都的“天府文化”

2017年7月中旬，陈敏尔履新重庆市委书记，对重庆文化进行了系统的调查研究，其中最主要的是需要重庆学界回答重庆文化的内涵、主要内容等一系列重大理论问题。

重庆市地方史研究会主动作为，认真研究，资政服务。于2018年3月，与重庆文化研究院联合召开“重庆文化体系研讨会”，对初步成果进行交流研讨。

此次研讨会的成果引起市委的高度重视。4月，市委宣传部专门约请有关专家撰写了一组论文。笔者从理论上提出了“重庆文化体系”的概念，对其结构、范畴、内容、内在逻辑、与其他文化的外在关系等进行了研究，全面系统地论述了“重庆历史文化体系”，指出：“在重庆3 000多年的发展史上，出现过多层次、多领域、多形态的文化现象，在其中居于主体地位的是巴渝文化、革命文化、三峡文化、移民文化、抗战文化、统战文化六种形态。这是居于重庆历史文化体系顶层，最具代表性和符号意义的文化元素，由此构成了独具特色的‘2+4结构’的重庆历史文化体系。”[①]这一建议被重庆市委采纳，写入了重庆市委、市政府《关于深入推动长江经济带发展 加快建设山清水秀美丽之地的意见》（渝委发〔2018〕29号），吸纳到2018年重庆市新城乡总体规划之中。

2018年9月28日，中央政治局委员、重庆市委书记陈敏尔在全市宣传

---

① 周勇：《答“重庆文化之问”——对重庆历史文化体系的一种探讨》，重庆日报，2018年8月10日。

思想工作会议上发表了《守正创新 凝心聚力 不断谱写宣传思想工作新篇章》的讲话，引起全市宣传思想文化战线强烈反响。他指出，要坚持以习近平新时代中国特色社会主义思想为指引，紧扣总书记对重庆提出的“两点”定位、“两地”“两高”目标和“四个扎实”要求，全力抓好宣传思想工作重点任务落地见效。

在讲话中，他对重庆文化体系进行了整体表述：

“重庆文化资源富集，有源远流长的巴渝文化，有享誉世界的三峡文化，有可歌可泣的抗战文化，有彪炳史册的革命文化，有独具特色的统战文化，有感天动地的移民文化，这些多彩多姿的地域文化是中华优秀传统文化的重要组成部分。”“我们要加强对地域传统文化的深度研究，去其糟粕，取其精华，使丰富厚重的优秀传统文化巴渝大地，激励重庆人民以永不懈怠的精神状态和一往无前的奋斗姿态去开创幸福美好的明天。”[①]

2019 年 6 月，陈敏尔在会见文化和旅游部党组书记、部长雒树刚时指出：“重庆是著名的山城、江城，是国家历史文化名城，巴渝文化、三峡文化、抗战文化、革命文化、统战文化、移民文化交相辉映，文化资源富集，人文底蕴深厚。”[②] 他对重庆文化体系的表述第一次见诸报端，引起关注。

在努力建设世界文化名城的进程中，中共成都市党代会响亮地提出了“传承巴蜀文明，发展天府文化”的理念。[③] 天府文化以“创新创造、优雅时尚、乐观包容、友善公益”为内涵，提出天府文化的目的在于，让天府文化成为彰显成都魅力的一面旗帜，让人文成都别样精彩，让人文成都享誉世界，让人文成都勇立时代潮头，让人文成都闪耀真理光辉，为建设国

---

① 陈敏尔在全市宣传思想工作会议上的讲话《守正创新 凝心聚力 不断谱写宣传思想工作新篇章》，2018 年 9 月 28 日。

② 《陈敏尔与文化和旅游部部长雒树刚一行座谈》，重庆日报，2019 年 6 月 16 日。

③ 范锐平《深化改革开放 聚力创新发展 为建设全面体现新发展理念的国家中心城市而奋斗——在中国共产党成都市第十三次代表大会上的报告》，2017 年 4 月 25 日。

家中心城市、世界文化名城和实现城市永续发展提供丰厚滋养、文化沃土和创造源泉。

三、巴渝文化与巴蜀文化既有联系，也有区别

巴渝文化产生于远古时代，进入近代以后，在挽救民族危亡、探索救国道路的进程中，特别是在中国共产党领导下实现中华民族伟大复兴的进程中，被赋予了红色基因，形成了革命文化，这是在5 000多年文明发展中孕育的中华优秀传统文化，是在中国共产党和中国人民伟大斗争中孕育的革命文化和社会主义先进文化在重庆的具体表现形式。

巴渝文化与巴蜀文化既有联系，也有区别，需要加以厘清。

（一）自古以来就客观存在着建立在成渝两个基本地理单元之上的独特文化——巴文化与蜀文化

天下大势，分久必合，合久必分。天下如此，巴蜀亦如此。

今天的重庆和今天的成都，在地理上是有很大不同的。成都地处四川盆地西部，物华天宝，沃野千里，温润清凉，是“天府之国”。重庆地在四川盆地东缘，沟壑纵横，大山大水，云遮雾障，称“江山之城”。

在这样两个明显区别的地理环境中，形成了两个虽有联系，但更有区别的文化群落。东边有巴的粗犷与豪放——以巫山人、乌杨汉阙为代表，西边有蜀的神秘与精细——以三星堆和金沙遗址为代表。

同样是由于地理的原因，自古以来，重庆与成都就是两个行政单元，一个是巴国，一个是蜀国。公元前316年，秦在统一中国的进程中，先后灭巴蜀两国，分设巴郡与蜀郡。可以说，在上古历史上，重庆与成都在行政上就是分设的，即使是在中国统一的第一天，巴与蜀、重庆与四川就是两个独立的行政单元。

这就是不同的地理环境决定了不同的文化形态，进而决定了不同的行政单元。

（二）历史的演进，推动了巴与蜀在文化、政区上的融合，进而形成了巴蜀文化，共同养育了今天的重庆与四川，也维系着四川与重庆人的内心情感与精神世界

在历史的长河中，巴与蜀在政区上有分合，但文化上则主要是融合，最终形成了巴蜀文化，成为今天重庆与四川共同的文化基础。

行政上，秦汉以后，巴与蜀两个行政单元逐渐合二为一，四川逐渐成为巴与蜀合并之后的新称谓。从文化上，两者也逐渐融合起来，形成了巴文化与蜀文化共同构成的巴蜀文化。所以，巴蜀文化并不是古已有之，而是后来形成的，是在历史演变的进程中逐渐形成的文化形态和文化称谓。

指出这一历史事实不是要讲巴蜀、成渝分治的历史依据，而是要说明，行政上分分合合，文化上也是有分有合的。不好用一成不变的观点去看待今天的文化。这样才能以宽阔的胸襟去包容一切文化上的异见。

（三）巴渝文化客观存在，巴渝文化的提出是时代之必然

对巴渝文化概念的质疑大体有三：一是认为一个文化概念的形成是严肃、科学的，而巴渝文化的概念不是诞生在学科发展的基础上，而是重庆成立直辖市以后，是去四川化的表现；二是巴渝文化源远流长是一个“虚假命题”，“源”与“流”并不一致，巴族、巴国灭于秦而融入中华文化，已终止于秦；三是巴渝文化概念提出后的影响仅限于重庆或川东范围，域外应者寥寥。

无论何种争论，都要回到历史的环境中去。

首先是巴渝文化有其存在的客观性。巴文化是一个客观存在的事实。在后来的巴蜀文化中，四川东部的文化也是一种独特的类型，具有远古的

巴与中古的渝的特征，这是不同于四川西部的一个文化品种。

近代以来，作为一个历史和文化的概念，巴渝文化应运而生。

全面抗日战争时期，郭沫若、徐中舒、顾颉刚、卫聚贤等在大后方共同研究四川和重庆的文化，从而提出了巴蜀文化的概念，其中就包括了对以重庆地区考古发现的内容。①

中华人民共和国成立后，重庆学者在研究自身文化的过程中，提出了巴渝文化的概念。1981 年，重庆市博物馆董其祥先生在《重庆地理沿革简志》②中第一次提出来个人观点下的巴蜀文化。到1989年，重庆市博物馆创办馆刊，便以巴渝文化为名，③这是学术机构为重庆文化的第一次命名。作为学术概念的巴渝文化，与全面抗战时期巴蜀文化概念提出的方式相同，都是历史考古学术界以科学态度，进行学术研究的结果。尤其是巴蜀文化、巴文化学术研究内在发展与三峡文物抢救性保护的社会推动双重因素的结果；绝不是为了迎合重庆直辖的政治需要，也不是适应所谓直辖市民心态，而产生的政治化、情绪化的产物，更不是去四川化的结果。

今天以巴渝文化命名重庆文化，既有必然性，也有必要性。作为一个地域，都要有自己的独特的文化作为精神的依归，作为思想的引领。今天的重庆，已经成为共和国的新成员，成为四川的好兄弟。与成都一样，经济社会的快速发展，也呼唤着重庆亮出自己的文化旗帜，也需要属于自己个性的文化符号，更需要找到自己的来路，明确未来的走向。这样，巴渝文化就从学者的书斋中走进了公众的视野，走进了政府的文件，进而形成

---

① 黎小龙：《“巴蜀文化”“巴渝文化”概念及其基本内涵的形成与嬗变》，《西南大学学报》（社会科学版）2017 年第 5 期，第 173—174 页。

② 董其祥：《重庆地理沿革简志》，见邓少琴等编著：《重庆简史和沿革》，重庆地方史资料丛刊，1981 年 6 月版，第 21 页。

③ 《巴渝文化》第一辑，重庆：重庆出版社，1989 年版。从 1989—1999 年十年中，共出版了四辑，对巴渝文化进行了系统的探讨，取得了重要成果。

了社会的共识。这是主流。

（四）巴渝文化是从属于巴蜀文化的重要组成部分

说了两者的区别，是不是就意味着两者可以相提并论、平起平坐了呢？回答应当是否定的。

那么，巴文化、蜀文化、巴蜀文化、巴渝文化这些概念是什么关系呢？

从文化发展的进程考察，巴文化是古代巴族和巴国的文化形态，蜀文化是古代蜀国蜀郡的文化形态，这是巴蜀文化赖以形成的两个源头。而建立在巴文化、蜀文化之上的巴蜀文化，则是四川文化的根（以古代重庆为中心的巴与以成都为中心的蜀，这是一个整体）。

从文化内涵上考察，巴渝文化是川东地区以重庆为中心的区域文化，其内涵既包括古代巴国、巴族、巴郡的历史文化，也包括先秦以降到明清时期，以重庆为中心的川东地区的历史文化。因此，巴渝文化的概念大于巴文化的概念。

作为巴蜀文化重要组成部分的重庆地域文化，巴渝文化在具备巴蜀文化共性的同时，还具有特定地域中的个性。解读这种文化形态的特点与个性以及发挥了什么作用，是提出和研究巴渝文化的目的之所在。

总之，重庆应该有自己的文化，但不是与巴蜀文化并驾齐驱的文化，它是从属于巴蜀文化的巴渝文化。

重庆历史文化是民族的、大众的、科学的中华文化的重要组成部分，是具有重庆地域特点、人文特色、性格特征的，是从重庆的大山大河中生长出来的独特的文化品种。它与齐鲁文化、燕赵文化、三晋文化、中原文化、荆楚文化、湖湘文化、吴越文化、南粤文化、东北黑土地文化，以及北京文化、天津文化、海派文化等一起，共同构成了中华民族文化最可宝贵的精神文化财富。

在实现中华民族伟大复兴的进程中，历史学界、文化学界需要进一步坚定“文化自信”，努力肩负起“为城市存史，为市民立言，为后代续传统，为国史添篇章”的重大责任。

习近平总书记说“历史研究是一切社会科学的基础”[①]。回望历史是为了更好地向前，我们要以开放包容的心态进一步认同巴蜀文化这个共同的文化基础，对共同的历史和文化进行梳理，以双城经济圈建设战略为平台，切实推进城市文化的创新性发展，创造性转化，以一系列重大文化项目为支撑，共同推进巴蜀文化，建设巴蜀文旅，实现川渝共赢。

---

① 《习近平致信祝贺中国社会科学院中国历史研究院成立》，新华社，2019 年 1 月 3 日电。

建设川渝石窟国家文化公园　助推双城经济

赵川荣[①]

佛教石窟渊源于印度，后传入西域各国，再东传入中国内地。最初是佛教僧人利用山间自然的洞窟作为坐禅、修持、集会及生活之用。后来开山凿洞，在洞中设置佛塔、佛像，画上壁画。开始时的造像、壁画除了有供养的意义外，主要是供禅定时观想所用，后来慢慢地产生装饰功能，石窟寺也就越造越华丽，越来越壮观。石窟是由建筑、雕塑及壁画三者紧密结合而成的宗教艺术。外来的宗教形式、艺术形式与中国本土艺术相结合，中华大地便绽开了石窟艺术之花。在这种意义上，可以说石窟文化是早期中外文化交流的重要见证，一直保留至今。

中国开凿石窟约始于3世纪，盛于5—8世纪，最晚的可到16世纪。3世纪左右，作为传播佛教的艺术使者，石窟艺术从古印度经过西域传到中国。南北朝佛教兴盛，佛教造像也达到第一次高峰。中国石窟在开凿过程中，其建筑、形制、雕塑及壁画在印度犍陀罗艺术风格的基础上，不断融合中国传统雕塑和绘画的审美技法，最终形成具有中国特色的石窟石刻艺术。

南北朝晚期，随着西魏、北周军事上对南朝蜀地的征服，佛教信仰进一步进入到四川地区。南北朝以后，除了广元所在的金牛道外，巴中的米

---

① 赵川荣，民进四川省委专职副主委，原四川省文物局副局长、省图书馆馆长。

仓道、河南道以及长江水道，皆是佛教入川的重要通道。这些古道与河流水系交错相连，在水路和陆路交通交叉之处，成为石窟造像分布最集中的区域。唐武宗灭佛，中原佛教开始没落，北方几乎停止了开凿造像。与此相反，川渝地区的摩崖寺和石窟造像继续发展。安史之乱以后，中原凋敝，川渝地区成为全国石窟造像的中心，以成都为中心的石刻艺术也进入鼎盛时期，比如乐山及周边地区的仁寿牛角寨、龙岩，夹江千佛岩，丹棱郑山以及眉山、彭山等地，有两万多尊佛像都刻凿于这一时期。

中国四大石窟——敦煌莫高窟、云冈石窟、龙门石窟、麦积山石窟都属于中原北方石窟，然而实际上南方石窟石刻在数量上占了中国石窟石刻总量的近一半，其中大部分又位于川渝地区，以被列入《世界遗产名录》的大足石刻和乐山大佛最为著名。

川渝石窟具有题材多样、内容丰富、多大佛、多密宗造像、多宋代精品等特点，在中国石窟艺术中占有极其重要的地位，是中国极具中华文化特色的石窟寺文化遗产不可或缺的组成部分。加强川渝石窟保护利用，建设具有浓郁巴蜀特色和中华文明重要标识的川渝石窟国家文化公园，形成“点”“线”“面”相结合的石窟保护利用集群，对推动成渝双城经济圈建设、坚定文化自信和打造国家文化地标、精神标识具有重要作用。

一、川渝石窟国家文化公园建设的资源价值与条件优势

自南北朝佛教在中国流行开始，川渝的丘陵山区就成为开凿石窟的理想地点，在唐宋达到开凿高峰，并一直延续至中华民国，留下大量精美的石窟寺及石刻。

川渝地区的石窟始凿于北魏，在唐宋两代形成的开凿高峰，与这一时期社会呈开放状态所形成的开朗、热情而充满向上力量的时代心理有关，也与良好的经济发展有关。在唐以前，川渝地区传统上多是以皇室为首的

统治阶层带头造像，而且造像多在城市或交通要道附近；唐代中期至宋代，发展到以地方士绅、富民为代表的全民参与，石窟造像开始散布于乡村。为此，与中国其他地区石窟不同，川渝地区的石窟除了宝相庄严之外，还平添了几分烟火气。

唐代初期川渝地区的许多官吏来自长安、洛阳，他们将佛教风尚较早地带到了川渝地区，影响了当地的宗教信仰；唐高宗及武则天时期，又采取推崇佛教的政策，在全国掀起造像的高潮。四川盆地多丘陵和山地，石质大多松软、细腻，易于开凿洞窟和雕刻造像，生活在川渝地区的民众长久以来就有挖凿洞窟、营建墓穴、垒筑石阙的传统；数量众多的汉代崖墓、石阙、画像砖，正是这种技术传统的奠基和体现。

（一）规模宏大、数量众多的石窟寺石刻艺术，为建设川渝石窟国家文化公园提供了资源保障。川渝地区的佛教石窟寺拥有中国南方年代最早、面积最大、数量最多的石窟石刻，具有极高的历史价值。包括川渝两地成都、乐山、巴中、广元、资阳、大足、潼南在内的 50 个县区范围内现有石窟寺石刻 8 032 处，占全国总数的 32.89%，其中世界文化遗产 2 处（乐山大佛与大足石窟），全国重点文物保护单位 39 处（75 个石窟及石刻分布点），占全国总量的 14.6%，占南方地区总量的 30%，居全国第一。此外，仁寿县千佛寨的道教石窟题记中保存有关于道教经典最早且完整的记录，对道教史的研究也有重要意义。

（二）川渝石窟是中国晚期石窟发展的历史见证者和集大成者，对东亚佛教艺术史影响深远。川渝地区的石窟开窟造像活动历经中、晚唐和五代时期仍方兴未艾，于两宋时期达到高潮，将中国大规模开窟造像的时间向后延续了 500 年，是中国晚期石窟发展历史的重要见证。在佛教艺术造型上，诸多具有标志性意义的艺术风格都在南北朝时期的川渝地区首先形成，继而影响到云南、陕西等周边地区，并通过当时的首都影响到更大范围，很多题材不仅影响到全国，也传播到朝韩、日本、越南等地，显示出川渝石窟艺术对东亚佛教艺术的强大影响力。

（三）拥有中国最为系统的佛教密教造像，是密教艺术的杰出代表，也是儒释道三教并流在石窟艺术领域的重要见证。四川安岳、重庆大足一带的密教造像，是中国佛教史上绝无仅有而自成系统的密宗造像，作为密教艺术的杰出代表，在世界佛教艺术史上具有重要地位。不仅如此，四川地区作为道教发源、形成和传播的重要地区，拥有规模庞大的道教石窟造像群，基本反映了道教造像艺术发展的全过程。此外，川渝地区还广泛分布有数量众多的佛道合龛以及儒释道三教造像，是中国唐宋时期儒释道三教合流的历史在石窟艺术领域的生动反映。

二、川渝石窟保护、利用存在的主要问题

（一）病害类型多样、问题突出。受自然和历史因素的影响，川渝地区石窟寺大多数开凿在砂岩质地结构较松散的崖壁上，距今有 1 000 多年的历史，受区域气候高温潮湿多雨等特定因素影响，历经风雨侵蚀，造成川渝地区石窟造像病害类型复杂多样，危岩、表层劣化、生物侵蚀、渗水等问题突出。调研显示，仅在四川石窟 34 处国保单位中存在较严重安全隐患的有 15 处，水害较严重的有 20 余处，而表层劣化、生物侵蚀等病害则普遍存在于每处石窟。

（二）保护经费严重短缺，缺乏基层管理能力与人才及关键技术保护手段。川渝石窟多分布于三区（边远贫困地区、民族地区和革命老区），存在日常管理与运行经费匮乏、工作人员业务素质偏低等基层文物管理机构普遍存在的问题。保护过程中，以一个点或者解决某一个问题进行的局部修建保护为多，缺乏全面、整体的保护规划，有效解决重大难题的关键技术未取得突破性进展。以四川地区为例，经中国古迹遗址保护协会考试认定具有石窟寺石刻保护从业资格的人员有 20 余人，这些人员主要集中在省市

考古研究院和几家较大的施工单位，基层单位基本没有相关的专业人员，护管能力严重不足，致使一些病害积聚加重。国家在“十三五”期间对安岳石刻投入了近 2 000 万的维修保护经费，由于历史欠账多、问题突出，加之技术手段落后，投入的经费也只能缓解局部问题，起到“救命”的作用。

（三）川渝石窟研究利用、文旅融合程度不高，对促进社会经济发展带动作用不明显。一是在川渝石窟研究方面，对石窟艺术风格特点、各类造像的源流与题材发展演变及传播路线、窟前遗址考古发掘等工作没有全面开展，其成果呈现为零散和碎片状。二是在川渝石窟利用方面，石窟没有总体展示规划，分散的石窟资源缺乏有效整合，没有形成统一的石窟文化特色旅游线路与石窟展示廊道，大型石窟或区域石窟缺乏像敦煌、河南云岗、山西大同等佛教艺术的展示空间与向外传播途径，整个川渝石窟的文化内涵、艺术特色与价值定位以及与北方石窟之间的关系等方面未能全面系统地向国内外公众展示和阐释，川渝石窟的文旅价值远未得到有效发掘，对川渝两地社会经济发展带动作用不明显。

三、加快推进川渝石窟国家文化公园建设

（一）实施川渝石窟系统性保护利用工程，深入挖掘石窟寺蕴含的历史内涵，增强中华民族共同体意识。习近平总书记在视察云冈石窟时强调，石窟体现了中华文化的特色和中外文化交流的历史，这是人类文明的瑰宝，要坚持保护第一，在保护的基础上研究利用好。“十四五”期间，将川渝石窟国家文化公园建设，作为践行习总书记重要讲话的样板工程，通过川渝石窟国家文化公园的建设，构建纵向从唐宋开始到明清结束、横向幅员面积涵盖成都、乐山、资阳、广元、巴中、大足、潼南等地市，幅员面积广阔的川渝地区石窟国家文化公园和文化线路，形成“点”“线”“面”相结合的石窟保护利用集群，抱团取暖。打造与敦煌、云岗、龙门相媲美的川

渝石窟保护的展示平台，生动呈现中华文化的独特创造、价值理念和鲜明特色，充分发挥传统文化凝聚人心、提升人气的作用。

（二）在川渝石窟国家文化公园建设过程中，探索完善文旅融合的新路子。一是积极拓展思路、创新方法、完善机制，充分发挥川渝石窟国家文化公园功能，围绕两地共有的历史文化元素，探索开展巴蜀文化旅游走廊自由行活动，联合打造巴蜀文化精品文化旅游线路，建成展示巴蜀文化研学旅游品牌、中外文化交流的重要场所。二是在机制体制上，突出重点，避免平均用力，建立以省级文物考古部门为中心、相关地市为分中心的工作机构，整合资源。以科技保护为引领，通过保护手段的新突破，建立南方湿热环境下石窟寺保护技术规范，逐步解决长期困扰川渝地区石窟寺病害等多种问题。通过文旅融合，将资源优势逐步转变发展优势，构建川渝石窟文旅融合发展走廊，为川渝地区双城经济圈建设提供高质量的服务。

（三）将川渝石窟国家文化公园建设纳入国省两级“十四五”规划，助力成渝地区双城经济圈建设。推动川渝地区双城经济圈建设，在西部形成高质量发展的重要增长极，是习近平同志为核心的党中央高瞻远瞩、审时度势的重大决策和战略部署。川渝石窟地处成渝双城经济圈腹心地带，建设川渝地区石窟国家文化公园，助力成渝地区双城经济。近日，国务院办公厅《关于加强石窟寺保护利用工作的指导意见》（国办发〔2020〕41 号）提出，整合河西走廊、川渝地区的石窟寺资源，建设国家文化遗产线路、国家遗址公园。应以此为契机，将建设川渝地区石窟国家文化公园纳入国家和省市两级“十四五”规划。川渝地区石窟国家文化公园横向幅员面积涵盖成都、乐山、资阳、广元、巴中、大足、潼南等地市，许多地方属于三边地区，也是经济社会欠发达地区。川渝地区石窟国家文化公园的建设，不仅可以加强川渝石窟保护利用，通过文旅融合项目，改善当地的交通、住宿、餐饮、人居环境等，提升旅游品质，为这些地区带来新的经济活力，为下一步乡村振兴和乡村基层组织建设注入文化的力量。

坚定文化自信，重塑乐山文化精神

李　明[①]

文化自信是一个国家、一个民族以及一个政党对自身文化价值的充分肯定和积极践行，并对其文化的生命力所持有的坚定信心。习近平总书记在中国共产党第十九次全国代表大会报告中指出："文化是一个国家、一个民族的灵魂。文化兴国运兴，文化强民族强。没有高度的文化自信，没有文化的繁荣兴盛，就没有中华民族伟大复兴。"中国共产党第十九届六中全会通过的《中共中央关于党的百年奋斗重大成就和历史经验的决议》进一步指出：文化自信是更基础、更广泛、更深厚的自信，是一个国家、一个民族发展中最基本、最深沉、最持久的力量，没有高度文化自信、没有文化繁荣兴盛，就没有中华民族伟大复兴。

乐山作为一座历史文化名城，被历史打上了太多的文化烙印，也拥有深厚的文化积淀。只是随着时间的推移和风尘的湮没，随着那些承载着过往历史文化积淀的物质文化遗产和遗址的逐渐消逝，那些宝贵的文化遗产的生命力正在慢慢地走向枯竭。如何再现乐山祖祖辈辈的文化家园，坚定文化自信，重塑乐山文化精神？笔者认为，主要应从以下方面入手：

---

① 李明，乐山市社会主义学院党组成员、机关党委书记。

一、积极传承优秀传统文化

众所周知，中国是拥有 5 000 年文化的文明古国，深厚的文化底蕴孕育出了厚重的传统文化。中国共产党第十八次全国代表大会以来，习近平总书记在不同场合屡次强调要积极传承和大力弘扬中华优秀传统文化，指出："中华文明源远流长，蕴育了中华民族的宝贵精神品格，培育了中国人民的崇高价值追求。自强不息、厚德载物的思想，支撑着中华民族生生不息、薪火相传。"

四川一直是儒学重镇和传统文化的摇篮，近现代以来，通过私塾及书院教育而传承的儒学，在四川有着非常深厚的根基和土壤。乐山的书院史源远流长，积淀非常深厚，特别是明、清时期。有资料显示，明代时，嘉定州有 13 所书院，在四川各州府数量仅次于成都府的 17 所，排名第二，占全省 95 所书院的 13.7%。清代时，乐山也有 11 所书院。

在乐山近现代的书院教育中，最有名的当属复性书院。复性书院于 1939 年初经国民政府主席蒋介石和教育部长陈立夫批准，由著名儒学大师马一浮在乐山创办，院址由马一浮先生亲自选定在大佛乌尤寺，自任院长兼主讲。复性书院是当时正规教育学院体制之外的一种社会教育研究机构，由政府创办并提供所有经费。书院从 1939 年 9 月 15 日开始讲学，到 1941 年 5 月 25 日停止讲学，前后共一年零八个月。在此之后，复性书院也没有倒闭，而是转为以刻书为主，马一浮先生希望以此保存一点文化血脉。复性书院在乐山办学期间，各路群贤毕至，讲学论道，文化学术气氛异常活跃，很多当时的社会贤达和知名人士如陈布雷、梁漱溟、熊十力等都担任过其筹委会的委员和教师。

郭沫若是乐山的一张文化名片。他的成长与书院文化也有莫大的关系。2017 年 9 月，为贯彻落实中央《关于实施中华优秀传统文化传承发展工程的意见》，乐山市从打造沫若文化品牌、推进文旅融合、建设文化强市出发，在乐山文庙正式成立了乐山沫若书院。书院以“崇文弘德，成风化人；凝聚人才，厚植文脉；兼容并蓄，传承创新”为宗旨，主要承担国学文化传承教育、学术研究以及培训交流等任务，具有传承、学术、讲学、服务四大功能。这种风景与人文的有机互动是弘扬传统文化的有效途径。

此外，乐山还成立了其他主题不同的书院。比如2018年8月，在夹江成立的五兀书院。夹江作为造纸之乡，为了传承千年古法造纸工艺，保护地方非物质文化遗产，弘扬民族传统文化，成立了五兀书院。这是夹江县委、县政府保护手工竹纸技艺，走创新继承道路的新路径，也是让夹江书画纸走出国门，墨香世界，弘扬中国纸文化的新举措。其成立有利于使夹江特色的纸文化产品，文化品牌更加响亮，传统文化影响力更有效地提升。

二、大力发扬革命抗战和爱国主义文化

革命是中国近现代史发展的主线。中国革命文化成长于中华文明的危难之际，在中国革命中发挥了不可替代的精神引领作用。即使在最艰难的岁月里，以中国共产党人为代表的中国革命者牢牢地把握住了最先进的革命理论马列主义，并紧紧地植根于人民群众，焕发了中华文化的伟大创造力，形成了中国特色的革命文化，对后来的抗日战争、解放战争均产生了不可忽视的影响。立足乐山，至少有以下事件，在西南地区抗战文化史上留下了浓墨重彩的一笔。

（一）故宫国宝南迁

故宫国宝南迁，是指中华民国时期主要由故宫博物院发起、组织的大型文物保护行动。为了躲避战乱，1933—1936年，故宫、颐和园、国子监和北平古物陈列所等地的1.9万多箱文物（其中故宫1.3万余箱）发起了南迁行动。1937年“七七”事变后，故宫南迁文物加上国立中央博物院筹备

处（今南京博物院前身）等单位的文物又分3路运往四川，巴县存80箱，峨眉县存7 287箱，乐山县（今乐山市）存9 331箱。在四川乐山和峨眉山“避难”长达七八年之久，1946年抗战胜利后才陆续集中到重庆，直到1947年才迁回南京。在15年里，南迁文物行程上万里，穿越了大半个中国，然而几万箱上百万件文物中竟没有一件丢失，也几乎没有什么毁坏，堪称世界文化史上的奇迹。

在故宫文物保护史上，这场文物南迁承载了太多厚重的东西，而乐山为这段峥嵘岁月所做出的卓越贡献，也被历史和众多学者所铭记。有知情者回忆说：“到了乐山，存放文物需要占用人家的祠堂，几个村子的族人都没有二话。包括到人生地不熟的地方招募工人、找船、谈价这类事，很多地方百姓都会包下来，他们也觉得这是责任。”

1946年4月，故宫博物院曾以国民政府名义为乐山市中区安谷镇7处文物库，各颁赠“功侔鲁壁”金漆牌匾一块，以示嘉奖。据了解，“功侔鲁壁”牌匾长3.1米，高1.07米，大部分为黑底金字，每字高47厘米、宽40厘米，为故宫博物院院长马衡书写，匾正中有边长8厘米的正方形印章，刻有“中华民国国民政府印”字样（“鲁壁藏书”是很著名的典故，是说秦始皇当年焚书坑儒时，孔子的第九代后人舍命将《礼记》《尚书》《论语》《春秋》《孝经》等记载儒家经典的竹简，藏于曲阜孔府的一堵墙内，才避免被烧毁。一直到汉武帝时期，有人拆墙才发现，使儒家经典得以传世。“侔”是“比”的意思。“功侔鲁壁”意为保藏故宫国宝的功劳，可以与鲁壁藏书相提并论）。“颁赠‘功侔鲁壁’金漆大匾”，这是对乐山民众守护故宫文物巨大贡献的高度评价。

（二）武大西迁

1938年初，日军进攻华中，武汉岌岌可危。为躲避战乱，保护广大师生安全，武汉大学决定西迁。经多方考察，最后选定将大后方的四川乐山作为临时校区。经过几个月的水路搬迁，颠沛流离，武大的师生陆续抵达乐山。据说乐山市民用全城大扫除的方式热烈欢迎武大师生的到来，部分市民还免费为武大学生提供住宿，一些工厂的经营者甚至将厂房无偿捐献给武汉大学作为教学设施。在当时物价飞涨的情况下，正是乐山人民的无私帮助为武大师生提供了强大的支撑。

1938 年 4 月 29 日，“国立武汉大学嘉定分部”在乐山正式开课，在这八年里，武汉大学的学生人数由 600 人增至 1 700 人，乐山籍学生由原来的一人扩大到几十人，这一时期被称为武汉大学办学史上的“乐山时期”。一直到八年后的 1946 年 10 月 31 日，武汉大学师生才离开乐山返回武汉。乐山时期的武汉大学与西南联大、中央大学、浙江大学一起，并称民国“四大名校”，汇聚了当时中国学界一批大师级的人物，如周鲠生、王星拱、刘永济、朱光潜、苏雪林等。武大乐山时期的艰苦奋斗与辉煌业绩，在武大校史和中国历史上都是浓墨重彩的一笔。

（三）爱国主义文化

一是抗战文化。早在宋朝，乐山人民就曾奋力抗击过元朝士兵的入侵；明朝，许多峨眉武术的传人曾参加过戚继光的抗倭队伍；全面抗日战争时期，乐山曾直接遭受过日本飞机的大轰炸，乐山作为全面抗战的大后方，乐山人民为取得抗日战争的全面胜利，做出了许多可歌可泣的贡献。除了上面提到的战时故宫和武大西迁，乐山还为抗日前线组织抗战物资，提供人力、财力、物力支持，不论是三百万川军出川抗日，还是远征军进驻南亚战场，里面均有不少嘉州儿女的矫健身影，其中有很多人流落或战死在异乡。

二是红色革命文化。井研县竹园曾是解放四川时在乐山境内打过的一次有名的硬仗“竹园铺战役”的发生地。1949 年 12 月 13 日，由刘伯承、邓小平率领的中国人民解放军第二野战军第 10 军 28 师进军大西南时，途经井研竹园，遭遇了国民党胡宗南、宋希濂部号称“天下第一团”的91团，我军英勇奋战，全歼了敌军。那场持续了18个小时的攻坚战是成都战役中打得最艰苦、最惨烈的一次。28师也为此付出了伤亡200多人的代价。战后，井研县特修建了竹园烈士陵园以兹纪念。竹园烈士陵园历经多次维修扩建，现有烈士墓69座，没有烈士亭、竹园铺战斗战史陈列室等。原国家军委副主席刘华清上将曾为竹园铺之战两度题词，原北京军区司令员李来柱将军也曾亲临竹园祭奠英烈。

此外，还有五通桥的丁佑君纪念馆是为纪念乐山解放而牺牲的女英雄丁佑君所建；“308”三线军工暨永利川厂旧址是爱国民族工业代表。以上文化资源是我们缅怀革命先烈，不忘初心，牢记使命，进行爱国主义教育的重要场所。

三、“文化为魂”，文旅结合，促进乐山文化繁荣兴盛

乐山是历史文化名城，笔者认为，要坚定乐山文化自信，重塑乐山文化精神，促进乐山文化繁荣兴盛，应走文旅结合之路。从文旅结合的角度看，乐山的文化可从主脉和与主脉共生的其他文化去把握。

（一）把握乐山文化主脉：山、水、（佛）禅、茶文化

1. 山水文化：“山为根，水为魂”

乐山拥有得天独厚的地理条件和丰富多彩的自然资源，既有高山峡谷，也有浅丘平原，还有三江汇流，这赋予了乐山独特的自然山水架构。

（1）秀甲天下峨眉山

峨眉山位于四川省乐山市峨眉山市境内，与浙江普陀山、安徽九华山、山西五台山并称中国“四大佛教名山”。据《峨眉郡志》云：“云鬘凝翠，鬒黛遥妆，真如螓首蛾眉，细而长，美而艳也，故名峨眉山。”峨眉山地势

独特，风景秀丽，素有“峨眉天下秀”之称。山上的最高处为万佛顶，海拔3 099米，高出峨眉平原2 700多米。峨眉山的乐山大佛是世界文化与自然双重遗产，峨眉山古建筑群为全国重点文物保护单位，以峨眉山为主体的峨眉山景区为国家重点风景名胜区、国家5A级旅游景区。

（2）大佛、睡佛卧波凌云山

乐山市凌云山位于乐山城东的岷江、青衣江、大渡河三江汇合处，与乐山城一水之隔，属于乐山大佛风景区。凌云山古名青衣山，因青衣江得名。海拔448米，面积约0.6平方千米。“凌云”一名则是因为凌云寺的修建而来。据史料记载，南宋进士邵博曾游访凌云寺，请教照禅法师，了解凌云山清音亭历史，写下了著名的《清音亭记》，指出：“天下山水之观在蜀，蜀之胜曰嘉州，州之胜曰凌云。”

鼎鼎大名的乐山大佛就坐落于凌云山上。乐山大佛地处四川省乐山市，三江（岷江、青衣江和大渡河）汇流处，与乐山城隔江相望。它是依凌云山栖霞峰临江峭壁凿造的一尊大佛，历时90余年（始凿于唐开元元年〈713年〉，完成于贞元十九年〈803年〉）方建成，高71米，有“山是一尊佛，佛是一座山”之称，是世界上最大的石刻大佛。乐山大佛双手抚膝，正襟危坐，其造型庄严、姿态安详，佛身内部的排水设施隐而不见，设计非常独特巧妙。

巨型睡佛（隐形睡佛），坐落于乐山城侧的“三江”汇流处，该睡佛全身长约4 000米。佛头、佛身、佛足分别由乌尤山、凌云山和东岩三山联襟而成，四肢齐全，体态匀称，安详静谧地躺卧在青衣江山脊上，仰面朝天，慈祥凝重，蔚为奇观。

（3）三江水文化

乐山是一座依水而建，因水而兴、傍水而居的城市，水是乐山城市符号的代表之一。这首先是因为乐山城得天独厚的水资源。乐山市域内岷江、青衣江、大渡河三江汇流，河、湖、湿地面积之和约占乐山市土地面积的

6.65%（江河水域面积约500平方千米，水库湖泊水域面积约100平方千米，湿地面积约253.2平方千米）。

据考证，乐山的先祖来自水上，乐山的自然景观和人文遗产都离不开水，乐山的繁荣得益于岷江水运，乐山的码头文化、盐卤文化、贰柒拾文化等都源于水；咏诵乐山的著名诗篇都溶于水，大诗人李白曾著《峨眉山月歌》“峨眉山月半轮秋，影入平羌江水流。夜发清溪向三峡，思君不见下渝州。”虽然题目不是写水，内容却有三句都写水。良好的水生态环境、独特的水资源禀赋、悠久的水文化历史，是乐山最具魅力和最富竞争力的独特资源和宝贵财富，这需要我们好好保护和进一步发掘。目前已经开启的“三江夜游”项目就是一种全新的尝试，虽然效果尚待进一步完善，但迈出了新的步伐。

2．佛禅文化

乐山的佛禅文化博大精深、源远流长，佛禅文化是乐山市文旅经济发展的重要构成部分。迄今为止，佛教已经传入中国2 000余年，传到四川乐山至少也有近2 000年的历史。宗教文化的历史沉淀为乐山发展文化旅游产业提供了得天独厚的优势。

首先，乐山大佛是一尊弥勒佛，是弥勒佛文化的象征。弥勒佛文化最早可以追溯到唐朝武则天时期。据佛经说弥勒佛出世就能天下太平，所以武周时期，武则天曾下令编造了一部《大云经书》，证明她就是弥勒佛转世，以此安抚百姓，坐镇天下。很可能正是老百姓对弥勒的崇拜才帮助她在男尊女卑的封建时代能力排众议登上了权力巅峰。由于武则天的大力提倡，使全国塑凿弥勒之风大行。乐山大佛的修造距武则天时代仅20余年，所以当海通修造乐山大佛时，自然选择了弥勒佛，而且弥勒佛是能带来光明和幸福的祥瑞之佛，这对于镇压三江水患也是极有帮助的。

其次，峨眉山是普贤菩萨的道场，千百年来，峨眉山便以“普贤道场”之名，与山西五台山、浙江普陀山、安徽九华山并称为“中国佛教四大名山”。据考证，大约1世纪中叶，佛教经南丝绸之路由印度传入四川峨眉山，药农蒲公在今金顶创建了普光殿。3世纪，普贤信仰等学说在山中广泛传播，中国僧人慧持大师在峨眉山观心坡下营造普贤寺，这就是今天的万年寺。6世纪中叶，世界佛教发展重心逐步由印度转向中国，四川一度成为中国佛教禅宗的中心。8世纪，禅宗独盛，峨眉山全山禅宗一统。到9世纪中叶，宋太祖赵匡胤派遣以僧继业为首的僧团去印度访问。回国后，僧继业奉旨来峨眉山营造佛寺，译经传法，铸造重达62吨、高7.85米的巨型普贤铜佛像供奉于今万年寺内，这尊佛像的文化、艺术价值极高，成了峨眉山佛像中的精品。2016年1月22日，峨眉山市获批创建首个“中国国际佛教文化旅游目的地”，成为四川省唯一的获批城市。

3．茶文化

乐山茶史源远流长，有史料记载，早在西晋前已是名声在外。宋代，乐山茶叶主产地就在峨眉山。范镇《东斋记事》载：“蜀之产茶凡八处，雅州之蒙顶、蜀州之味江、邛州之火井、嘉州之中峰、彭州之堋口、汉州之杨村、绵州之兽目、利州之罗村。”其中“嘉州之中峰”就是峨眉山唐宋六大名寺之一的中峰寺。著名的“峨眉雪芽”，就产在中峰寺一带。大文豪苏东坡、诗人陆游等都曾有诗称赞过峨眉雪芽。学者周靖民还指出：“阿拉伯人很早就知道茶产在中国的嘉州，是唐代峨眉山僧人首先运去的。”可见，峨眉雪芽还成了中外文化交流的使者，是乐山第一号名茶的创造者。峨眉名茶除了峨眉雪芽，还有竹叶青。竹叶青为绿茶类茶，外形扁平挺直似竹叶，色泽嫩绿油润；汤色黄绿清亮，叶底浅绿匀嫩；滋味清醇爽口，饮后余香回甘，也是中国名茶系列之一。

相较于乐山城郊和峨眉山，乐山边远山区的产茶业也很兴旺。观峨、映碧二乡在今乐山市沙湾区，太平镇至五渡溪并铜街子、福禄等均在今沙湾区，每年外销几千斤。乐山各区县均有产茶的相关记载。在夹江县，《雅安府志》载：“夹江城南七里依凤山产茶，乾隆九年始依制上贡。”也就是说，夹江在清代一度还产“贡茶”，上贡京都皇室。在峨边，民国《峨边县志》载：“茶法。峨边略产茶，向无官引，惟土人自采自制，销用本地而已。”峨边之茶，自给自足而已。马边产茶的记载见于光绪《井研县志》：“茶，本境绝不生产，全资邻县济用者，则有……马边、名山之茶。”清代至中华民国，马边茶尚能外销他县，故在马边有莜坝“贡茶”的传说。

（二）发掘与主脉共生的次文化

除了山、水、（佛）禅、茶等主脉文化，乐山还有许多其他与主脉共生的次文化。

1. 农耕文化

“民以食为天”，人类要繁衍生息，首先要解决的是粮食问题。乐山辖 4 区 6 县 1（县级）市，由于特殊的地形地貌条件，从事农业生产是历代乐山人民的首要选择。乐山从漫长的农耕社会走来，留下了很多源远流长的农耕文化印记。

沐川县的“乌蒙沐歌”和桃源山居就是以农耕文化为主题的项目打造。《乌蒙沐歌》是沐川县立足本地得天独厚的生态环境和历史文化，着力推出的原生态大型山水实景舞台剧。该剧依托自然山水，融合生态文化、历史文化、民俗文化和农耕文化等地方特色历史文化元素，借助现代光影科技，将竹乡沐川的生态魅力、历史韵味和民俗风情尽情地展现于山水之间。桃源山居景区内围绕农耕文化打造的“天地人和”节气广场“春夏秋冬”四季长廊，惜时园，荷塘月色，“风调雨顺”风雨广场等景观因地制宜，人文景观和自然景观相互协调，是充分反映地域自然文化特点的主要窗口。占地面积约 1 000 平方米的农耕文化博物馆景区内收集整理农耕摆件 1 000 余件，馆内藏品与村民传统的农耕生产生活方式相互呼应，被省委宣传部、省社科联联合评审为川西南地区唯一的“四川省哲学社会科学普及基地之农耕文化社科普及基地”，是宣传、展示川西南农耕文化的重要平台。

2. 古城文化

乐山，古称嘉州，从先秦时期“蜀王开明故治”起，经秦汉设南安县，北周设嘉州，南宋置嘉定府，至今已有近3 000年历史。因嘉州之名延续最长，故遗留古城称为“嘉州古城”。

据《乐山县志》载：“嘉州故城，北周始创，历代治此。”可见嘉州筑城，始于北周。城墙依山临水而筑，号为“江城”。现存的嘉州古城墙大体为明、清两代所建规模形制。城楼巍巍，城堞盘桓。“与千年大佛相守，与峨眉山遥对，融汇着天人合一的大气，体现出人与自然和谐相融的意象。”乐山古城墙和古城门因其独特的结构和格局以及深厚的历史文化底蕴，具有较高的历史、文化和科学研究价值，为研究中国古建筑和乐山城市建设提供了不可多得的珍贵实物，被联合国城市管理机构专家誉为“乐山的长城”。

此外，位于中心城区的老霄顶建筑群和乐山文庙，记载了老乐山城的发展历史、文化内涵、宗教演变史，特别展示了明清时代的建筑风格和建筑水平，也是嘉州古城文化的标志和见证之一。

3. 码头饮食娱乐文化

民以食为天，特别是古嘉州城，三江汇流，水路纵横，发达的水上交通带来的不仅仅是码头经济，更有美食和娱乐文化的交融、积淀和传承。

古嘉州城号称有九座码头，最兴旺的时候据说一天就停泊着上千艘船只，这就使得码头附近的酒楼餐馆和客栈成为往来客商和码头工人们吃饭、消遣娱乐最重要的场所。因为来自四面八方的客流不断，乐山的本地餐饮必须兼容并包、推陈出新才能满足来自天南海北的食客的口味。重庆人的麻辣、成都人的清淡融会贯通，最后产生了乐山人爱麻辣、喜甜食的独有口感。许多源自民间的乐山特色美食，具有深厚的历史文化底蕴和浓厚的乡土气息。乐山有一种美食叫跷脚牛肉，据考证主要起源于现市中区杨湾乡的周村镇，故当地被称为杀牛周村，因为当地村民都以杀牛、买卖牛肉为生，杀了牛之后，牛杂一般是不要的。后来，有的村民觉得这样太浪费，就在老石桥畔将牛杂洗净后切碎丢到锅中，加上生姜、辣椒、盐，煮熟后吃。慢慢地这道美食也就传开了。最初跷脚牛肉只能算是下层民众的食品，饭馆的条件也十分简陋，只有一张方桌，没有凳子供客人落座，不过桌下有根横木，可以供客人跷着歇歇脚，因此，这道美味也因为客人坐着边跷着脚边食用而得名为跷脚牛肉。此外，还有西坝豆腐、牛华麻辣烫、苏稽跷脚牛肉、米花糖、徐凉糕、豆腐脑、五通桥钵钵鸡和黄鸡肉、赵鸭子等美食数不胜数。嘉兴路美食街、张公桥美食街等地段很火爆，夜经济非常繁荣。

乐山码头娱乐文化的代表性产物就是“贰柒拾”。贰柒拾（二七十），又称桥牌、字牌桥、字牌，是发源于五通桥区、流行于乐山和全川的一种纸牌，因其有着特有的码头文化娱乐特色而被列入乐山市首批市级非物质文化遗产名录。作为一种地域性极强的娱乐活动，贰柒拾从创立到现在，虽然只有壹到拾 10 个数字，只分红色和黑色两种，但千变万化的玩法特别吸引人。虽然迄今还没有一套完整、规范和严谨的规则见诸书面，但仅凭口口相传就能在民间流行，足见其魅力。

4. 峨眉武术文化

峨眉武术主要发源于道教文化。据考证，峨眉山在道教三十六小洞天中位列第七。《洞天福地记》云：“第七洞天峨眉山，周回三百里，名灵陵太妙之天，在蜀嘉州，真人唐览治之。”葛洪在《抱朴子》中云：“峨眉……此皆是正神在其山中。其中或有地仙之人。”春秋战国时期，有不少文人方士修仙访道，隐居峨眉山。其中峨眉武术创始人是先秦时期的武师司徒玄空（名白衣三，号动灵子），因其曾模仿峨眉山白猿的形态创造了白猿剑法（即猿公剑法）与白猿通臂拳，又称白猿公。峨眉武术集儒、释、道三家思想融会贯通，并充分结合自然规律、人文伦理与峨眉当地人们长期劳动生活的有关习性，在发展中还受到过楚越文化、中原文化和巴蜀文化的熏陶，是数千年来巴蜀各民族文化智慧的结晶。峨眉派曾与少林、武当共为中土武功的三大宗派，它也是一个范围很广泛的门派，尤其在西南一带很有势力，可说是独占鳌头。其特点亦柔亦刚，内外相重。2011 年，峨眉山市被列为“四川省峨眉武术产业基地”，这是全省第一个以武术为项目的产业基地。

此外，还有以郭沫若为代表的名人文化、科举文化、盐文化和小凉山彝族文化，等等。

总之，乐山的文化源远流长、博大精深，我们应该坚定文化自信，并保护发掘历史文化资源，以“文化为魂”，开展文旅结合，才能重塑乐山文化精神，促进乐山文化繁荣兴盛。

参考文献

[1] 李小云、赵旭东、叶敬忠：《乡村文化与新农村建设》，北京社会科学文献出版社，2008 年。

[2] 秦利民、康璇：《学习贯彻十九大精神 彰显乐山旅游的文化灵魂》，《中共乐山市委党校学报》2017 年第 11 期。

[3] 故宫文物南迁，百度百科，https://baike.so.com/doc/157239-166133.html.

[4] 张弩弓：《明清时期的乐山书院》，新浪博客，http://blog.sina.com.cn/s/blog_606059ff0100dgew.html.

巴蜀古印的文化价值和文化地位

周弋寒[①]

学者曹锦炎在《古玺通论》中根据印文内容，把古玺分成官玺、私玺、成语玺、图像玺和少数民族玺五大类。少数民族玺目前只发现巴蜀一种，即以巴蜀铜印为主的巴蜀印章。这些古玺印面所铸刻的，既不是古汉字，也不是图像，而是一种奇诡不可识的古代少数民族文字。根据考证，学术界认为这是属于古代的巴国、蜀国文字，统称为“巴蜀文字”。巴蜀古印有很高的文化价值和印学价值。

一、巴蜀印章的发现

巴蜀就其地域范围主要包括：以成都平原为中心的川西平原和以重庆为中心的川东地区。1921 年前后，在成都西北郊白马寺、坛君庙一带曾经出土过古铜器近千件，上面多半刻有巴蜀文字。全面抗日战争爆发后，四川和重庆成为“大后方”，修公路、挖防空洞时出土不少文物，并形成了文物市场。那时许多专家学者云集成都，史学家卫聚贤、书法家于右任等都曾多次亲自查勘文物发掘地。

20 世纪 50—70 年代，这一地区出土了众多古印章实物。1983 年，四

① 周弋寒，职业书画家，四川自贡市政协常委。

川省博物馆刘瑛女士曾将这些古印章集中加以公布，是为最早面世的巴蜀古印章文献。20 世纪 80 年代以来，更多巴蜀古印章出土。首次系统编纂巴蜀古印章资料者，当推高文 1998 年出版的《巴蜀铜印》一书。书中共收入巴蜀文字古印 122 件，多数是现有书刊业已公布的材料；也有一些世所罕见的巴蜀古印章，如引自姚石倩《渴斋藏印》的巴蜀圆古印 5 件，以及 1993 年、1994 年成都征集到的圆古印 2 件。

二、巴蜀古印章的文字

西汉著名文学家、文字学家扬雄是四川成都人，他在大力搜寻上古蜀国的历史传说之后，写出了《蜀王本纪》一书。在书中他下结论道：古代四川人“不晓文字，未有礼乐”。由于他是赫赫有名的大师，人们对此都深信不疑。

古代四川当真没有文字吗？巴蜀古印章上所铸刻的到底是文字？是族徽？是图画？或是某种特定的标志即地域性宗教符号？或者，其中某些部分具有文字意味？人们众说纷纭莫衷一是。一些研究学者至今不承认“巴蜀文字”，称其为“巴蜀图语”“巴蜀图腾”“巴蜀符号”。根据大量的出土文物特别是巴蜀古印章、青铜兵器来看，古巴蜀是有文字的。

巴蜀古印章上的文字有两类（见图一）。一类是所谓的“符号”，与同时代的青铜兵器上的铸文相同。这些符号是图像性的符号，有手掌、花蒂、水波、房屋、人头、虎、鸟、蝉等。史学家李学勤认为，根据广元宝轮院和巴县冬笋坝的发掘，已证明这类所谓的“符号”也是文字。如冬笋坝 50 号墓，共出土六方古玺，其中两方半通印是汉字成语印，而所谓“符号”的另两方，其中一方也是半通印，可以为证。这说明这类符号也是文字，其中包括了表音、表义两种符号。巴蜀古印上的文字另一类似汉字而非汉字，它们是一种文字性的符号，少数与中原文字一致，多数迄今未能释读。

对此，学术界一致公认是文字，如童恩正指出：“从文字的结构来考察，这种文字是方块字而非拼音文字，是直行而非横行。它与汉字一样，应属于表意文字的范围，而且还经历了一段相当长的发展历史，完全脱离了原始的象形阶段。”

图一：巴蜀古印章

三、巴蜀古印章的价值

古印章的印学价值不仅仅指它在篆刻艺术方面的价值。正如曹锦炎所说，官玺对考证古代官制、历史地理具有重要的资料价值；私玺对研究先秦姓氏谱系很有价值，对称谓、人名的研究也不乏帮助，有些人名甚至可与史书相印证；成语玺可以了解当时人们的思想意识；图像玺较文字玺更具艺术性，是研究先秦美术不可多得的资料。巴蜀古印章的印学价值主要有：

1. 把巴蜀文字、巴蜀文化的时间追溯到更早

1990 年，荥经、何元粲曾经指出，从汉字印与巴蜀文字古印经常并存的现象可知，巴蜀印章与中原印章应有同源关系。他又根据《周礼·地官·司市》“见通货贿，以玺节出入之”的官方规定来推断，玺节应是商旅出入国门的凭证，而巴蜀印章则可视为玺节之流亚。

黄睿《邺中片羽》和于省吾《双剑古器物图录》先后著录的三方安阳出土的商代玺印，是中国目前能见到的最早的古印章实物。根据专家徐中舒、于省吾、容庚、胡厚宣等人的考证，其被定为殷商时代的产物。但由于不是科学发掘出土，而是出自当时的古董商之手，因此曾受到学者质疑。对其释文的解读，也有不同意见。沙孟海说：“如定为商代作品，还缺乏科学根据。安阳殷墟的考古发掘工作，解放前做了十五次；解放后也一直在做。但在殷商文化层中从来不曾发现过一件玺印。三玺的出土情况不详，很可能出自上层堆积中。我们对历史负责，暂不肯定它的年代。”（《印学史》）1998年，殷墟发掘获得一钮铜玺，有明确的地层关系。就其形制而言，这钮铜玺与过去发现的三方“奇文玺”基本是一致的。新出的这钮铜玺可以和旧出的三玺相互印证，消除了人们的疑虑。因此，我们可以说，早在商代晚期已经有古玺的存在，比我们过去想象的要成熟、发达得多。结合何元粲巴蜀古印章和中原玺印有同源关系的判断可以确定，巴蜀古印章与安阳三玺应为同时代之物，也即是说，早在商代（公元前1600年—公元前1300年）巴蜀地区就有了印章文化的存在。

1984年，王家、李复华发表文章，认为巴蜀符号具有看图传语的功能，并提出巴蜀方块字与夏有关，是夏人先祖母家西陵氏的文化。若从此说，更可把巴蜀古印章追溯到夏代（约公元前2070年—公元前1600年）。

文字产生之初是相对较为直观的，也就是说大多为象形字。随着人类文明的不断发展，人们对文字的使用和依赖不断地加深，文字的形与音都得到了极大的进步。但是由于当时人类社会生产力水平低下，其发展速度之缓慢是可想而知的。所以，巴蜀文字从产生到开明王朝（相当于战国时期）这样的成熟文字，绝不可能像甲骨文发展到现代文字这样只是短短的3 000多年。早在六七千年前就有了巴蜀文字，也不是没有可能。

2. 对篆刻艺术具有极其重要的意义

巴蜀古印章自发现以来，受到考古、文字、篆刻各界的广泛关注。虽其文字尚未释读，但可看出是有别于其他官、私玺印的。巴蜀古印章图文并茂，装饰强烈；古朴厚重，面貌奇诡。其因独特的审美价值而具有广阔的创作发展空间。

首先，巴蜀古印章的内容有独特的表达方式。之前有众多学者认为巴蜀古印章上所铸刻的或符号，或图语，或文字，或图腾，之所以有如此认为，就是因为巴蜀印章所铸刻的内容，有图案文字化和文字图案化的倾向（见图二）。因其形制多为圆形，故其文字的空间安排和印面的章法布局亦随形就势。巴蜀古印章的这些特点，正符合当今书法篆刻由传统的“读的文本”向现代的“看的图式”的转变，亦即由纯实用向纯艺术的转变。

图二：巴蜀古印章

其次，巴蜀古印章的文图有广阔的置换空间。巴蜀古印章因为绝大多数是图案印和图案与文字相结合者，且文字至今无法释读，故在创作中可通过以形换形、以图补文、以图补图、以印补印等方式进行置换。甲骨文、古陶文、商周图形文字、吴越文字、六国文字、汉以前的金文、西夏文、八思巴文、彝文等都可以置换巴蜀古印章上的疑似文字或符号。

再次，巴蜀古印章至今未曾开发利用，亦未形成系统研究。中国过去研究古印的实物主要出于中原地区，对一些边陲地区如巴蜀古印章，很少涉及。道之所存，师之所在。一切文字遗存的东西皆可作为取法的对象，巴蜀古印章是一块尚未开发的处女地。巴蜀古印章从发现至今，其印蜕和介绍散见于各种书籍杂志，其中有文物出版社1960年版《四川船棺葬发掘报告》、四川人民出版社1974年版《古代的巴蜀》《文物》1981年第6期《四川新都战国木椁墓》，少数几方巴蜀古印章曾出现在龚心钊编的《瞻麓斋古印徵》和《宾虹草堂藏古玺印》等谱录中，但都未曾做系统的研究。

目前中国的篆刻艺术就作者数量和作品质量来说，江浙一带无出其右，故近有“篆刻看江浙”一说。江浙一带，历史悠久，经济繁荣，文化厚重，自古以来就是文人荟萃之地。纵观中国篆刻史，确有大量作者出于此处。然这也仅限于中国篆刻艺术第二个高峰——明清时期，也仅限于圆朱之属鸟虫之类。照如此说，篆刻艺术第一个高峰期秦汉该看哪里？战国又该看哪里？亦看江浙吗？如今篆刻艺术俨然进入又一个高峰，更是朝着多元化方向发展。篆刻看哪里，还未可知。若在艺术创作中仅局限于一朝一代、一家一派，或以地域分之，则与文艺工作之“双百方针”悖矣，且创作亦受其影响。清代著名篆刻家丁敬在十六七岁时，曾写诗提出对篆刻的见解：古人篆刻思离群，舒卷浑同岭上云。看到六朝唐宋妙，何曾墨守汉家文。四川和重庆本身就有巴蜀古印章这个丰富的文化资源，完全可以依靠篆刻界同仁共同努力将其发扬光大。结合中原地区文字考古发现和近年篆刻发展趋势的多元化，采取移形换位、相互嫁接的办法，让巴蜀古印章这一古老的印种再次重生，开出绚丽的新花。

3. 巴蜀古印章对文物考古具有重要的意义

古代巴人和蜀人是一个神秘的群体，他们曾有过自己的灿烂文化，在秦灭巴、蜀后，他们迁徙到了什么地方至今还是一个谜。由于巴人、蜀人是一群骁勇善战而不断迁徙的民族，所以巴国、蜀国从它诞生的那一天起，就没有一个固定的疆界和稳定的中心，而且战国时期的巴、蜀地区，史书上对其政治、经济、文化状况的记载也语焉不详，因为缺乏相关考古学实物的证明，巴、蜀因此披上了各种各样的神话色彩。巴蜀文字也就成了了解和发掘巴、蜀古代文明的关键钥匙。

夏、商时代，巴、蜀文化北达陕南，南及黔涪，包括汉水、嘉陵江流域，黔中及湘西。巴、蜀地区的考古学文化为：巫峡以西至成都平原属三星堆文化；西陵峡以东为中原二里头文化朝天咀类型的控制范围；还存在着百越系的濮越族群、属于氐羌系的族群及清江流域的廪君系的文化。诸文化的长期共存与交流，到战国时融合为特殊的巴、蜀文化，巴、蜀文字很可能是由三星堆文化发展而来。

巴、蜀符号是不是文字，最重要的意义在于它是衡量三星堆到底是文化还是文明的试金石。国际史学界曾经制定了一系列条件，作为区分文化与文明的衡量标准，即文字、青铜文明、城市与农耕。后三点三星堆皆有实物为证，关键就是文字。学者段渝曾从三星堆青铜器上找到过八个疑似文字的符号，巴蜀古印章上的文字、符号更多，如果它们能解读出来，三星堆文明便更加实至名归。

另外，因为古代巴、蜀两国大量使用“巴蜀符号”，因此如果破解了“巴蜀符号”的秘密，弄清楚它到底是一种已分出音符和意符的完整文字，还是一种民间象征符号，就可以将结果延伸到如今我们在考古工作中发现的诸多古蜀国文物身上，对比研究之下，很多文物都可以联系起来，呈现出一个活生生的巴蜀古国文明。因为一直以来有“巴蜀符号”的出土文物很少，发现的每一个“巴蜀符号”文物都有可能解开巴蜀古国文明之谜。

4. 巴蜀古印的文化地位

巴蜀古印具有特殊的文化地位，综观全国具有区域性特征而且数量巨大的又未曾开发研究的古代文化遗存，目前还未有发现，而且目前作为古代玺印五大类（官玺、私玺、成语玺、图像玺和少数民族玺）来看，仅发现巴蜀古印这一种，因此具有不可替代的文化地位。它是一个品种，尚未进行系统化的研究、考证、搜集、整理、分类，具有不可估量的研究开发空间，由于没有引起巴、蜀两地的重视，仅在篆刻界和考古界有一定的认知和影响，远未达到巴蜀古印应有的影响力和轰动效应，这是很遗憾的事情。

政治、经济、文化是相互作用、相互影响的，这些影响特别凸显在文化的典型代表文字及文字的主要载体印章上。古代巴蜀地区虽然在秦灭巴蜀以前，受楚文化影响较多，秦灭巴蜀以后，受秦文化影响较多，但古代巴蜀始终保持着自身鲜明的文化特征，古印章风格也与中原地区迥异。我们应站在当代艺术的视觉去发掘、认识、继承和发展历代篆刻艺术遗存，要以篆刻艺术创作的立场去把握传统与当代、表现与内涵之间的辩证关系。希望有更多文化界同仁来挖掘、保护、继承和发展巴蜀文化遗产，借助巴蜀古印章旧的模式，添加当代文化新的元素，让巴蜀古印呈现出更多的面貌，焕发出新的生命力。

巴蜀古印是四川和重庆共有的古代文化遗产，具有鲜明的区域文化特色、珍贵的文化表征，是中国最早的、具有传承脉络的文化符号。在艺术史上有重要的文化价值和研究开发价值，希望巴蜀两地联合起来把巴蜀古印这一共同的文化遗产推动发展成巴蜀两地强大的文化符号和城市象征。目前巴蜀两地还没有对其开展专业的研究和开发，巴蜀古印具有巨大的开发空间和研究价值，有不可替代的地域性文化形象。

参考文献

［1］高文、高成刚编：《巴蜀铜印》，上海：上海书店出版社，1998年版。

［2］曹锦炎：《古玺通论》，上海：上海书画出版社，1996年版。

［3］黄惇、李昌集、庄熙祖编：《书法篆刻》，北京：高等教育出版社。

［4］叶一苇：《中国篆刻史》，杭州：西泠印社出版社，2004年版。

［5］刘江：《中国印章艺术史》，杭州：西泠印社出版社，2007年版。

［6］尹海龙：《古玺技法解析》，重庆：重庆出版社，2006年版。

［7］雷依群、施铁靖主编：《中国古代史》，北京：高等教育出版社，1999年版。

［8］周弋寒：《巴蜀铜印创作的发展空间》，《四川省第二届书法理论研讨会论文集》《书法导报》。

古镇写生与文化传承

程 峰[①]

传统文化是文明演化而汇集成的一种反映民族特质和风貌的文化，是各民族历史上各种思想文化、观念形态的总体表现，是人类创造出来的所有物质和精神财富的总和。它包括意识形态性质的部分，如世界观、人生观和价值观等，同时也包括非意识形态的部分，如自然科学和技术、语言和文字等。其内容当为历代存在过的种种物质的、制度的和精神的文化实体和文化意识。确切地说，它是指一个国家或民族的历史、地理、风土人情、传统习俗、生活方式、文学艺术、行为规范、思维方式、价值观念等。

巴蜀文化作为一个学术概念在学术界提出的时间只有几十年，但它自在逍遥地从古至今已走过了 5 000 多年。巴蜀文化就是巴、蜀地域文化，是中华传统文化“多元一体”总格局中不可或缺的有机组成部分。作为文化当然也得满足传统文化所规范的定义，即巴蜀文化是巴、蜀地域的一种社会现象，是这里的人们长期创造形成的产物。巴蜀文化也是巴、蜀地域的一种历史现象，是该地域社会、历史的积淀物。与传统文化一样，巴蜀文化从广义来说，包括世界观、人生观、价值观，同时包括自然科学和技术、语言和文字等内容。也就是说，它是“包括知识、信仰、艺术、法律、道德、风俗，以及作为一个社会成员所获得的能力与习惯的复杂整体”。一言

① 程峰，四川师范大学美术学院教授，四川省人民政府文史研究馆馆员，中国致公画院副院长。

蔽之，巴蜀文化就是巴、蜀地域人创造出来的所有物质和精神财富的总和。可见，古文、诗、词、曲、赋、民族音乐、民族戏剧、曲艺、国画、书法、对联、灯谜、射覆、酒令、歇后语，以及民族服饰、生活习俗、古典诗文等必然具体地含于巴蜀文化其中。由此，蜀人刘锡玲（1848—1923）1881年所绘《邛崃叱驭图》册，蜀人张大千（1899—1983）1947年所绘《西康纪游图册》等，这些国画写生作品以及国画“古镇写生”作品也就自然而然地包含其中了。

十多年来，我坚持用水墨的形式在巴蜀地域对古镇民居等进行写生创作，涉及300多个古镇，画了100多本册页，2 000余幅作品，已出版四川省文联古镇题材文艺创作规划课题《水韵墨律——程峰写生画集》9部。通过“古镇写生”，对巴蜀文化的保护和传承也有着许多新的认识和感悟。

巴蜀传统民居古镇是社会、经济、历史、环境、建筑、宗教和民俗等巴蜀传统文化的综合载体，用文艺作品包括用绘画的表现形式去写生这些传统民居古镇，纪录和展示它们的风采神韵，记录和宣传它们的各种传统文化符号和特征，让观者受众留下对历史文化的集体记忆，增强人们的文化自信和文化自觉，从而更加自觉和更加积极有效地保护和宣传这类民居古镇，保护和宣传这些文化遗址及其优秀的传统文化是十分必要的。这既可加深对巴蜀传统民居古镇的认知，也可强化对它的保护和传承，当然这本身就是对巴蜀优秀传统文化的一种保护和传承。

岁时民俗根植生活，应景而生，顺时而存，作为巴蜀文化的重要内容之一，也传递出若干巴蜀人幽默乐观、包容豁达、勤奋进取、自强不息的文化信息。

《瑞峰古渡》是我在青神县瑞峰古镇写生的一幅作品。画中渡口位于岷江河边，河对岸约1千米处即著名的中岩寺，千百年来，该渡口既是岷江河运的重要码头，也是瑞峰古镇通往东岸中岩寺的重要津口。瑞峰古镇的人文历史可以追溯至汉以前。这里农历五月十五过端午节，即所谓的过

“大端阳”。每年农历五月十五，瑞峰人都会在街上摆满艾草、菖蒲，在岷江举行赛龙舟、放河灯、抢鸭子等活动，节日气氛浓厚。

端午节的来历，学术界说法较多，有龙文化说，有巫文化说，但至唐、宋，端午已成为一个岁时节日。在巴蜀端午节，人们普遍的民俗活动大概有：门悬艾叶、菖蒲，室贴天师像或钟馗像；饮菖蒲、雄黄、独蒜酒，食粽子、盐蛋等节令食品；佩带彩丝、香囊等辟瘟之物；游百病，采杂药煎汤沐浴；演戏娱神，拜节祈福；观看或参加龙舟竞渡等。

此外，巴、蜀地域有的地方还兴五月十五过“大端阳”。巴蜀好些地方志均有所记载，其内容与湖北、湖南近似。在《万县志》（清同治五年刻本）中：“五月‘端午’，家悬蒲、艾于门，亦有制艾虎者。是日正午，必酌以雄黄之酒，辟毒也；小儿耳、鼻、胸、背间遍抹之。制角黍转相馈遗。尤尚竞渡，旗分五色，角胜争先，钲鼓喧阗，炮声不绝，乡市往观者云集，江岸几满。十五日亦如之，谓之‘大端午’”。此外，《黔江县志》《酆都县志》《彭水县志》《华阳县志》《广安州新志》等也有“（五月）十五日，俗谓之‘大端阳’，饮食如五日”之类的记载。有蜀中民俗专家提出，此俗可能最早源于湘、鄂、川交界的武陵地区的风俗。但不争的是，四川过“大端阳”节早已有之。

然而“大端阳”民俗在青神县的瑞丰古镇里，却有了瑞峰版的民俗故事。这不能不提及北宋著名文学家、书画家苏轼。苏轼母亲即瑞峰人氏。苏轼父亲苏洵与瑞峰乡贡王方私交甚笃。王方在瑞峰中岩寺创办并执教于中岩书院，兴学图强，培养六乡子弟。苏轼 15 岁时，其父亲苏洵送他到王方门下。看重苏家门风和苏轼的聪敏，王方将其女儿王弗许于苏轼，苏王二家结成姻亲。苏轼与王弗在瑞峰中岩相识相恋与成婚，成为佳话，也衍生出许多美丽的故事，让后人津津乐道，流传至今，瑞峰“大端阳”节习俗的来由就是其一。

苏、王二人婚期选定在五月十五日，王家花园在岷江西岸瑞峰镇瑞草桥边，中岩书院在岷江东岸古佛寺内，仅一江之隔，确实近便。成亲这天，不是新郎迎新娘，而是新娘迎新郎。王家是当地大户，亲戚朋友全部来参加婚礼活动。沿江两岸粘花挂红，几十只五彩缤纷的迎亲花船，船头堆放着花红彩礼，另外在主船上还陈列了三牲头肉和活鸡鸭鹅，以便船过江心的时候祭奠江神，求吉祈安。

迎亲的彩船到达中岩山下，由王弗的大舅子王愿将新郎背上主船与新娘并坐船头。几十只花船一字排列，长达数里。船上笙箫齐奏，唢呐欢吹，两岸锣鼓喧天，鞭炮轰鸣，十分气派、热闹。船近江心，不知是受了惊吓还是其他什么原因，突然鸡鸣鹅叫，数只鸭子竟然破笼而出飞入江中。迎亲水手纷纷跃入中水捉拿，霎时千掌拍击，白浪滔滔。两岸观者沸腾欢呼。一对新人也乐了，频频拍掌称趣。苏轼兴而脱口吟道："趣趣趣，人鸭竞技，搅起千堆玉，良辰吉日增惬意"。

从此，瑞峰人为了纪念和分享苏、王结婚之喜，就把原来五月五日的端阳划龙船风俗改在五月十五举行，并在活动中增加了"抢鸭子"的内容，每年都要抛甩成百上千只鸭，美丽的故事就这样陪伴着当地的瑞峰"大端阳节"习俗延续至今。

在合江县焦滩乡也过"大端阳"。据传，焦滩乡大端阳始于宋元。《合江县志》（1993 年版）上对焦滩大端阳节是这样记载的：丙子（1936 年）秋，长江河水暴涨，河水退后，天大旱了 3 个多月，生产受阻，无法生活，百姓苦不堪言。有的群众编扎草龙，望天赐雨。一直到丁丑（1937 年）四月二十七日夜，端阳前夕，天降大雨，群众欣喜万分，起早摸黑，夜战通宵，抢水栽秧。为感谢上天赐雨，街坊群众商议，推迟 10 天，在五月十五日隆重地重新过端午，从此至今，焦滩乡都延续着"大端阳"的习俗。

焦滩乡过大端阳时，除端午节的通常的习俗外，还有一个名为"吼河闹"的、尤具巴山特色的山歌竞唱习俗。该习俗在农历五月十五日上午分头开始，主要在临江的场街、河边、竹林里演唱。"吼河闹"的动作也有其特殊的含义，演唱时，几个人赤裸上身，胳膊互相搭在肩上围成圆圈，埋头歌唱，一人领腔，众人附和，一呼百应，震天动地，声势浩大。展示了先辈们在大灾之后，顽强抗争、自强不息的精神风貌。

焦滩乡“大端阳节”这一民俗是人们乞求上天、祭祀先民、喜庆欢乐、排解忧伤的重要文化形态，是先辈们与自然顽强抗争、自强不息的精神体现。焦滩乡“大端阳节”的产生和发展，与焦滩乡地区的政治、经济、社会、文化、宗教密切相关。它是该地区人文精神与社会经济状态的一种活态的记录，也是研究该区域历史的依据及传承区域文明的载体，具有很高的人文历史价值。

此外，在藏羌民族的习俗中，也能感受到这种多姿多彩、诙谐乐观的文化样式。我现在还清楚地记得，在写生《休溪新寨》时，见到了一位现在已经少有的、能自制口弦的羌族老大爷和他的老伴，有幸一边写生一边听他们弹拨口弦。老两口都已七十几岁，手和脸上刻满了一道道深深的人世沟壑，你能够清晰地看见那沟壑里充满了被天地自然艰熬的故事和岁月沧桑的喜怒哀乐。但当老两口一弹拨起口弦来，他们的精气神韵立刻就像是年轻的姑娘、小伙，老大爷与老伴相互间时而独奏，时而合奏，弦音时长时短、时强时弱、时快时慢，时而如细语轻声、时而如纵情高歌。琴声充满了老两口的情与爱，琴声也让我的画笔情激毫端，意溢画稿。据老大爷讲，老一辈的羌族人大都会吹奏口弦，特别是青年男女往往用吹奏口弦琴来倾诉彼此的爱慕情愁。这位羌族老大爷还非常得意地悄悄告诉我，他和他的老伴当年就是弹奏着今天这首爱情曲，走到一起并结伴终生的。

巴蜀地域的民居建筑也颇具特色，往往依山傍水就势而建，能协调融合适应于自然环境，能兼容其他建筑文化的有益元素，形成民居建筑的一种典范。

《福宝古镇》《东望福宝古镇》《何氏公馆一角》，这些是我在合江县福宝镇写生的作品。画中可见，在一个山梁两面临江的山坡斜面上，满是木质结构建造甚至高达八九层的房屋建筑，只留下三四米宽的山脊，整个山脊以青石铺路，石板路随着山脊上下起伏贯穿全镇。正如巴蜀民谚所曰："一条石路穿心店，三面临江吊脚楼。"这可谓巴蜀传统民间建筑朴实乡风的真实写照，也是在巴蜀城乡随处可见的建筑景象。如我写生合江县尧坝古镇的《邓家大院》、先市古镇的《先汪墓》、洪雅县高庙古镇的《古镇一线天》《高庙万顺街小景》、重庆中山古镇的《古镇秋雨》《重庆中山古镇》，等等，这些画中的建筑也均为木构穿斗，用料细巧，捆绑多用竹木，以竹篾、棕绳扎牢。墙壁多是竹编夹泥，并在墙面套白与深色木构架形成强烈而又和谐、有趣的色彩对比。这种墙壁，有人称之为"可呼吸的墙"，因为它通气性能好，非常适合巴蜀地域多潮湿季节的室内结构的需要。如此巧匠佳作，难怪这依山傍水的福宝古镇会被建设部、国家文物局公布为全国历史文化名镇，被古建筑学者们称为"中国山地建筑的典范"。

协调于环境、融合于自然是巴蜀传统民居建筑的优秀传统之一。不论平原、丘陵、山地等自然条件如何变化，巴蜀传统民居建筑总是一切因地、因时、因材、因人制宜地选择环境、适应环境，与周围自然环境共生共荣。它体现了人与环境互为依存，"天人合一"的自然观和环境观，体现出"法自然"的道家精神。

巴蜀传统民居建筑的优秀传统中，体现协调融合这一精神的另一典型民居建筑不能不提到吊脚楼。在我的系列古镇写生作品中，如合江县《车辋古镇》《福宝古镇西望》《东望福宝古镇》、五通桥《古镇吊脚楼》《两河口》《沫水边上的吊脚楼》、洪雅县《古榕相拥的吊脚楼》《烈士纪念馆》、彭山区《桥楼子》《江口大码头》、理县《碉楼相伴的家园》《片石砌成的民居》《鸟鸣寨更静》的吊脚楼，等等，就是这样的民居建筑。这些建筑多是邻河水、临山坡所建，其房柱或全部或部分立于水边或斜坡之上。五通桥《古镇吊脚楼》则更是别具特色的吊脚楼典型，从画中可见，可能是因山坡地面的缘故，其房前最右边的房柱，没有直接连接地面，而是向左转折 90 度一小段后，再将房柱接于地面，整个房前最右边则悬空而没有房柱，虽历经上百年岁月洗礼，但该建筑仍依旧坚固。而五通桥《深宅》这幅画中的“船形屋”，则是另一种地势限制下，顺势而为“法自然”的道家精神之作。这些建筑各具特色，但都非常奇特，非常典型地体现了人与环境“天人合一”的自然观和环境观。

以石材建筑房屋也是巴蜀地域的一种文化现象，在阿坝理县写生期间，藏寨、羌碉，如《建威将军故里》《沙家寨》《初冬的黄土梁》《木卡羌寨》《蒲溪乡的老寨子》等，这一现象留给我的印象特别深刻。在桃坪羌寨，整个寨子均用黄褐色的石片和泥土构建，外墙全用片石，施工时不需测算，不用吊线，全凭经验信手垒建而成。整个桃坪羌寨背山面水，坐北朝南，顺着陡峭的山势依坡垒石建造，或高或低，错落有致，其建筑既各自独立又浑然连为一个整体，并在地势险要之处建有林立的碉楼，使得整个寨子更显得气势非凡，诠释出典型的山地村寨文化特征。

桃坪羌寨和许多羌寨的建造一样，寨中往往巷道纵横，宛如迷宫般的神秘，不是本寨子的居民很难有不迷路的，这对于寨子的防卫功能来说可谓极具匠心之作。寨子里的房屋常常是户户紧连、家家互通，依靠房顶上的一把木梯，还多是独木之梯，你就能通过各家的房顶和楼道，走遍整个寨子。往往两三户人家就一堵石头墙相隔，已经习惯听见张家的犬吠、李家的鸡鸣、王家孩童醒来后“哇哇”的啼哭、赵家大妈劳作时即兴的哼唱，已经习惯闻着邻居荞麦搅团的香味，来伴吃自家酸菜土豆的晚饭。

我在桃坪羌寨写生过一幅《古寨萨棋》，羌语“萨棋”即边上的意思，这是一幅桃坪古寨寨边场景的水墨写生作品。画中记写的就是桃坪羌寨水沟的末端，该地下供水系统把从高山上引来的山泉水，经由人工修造的密道暗沟流至各家各户，既可做消防急用，也能调节室内温度，还可在战时避免敌人断水以及做逃生的暗道。桃坪羌寨就是这样一个地下水网完善，巷道四通八达，享受天然空调，碉楼、民居融为一体的建筑群。这个受到中外学者美誉的“神秘的东方古堡”工程的建成，虽然受到来自大自然或人类自身的严酷生存考验，但仍然人居至今，生息不断，逾过了两千多年。

藏、羌民族垒石建房是一种极其普遍的建房传统。在我写生的作品中《悬崖上的碉楼》《木卡羌寨》即可见之。这些垒石建房的传统民居、至今依旧巍然屹立的“古堡”，向世界彰显着藏、羌民族石头建筑设计建造者们的伟大智慧，同时也彰显着巴蜀地域的历史文化风采。

在合江县的福宝古镇，我写生过两幅有关“岩居”的作品：《悬崖上的民居》和《岩居遗址》。《岩居遗址》是一个在陡峭山岩半山处，宽 20 多米，向岩心凹入约 10 米的岩洞石窟，岩洞在临山崖一边以石垒墙，石墙约垒至洞高的一半处，上面空出部分，正是这岩居的硕大的“窗户”。洞中左边石墙留有一个矩形的门洞，这就是岩居建筑的门，除防野兽等侵入外也是连接下山的通道。在我写生时，岩居内还留存有用石板砌成的灶台、猪圈，以及相间的隔墙等。岩居外，陡峭的山道、茂密的树林，以及山道上只能看见窄小的门洞，如《悬崖上的民居》图中所示，整个岩居十分隐蔽。我想，如此窄小、隐蔽，可能和居住族群自身的生存安全有关吧。

在巴蜀其他地区也有类似的以石或垒石建房的传统。如五通桥的《火神庙遗址》、天全县的《贾家大院》《官库》等。其中《贾家大院》还可清楚地看见房屋的墙壁全部用很大的石板围成。而《官库》《高家四合院》中用石板砌成的天井和水缸，就是巴蜀地域传统四合院、三合院等民居建筑的一种标配。

我在仁寿县写生《牛角寨大佛》和《冒水乡的拈花大佛》时，首先想到的是：用于宗教文化信仰方面的石材建筑也是巴蜀地域的一种典型文化。大佛造像之多、之大也可谓全国之最。乐山大佛，是中国最大的一尊摩崖石刻造像。乐山大佛开凿于唐代开元元年（713），完成于贞元十九年（803），历时约 90 年。位于四川省乐山市南的岷江东岸凌云寺侧，大渡河、青衣江和岷江三江汇流处。大佛为弥勒佛坐像，通高 71 米，乐山大佛雕凿成至今，已历经1 000多年。此外，宜宾、仁寿、荣县、安岳以及大足等地都有大佛石刻造像。大足石刻和乐山大佛被列入《世界文化遗产名录》。其他的石刻大佛造像也都是十分珍贵的文化遗产，有的造像还特别精致，如仁寿冒水乡的拈花大佛和大足宝顶山的大佛。在这两个大佛的附近还有儒、道的造像，尤其在大足石窟中还有非常接地气的、世俗的石刻造像。在巴蜀地域中，那些庄严、神圣的菩萨造像总是带有了更多的人性，一些造像就像是你身边的大爷大妈，如安岳石刻的紫竹观音、大足石刻中的养鸡妇等。如果考虑到这些造像刻琢的时空，佛、道、儒并存，容纳世俗化的精神环境，这朵中国石刻造像中的奇葩，正是巴蜀文化独特个性的一种表现。

在巴蜀用石材建造的与文化相关的建造物虽然很多，但都颇具巴蜀文化特色，一座普通的建筑也会发出该地历史的声音，讲述风雨岁月中那些耕读相传、文动四方的感人故事。试举“惜字塔”为列。在巴蜀地区“惜字塔”多称“字库”，也俗称葬字塔、惜字亭等，我在合江县福宝古镇写生一幅《惜字亭》。很多地方甚至一些边远的地方都建有此物，以便民众能将使用废弃的纸、笔等文化用品置于字库内，再祭祀并敬而焚之，以表对文化的尊重，以示对圣贤的敬仰。

2016年，我在仁寿县凤陵乡的文星岩写生，该处距离仁寿县城约50千米，是一个非常偏僻、山沟狭窄、仅有三五户人家的地方。在一处陡峭微斜的崖壁上，其所建“字库”却十分别致和精彩。我在所画《文星岩》作品上题识：“仁寿县凤陵乡山崖上的葬字塔高约八米，塔正中刻有‘字库’二字，塔腰对联为：‘文章千古事，光焰万载秋。’横批：‘天开文远’。塔边石崖上‘文星岩’三字与之呼应，更显此地文风深远，难怪当地人仍称此地原名文学堂。塔侧四龙一凤的雕刻十分精细，当塔中祭祀化纸时，其火焰呼呼之声可传百米之外，而燃出之青烟，则分别由四个龙头口中喷出，真可谓稀世之葬字塔也。该塔建于清乾隆五十年（1785），完工于道光二年（1822），其建造过程还有着一段关于鲁班的传奇故事，也更增添了该塔的神秘色彩。这里距仁寿县城约 50 千米，现为县级文物保护单位。丙申夏写记于凤凌乡文星岩，程峰”。

在如此偏远之地而有如此精美、别致的重文祭祀之物，难怪一个仁寿县在两宋时，列有姓名的进士就有 174 人。据清嘉庆《四川通志》录载，两宋进士总计 4 305 人。在该志 144 个列有进士姓名的府、州、军、监和县中，成都 218 人排名第四位，仁寿 174 人排名第七位。由此小小的“惜字塔”，实可见巴蜀文风之深远，也可见巴蜀文风也总是能顺势而为、完美而就的文化特征。

巴蜀文化的昌盛还表现在许多独特的文化成就上，在医学、艺术、道教等方面都取得有自己独特的或领先的成就。在雅安市天全县，我写生一幅《大医精诚》，画中表现的是天全中医医院，一所以陈氏骨科为主发展起来的医院。老院长陈怀炯是 2006 年四川省十大名中医，国务院特殊津贴享受者。陈怀炯生于 1944 年，四川省雅安市天全县人，出生于行医世家，从乾隆年间算起，陈氏家庭行医已有 100 多年的历史，主治骨科，有祖传之独特医技，因其高超的医术、崇高的医德倍受市民赞扬，被天全人尊称为“大先生”，在雅安以及甘孜、阿坝等地都有极佳的口碑。我在写生时，就曾亲眼看见一位在工地上受伤骨折的藏族小伙子，被专程从甘南草原送到天全来就医。

在五通桥我写生过《银杏参天医圣祠》和《医圣祠》两幅作品。五通桥竹根滩到西坝路边上，屋前有几棵老银杏树的一幢老房子，当地人称为“医圣祠”，也是有史可考的乐山最早的医士学校，校名为“通济医校”。校长李明斋是中华民国初期有名的中医，李明斋自费于中华民国三年（1914）在竹根滩奔土坎，置地修建了一楼一底木结构的房屋一幢，后又在四面加砖柱固之，这就是“医圣祠”。

“通济医校”以悬壶济世为己任，对劳苦者求医拒收诊金，内设诊断、针灸、中药诊室，设男、女病房。学制 3 年，开有经学、医药经典及名家论著等课程，初只收男生，第二、三届还收有女生。先后共收学生 90 多名，学风甚浓。每日早晚都要在仲景像前诵读医典，然后随李明斋临床处方。学校还有一木质针灸胴人一个，如真人大小，供学生们针灸练手之用，学成毕业者，持学校出具毕业证即可行医。“通济医校”的学生分布在各地，一位在天津的学生已将李氏药方收集出版，以益后人。

当然，巴蜀作为中国传统医药科学技术较为发达的地区，历代还有不少列入医史名录有史可据的巴蜀名医。从汉代的涪翁、郭玉到近现代的郑钦安等，他们都有医者仁心，乐以施治，不计报酬，医术精湛，更有承前启后、独树杏林的学术成就。

涪翁，绵阳市人，一位隐士医学家。《后汉书·方伎列传》称他“乞食人间，见有疾者，时下针石，辄应而效，乃著《针经》《诊脉法》传于世”。其《针经》《诊脉法》均是中医学史上较早的针灸、诊脉的专著。

郭玉，广汉人，是汉和帝时最负盛名的医学家。郭玉的医术、医德和对针灸与诊法的贡献，为朝野所叹服。他是继扁鹊之后又一个对医疗于社会、与心理有研究，并且医术高明，医德高尚，“仁爱不矜，虽贫贱厮养，必尽其心力”的医家。

郑钦安，邛州人，清末著名伤寒学家。学医于一代通儒名医刘止塘，尽得其传。其学术上溯《周易》《内经》，中得《伤寒》心法，下览历代医家著作，故医理医术造诣俱臻上乘。著有《医理真传》《医法圆通》《伤寒恒论》三书传世。于《伤寒论》研究尤深，在其著述中提出了自己的一系列学术主张和其创立扶阳派之心。

其实历朝历代，都有蜀中医者开创性地取得中华医学之冠的例子。

唐时，李珣（855？—930？），三台县人，祖籍波斯，五代时，花间词派的著名词人，也是中国古代著名的药学家。所著《海药本草》是中国第一部专门介绍和总结外来药物的专属本草著作，收载海外药物 128 种，每味药都从形状、产地、真伪、优劣、性味、功用、主治、用法等多方面详加介绍。该书对中外医药文化交流，对本草学的发展做出了很大贡献。名医昝殷（797？—859），成都人，擅长妇产科和药物学，编著有《经效产宝》三卷，另撰有《食医心鉴》三卷，其《经效产宝》是中国现存最早流传，也是影响最广的妇产科专著。

宋代，唐慎微（1056—1136），成都人，于元丰六年出版的药物学巨著《经史证类备急本草》历朝休刊，成为后世本草学著作编写的范例。名医虞庶，眉山仁寿人，所撰《难经论》是最早注解《难经》的医家。杨天惠（1048—1118），成都郫县（今郫都区）人，所著《彰明附子传》，详细地论述了附子的药性、栽培等，开创了专书论述单味药材的著作范例。

明代，韩懋，（1441—1522），泸州人，出身官宦之家，科举失利，遂学医。得峨眉高人陈斗南秘术，医术精湛，游走半天下。韩懋通易，尊《素》《难》如六经，尤重脾胃中和之气，所制三子养亲汤、黄鹤丹等。药仅两三味，功效显著，至今仍为临床喜用。韩氏认为丹溪“能集名医之大成”，著有《韩氏医通》二卷、《杨梅论治方》一卷，以及《海外奇方》等，现仅存《韩氏医通》，是一部少而精之作。

当然，这些名传至今的名医及其巴蜀本草著作，已经构筑了这蔚为大观的巴蜀中医文化宝库。而2013年，成都金牛区天回镇老官山出土的920支医简，更有着丰富精彩的内容。它们介于早期的马王堆医书和中国首部医学典籍《内经》之间，而且9部医书都和人体医学有关，既涉及病机，又有证候治疗以及针灸、脉象等，涉及医学各方面，学术价值极高。其中部分医书，中医专家们认为极有可能是失传了的中医扁鹊学派经典书籍。相信不久就会有为新的研究成果，为巴蜀文化增添更多的光彩。

与巴蜀医学同样光辉的还有巴蜀盐茶文化。在巴蜀文化中，盐和茶的采集、制作、运输及其所伴生的相关文化，也是极具成就和极其独特的。

自李冰开凿广都盐井，揭开中国井盐开发史的序幕后，巴蜀的许多地方都有了直立的竹筒吸卤的盐井，即“凿地植竹，为之卓筒井”。北宋大文豪苏轼在《蜀盐说》中记载："自庆历皇以来，蜀始创'卓筒'。用圆刀凿山如斗大，深者至数十丈则咸泉自上。"即北宋庆历年间，仅仅用楠竹筒、铁钻头、竹篾条等，竟然能打出井深达数十丈的卓筒井来。这种深井钻井技术，比西方早了800多年，被誉为"中国古代第五大发明""世界石油钻井之父"。英国学者李约瑟博士在《中国与西方在科学史上的交往》中写道："在古代四川，从有些钻孔涌出的天然气已被用来煮熬从别的钻孔抽出或流出的卤水。""毫无疑问，有关这些方法的知识从中国传出去，导致了1126年在利勒斯附近钻探第一口自流井。"另一位英国学者罗伯特·坦普尔也认为，"是中国宋代盐井钻井技术直接引发了西方现代钻井技术的发明"。

巴蜀多地产盐，并且均为井盐。成都郫县出土的汉画像砖《制盐图》，就是一件宝贵的制盐图形档案。因为产盐，巴蜀因盐而兴的古街、古镇，因盐而成邑立市的例子不少。五通桥就是一个因盐成邑的典型，它至今还有一条以盐命名的街道"花盐街"，我写生的《花盐街》还可见到它往日部分的容颜。五通桥可查的制盐活动记载可上溯至秦，在其引领"川盐入黔""川盐济楚"以及成为"盐业陪都"等后，盐业更为昌盛。作为四川历史上重要的盐产地，五通桥"犍乐盐场"曾是四川第一大盐场，有"金犍为银富顺"之赞誉，金犍为指五通桥盐业，银富顺指自贡盐业。著名历史学家徐中舒对五通桥盐业盛况曾诗云："架影高低筒络绎，车声辘轳井相连。"盐业的繁荣也带来金融和文化的兴盛，花盐街对岸原宝庆街就出现了大量钱庄、当铺。1904年设立的"大清银行分号"就是当时嘉定府区域内的首家银行。其后还设立了多家银行，《昔日风采》所描写的就是其中一个银行旧址。1941年更是成立了首家专以盐为对象的"犍盐银行"。五通桥也随之成为一座生机勃勃的繁华之城，吸引了冯玉祥、郭沫若、黄炎培、侯德榜、南怀瑾、丰子恺、徐悲鸿、田汉等一大批著名人士汇聚于此。张大千的二哥，著名画家张善孖1919年返川，先后任乐至、南部、阆中、乐山、蓬溪、遂宁、三台等县盐场知事。1921年间就曾在五通桥牛华镇任盐务知事，总理犍乐并川西井研等县盐务督捕事务。为此，我曾专程去牛华镇写生了《四川盐务知事总署旧址》。写生其时，该衙署门前已是垃圾中转站，更遗憾的是，此次写生后不久，该遗址被全部拆除，无一物所存了。

我也曾到资阳的罗泉古镇写生，画过一幅《罗泉镇的盐神庙》。罗泉古镇采盐历史悠久，据《盐法志》记载，“资州罗泉井，古厂也、创于秦”。特别是镇上的盐神庙真可谓当今世界的稀世庙宇，它是全国唯一庙内供管仲为盐神，关羽和火神则作为管仲的辅佐相伴其左右的盐神庙，如此供奉，也是巴蜀文化的神妙之处。

与盐文化相似的，还有巴蜀的茶文化。四川产茶历史悠久，先秦时代即以地方特产之名供奉茶叶。东晋常璩《华阳国志·巴志》中载：“武王既克殷，以其宗姬于巴，爵之以子……丹、漆、茶、蜜……皆纳贡之”。王褒《僮约》中有“脍鱼鳖，烹茶尽具”“武阳买茶，杨氏担荷”的记载，上文反映了成都一带，西汉时茶叶市场的存在和饮茶风俗的形成。下文则反映了成都附近，由于茶叶消费和贸易的需要，已经出现了一定的茶叶专营市场。彭山的江口镇是成都府、南二河的交汇处，《桥楼子》是我在此写生的一条老街，离此4千米处即是武阳镇，这里老人们至今还把泡春茶称为“泡一碗武阳早春”。据说“茶楼子”这条老街，就是中国最早的茶叶市场。

由茶的交易而形成的茶马古道可谓巴蜀茶文化又一典范。大唐时，以丝绸为主的“绢马互市”过渡到以茶为主的为“茶马互市”。此后，茶就再也没有从与马互市的清单中消失。宋朝，更是订立了“榷茶博马”的制度，专以茶购马，禁止或限制他物与马的交易。茶马古道即以茶易马而名之。在我写生的《唐代甘溪坡茶马古道遗址》《紫石关》《官库》《茶马古道上的雄关》《维关雄姿》《玉屏茶马古道》画作中，你或许还能看到马帮、商贾和驮运货物的马队身影，看到巴蜀的茶叶在西南、西北“茶马互市”时的热闹场景，或许还能看到巴蜀的茶叶运输到西亚、北亚乃至世界各地的贸易盛况。

当我在二郎山上写生《天路》和《天马》时，我不由得想道：茶马古道固然铸就了历史伟业，但是，在人迹罕见的崇山峻岭和苍茫大漠中建造时的艰辛，常年跋涉其中时的孤独、单调，与风雨、疾病的搏斗，这需要多么坚韧不拔的勇气和精神，这种勇气和精神就是历代巴蜀各族民众吃苦耐劳的优良品格；同时我也更加相信，巴蜀文化就是一种敢闯、敢干、敢担当，又神秘而难以言表的“天马”精神。

巴蜀文化给我们留下的是一部神奇、神秘而且神妙的区域性文明史。巴蜀文化对中华文化体系具有最广泛文化认同的整体观念和大局观念，巴蜀文化在其不断积累、变异和发展过程中，总是以自身的思维方式，践行着自身文化个性的更新和崛起，但它始终是中华文化这一母体文化不可或缺的一个有机组成部分。正因为如此，尽管巴蜀文化被古今外地他乡人赞誉为“天下之奇作”“宇宙之绝观”“仙源在蜀”“道源在蜀”“文宗在蜀”“易学在蜀”，但它众多的物质和非物质文化遗产的神韵，以及它不断突破传统和自我、不断探索和创新的奋斗精神，在中华文化体系中始终具有独特而璀璨多彩的历史地位。

笔者从社会、历史、人文、风俗等方面，选择具有典型性和代表性的部分四川传统民居古镇，如与红军、民族、江河、古道、建筑、习俗、茶马、医药等相关的民居古镇为样本，采用写实性的艺术表现手段进行记写，是希望保证课题成果的历史价值和文献价值，希望写生形式对于古镇形貌及其精神实质与美感画面的统一，能更为便捷和准确地对普通民众传递“正能量”，更能加深普通民众对古镇“家园”及其人文环境的直观认识与理性思考，更加自觉和更加积极有效地保护这些文化遗存及其优秀的传统文化。通过本文所做的回顾和思考，也希望这些古朴优雅的古镇民居，能使人感受到巴蜀小镇古老而淳朴的气息；能于宫保鸡丁和火锅之外，感受更多的巴蜀文化及其多样化的中国传统文化；能认识其世代相传、民族特色、历史悠久、博大精深等文化特点。

合理利用区块链，推动巴蜀区域非物质文化遗产保护与传承的创新性思考

吴应鸿[①]

国家“十三五”信息化规划，将区块链与量子通信、人工智能、虚拟现实等共同列入重大任务和重点工程。值得一提的是2019年10月24日下午，中共中央政治局就区块链技术发展现状和趋势进行第十八次集体学习。中共中央总书记习近平在主持学习时强调，区块链技术的集成应用在新的技术革新和产业变革中起着重要作用，要把区块链作为核心技术自主创新的重要突破口，加快推动区块链技术和产业创新发展。在“1024讲话”后不久，河北省、云南省、山东省、吉林省、长春市均在11月1日的地方常委会议上，提出了加快区块链布局，推动区块链发展。其中，“区块链新城”雄安所坐落的河北省，更是明确指出将区块链纳入省数字经济“十四五”发展规划。

通过以上信息，从中共中央政治局集体学习、国家“十三五”信息化规划、到各省市级地方常委会议，足以证明“区块链”这个新名词的含金量。究竟什么是区块链？

区块链是一个信息技术领域的术语，是分布式数据存储、点对点传输、共识机制、加密算法等计算机技术的新型应用模式。区块链起源于比特币，

---

① 吴应鸿，电子科技大学蓝马国际艺术研究中心主任。

它将区块作为存储单元，记录一定时间内各个区块节点全部的交流信息。随着信息交流的扩大，区块间相继接续，形成的结果就叫区块链。近年来，世界对比特币的态度起起落落，但作为比特币底层技术之一的区块链技术日益受到重视。从本质上讲，区块链就是一个共享数据库，具有去中心化、开放、独立、安全及匿名等特征。基于这些特征，区块链技术奠定了坚实的"信任"基础，创造了可靠的"合作"机制，具有广阔的运用前景。"区块链+"将成为未来的创新模式和主流方向，例如："区块链+大数据"的解决方案，既可以利用大数据的自动筛选过滤模式，在区块链中建立信用资源，双重提高交易的安全性，并提高物联网交易便利程度；也可以利用大数据的整合能力，促使物联网基础用户拓展更具有方向性，便于在智能物流的分散用户之间实现用户拓展。

区块链作为生力军即将广泛运用于各行各业，必将引发一场时代的革命。另一个同样是受国家关注，大家既熟悉又陌生的词汇就显得较为尴尬，那就是"非物质文化遗产"。说熟悉，非遗这个词基本是家喻户晓，但究竟什么是非遗？国家为什么会立法保护？非遗的保护与传承现状如何？这些问题往往又不甚了解。以下将对非遗做一浅析。

一、浅谈对非物质文化遗产的认识

非物质文化遗产大多是与人类生活繁衍紧密相关的、通过世代传承遗留下来，以文化和艺术的表现形式传达民间的传统及文化底蕴。包括口头传统、传统表演艺术、民俗活动和礼仪与节庆、有关自然界和宇宙的民间传统知识和实践、传统手工艺技能等以及与上述传统文化表现形式相关的文化空间。其法律特征主要为活化石性和实践性。

二、非物质文化遗产保护的重要性

非物质文化遗产是人类的无形文化遗产，代表着人类文化遗产的精神高度。非物质遗产是一个国家民族软实力的重要资源和武库，是民族精神、民族情感、民族历史、民族个性、民族凝聚力和向心力的有机组成和重要表征。保护和弘扬优秀的非物质文化遗产，对构建和谐社会和社会主义精神文明建设有着积极的作用。在历史长河中，非物质文化遗产经历了朝代更迭、环境变迁，以一种特殊的方式反映着当时劳动人民的智慧与生活状态，在民间进行生产传播，具有很大的历史研究价值。

三、非物质文化遗产保护中的问题

当今社会的发展速度过快，城镇化建设、生活习惯的改变、生存压力的增大、自然灾害的发生以及战争等因素都会使非物质文化遗产产生面貌的改变。很多优秀的文化和技艺并不能找到接班人进行传承，甚至与当今的主流文化格格不入，很难找到自己生存的方式方法，并处于濒临灭绝的状态，自生自灭的原始生态。

近年来，虽然国家层面和各级政府对保护非遗高度重视，但部分非遗遗产还是不可避免地走向式微与没落，没有真正重新获得活力。政府每年投入人力、金钱进行整理、保护、展览，但是这种“圈养式”的保护使得非物质文化遗产的保护出现只见投入不见产出，并且出现传承依旧困难的情况。国家确定的指导方针是“保护为主、抢救第一、合理利用、传承发展”，但是目前来看，如何合理地利用，以到达更有利的传承与发展，确实面临难题。在走访与调研当中，我们发现目前的许多针对非遗的保护都是属于政府出资组织学习、组织演出、组织展览，在资金支持下培养传承人等。以成都非遗博览园为例，政府投入巨额资金建设，但运营的数据却非常尴尬，每年的营收远远不及建设投入的资金成本。

通过电子科技大学蓝马国际艺术研究中心专家团队对江苏苏州、成都非遗经济、成都青羊区 9 大文创园区（街区）的调研结果，以及和相关专家和行业企业的广泛交流，大家一致认为非遗的保护和传承不能停留在形式上，最好的保护和传承方式是取其精华，应用到现实生活中来，利用信息文明时代商业流通的形式，将成渝区域非遗的精华传播下去。所以笔者本次的思考与建议是关于《合理利用区块链，推动区域非物质文化遗产保护与传承的创新性思考》，建议由电子科技大学与成都市非遗办牵头，联合成渝两地专业院校、非遗传承大师和行业企业，进行专题立项研究，主要研究及工作方向如下：

一、开展区块链技术的主题研究，研究方向为如何利用大数据功能，切实助力于非遗的产业化、商业化，通过以商养产的模式更好地进行保护与传承。

习近平总书记强调：大趋势面前，中国亦不能落后。要注意区块链技术发展现状和趋势，提高运用和管理区块链技术能力，使区块链技术在建设网络强国、发展数字经济、助力经济社会发展等方面发挥更大作用。加快推动区块链技术和产业创新发展。

区块链技术应用已延伸到数字金融、物联网、智能制造、供应链管理、数字资产交易等多个领域，区块链技术的集成应用在新的技术革新和产业变革中起着重要作用。要抓住区块链技术融合、功能拓展、产业细分的契机，发挥区块链促进数据共享、优化业务流程、降低运营成本、提升协同效率、建设可信体系。要把依法治网落实到区块链管理中，推动区块链安全有序发展。

在过去的 20 多年中，互联网全面融入社会生产生活，引领世界发生了巨大变革。但同时也带来网络的公平性、安全性等基础问题，甚至会衍生到国家安全的问题，新一轮技术变革势在必行。区块链与实体经济融合是方向，同时要探索“区块链 + 非遗 + 产业”在民生领域的运用。在政策鼓励和规范下，未来我国区块链将在标准建设方面抢占先机，不仅需要政府、行业联盟和企业合作制定技术标准和共识机制，也需要5G、人工智能、大数据、物联网等前沿技术支持，同时还需要创新活跃的人才队伍，共谋成渝非遗创新产业和长江文明在区块链产业大生态良性发展，加速成渝文化产业和非遗创新区块链创新应用落地。

二、对巴蜀区域的非物质文化遗产的保护，从“产业化”的视角寻求新的突破口。

传统的“圈养式”“展览式”的保护只能是僵化的，我们应该因势利导，用“可持续+产业化”的理念来看待非物质文化遗产的保护。“产业化”的概念具有其鲜明的经济学色彩，产业化视角下的非物质文化遗产是指把某些过去私相授受、零散学习的民间技艺形式，变成一个完完全全按照市场规律运作的经济形式，并达到相当规模、规格统一、资源整合、产生利润的过程，从成渝产业化视角挖掘巴蜀区域非物质文化遗产具有的潜在经济价值。建议成渝两地高效率联动，产业化可以从几个维度入手：①将对非遗的保护从消耗社会资源的消费性文化事业，转化为可以产生经济效益的产业；②将对非遗保护的政府职能转化为保护主体的多元化，引导社会团体、企业、个人通过多种形式投资相关产业，使得非遗保护的资金来源多元化；③在成渝地区将对非遗的保护从只注重维持与展示，转化为实现社会需求而不断创新与发展；④逐步形成非遗产业集群和地方大师IP生态链，聚焦成渝经济区的非遗产业化的核心概念确立和可持续打造；⑤运用现代产业发展机制和区块链模式管理推进非物质文化遗产保护的过程中，实现巴蜀两地非物质文化遗产的保护由消费型、封闭型、福利型向生产型、开放型、效益型转变，使成渝两地的非物质文化遗产保护成为关注社会需求、有较高投资效益的一项社会公共事业。

三、巴蜀大地非物质文化遗产生产性保护研究

非遗也只有再生产才能实现“活态传承”，否则就将成为束之高阁的

“遗产”，背离保护的宗旨。生产性保护研究需要加强对基础性问题的学理论证和反思。生产性保护要让更多的非物质文化遗产能够不断地生产和再生产，在生产过程中提升专业水准和技能，实现遗产的传承，将生产性保护视为代表传统的遗产与人们现代日常生活对接的途径。生产性保护是通过生产、流通、销售等方式，将非物质文化遗产及其资源转换为生产力和产品，同时应该杜绝“重效益、轻保护”，建议巴蜀大地非遗研究的方向重在如何引导生产主体与现代社会刚需相适应，必须科学研究，系统化地提升非遗专业化水平，培育和提炼巴蜀文旅与非遗匠人精神，提高巴蜀大地非遗的产品核心竞争力。同时，展开对非遗第三产业聚能的生产性保护与商业化、产业化及发展创新关系的多层次研究。

四、发挥成渝经济区域博物馆价值，申请“一带一路”专项资金，收藏世界名家非遗作品，锁定大师 IP，拓展文化的延展，有序开发机场、地铁 TODC 公共空间等人员流动性大的流量经济。

随着改革开放政策的落实与全面放开，中国对民族文化遗产的保护工作上升了一个新的高度，博物馆作为非物质文化遗产的证实者，已经成为非物质文化遗产保护与传承中不可或缺的一部分。博物馆作为公开展览文化的机构，有专业的保护体系和安全的科学环境，还有专业的人才力量和保护技术。虽然博物馆的建设目的是纯粹的，完全是从保护国家历史文化、弘扬民族优秀传统的根本利益出发，没有任何功利性的行为，但对非物质文化遗产的宣传不能形式化，更应该结合博物馆公共空间承载的精神堡垒作用，全方位地对大师 IP 进行提炼，拓展文化与产业的延展与生活实用品的良性接轨，从而让非遗循环与时代切实融合，从开发成渝非遗产业化与地方创意经济效益的视角立足，更好地使巴蜀博物馆的发展得到更好的提升，为长江上游文明社会的发展历程和巴蜀民族民俗文化传承做出巨大的贡献。

五、加强对巴蜀区域非遗传承人的系统培训、培养，利用科学的管理手段、创新精神来提升非遗产品竞争力。在传承与发展的过程中，去其糟粕，取其精华，弘扬民族优秀的传统文化。

由于非物质文化遗产多数是农耕文明的产物，其产生的产品虽具有历史文化价值，但大部分非物质文化遗产无法转化成经济产值。在物质文明的当下，非物质文化遗产往往都难登“大雅之堂”，大部分传承人社会地位极低，甚至会产生自卑心理，由于观念跟不上时代，导致不少艺人因循守旧。非遗产品大部分缺少科学管理和研究队伍，多数人对传统文化认识不足，导致传承人后继缺乏，很难适应非物质文化遗产保护。建议非物质文化遗产保护中心，经常组织非物质文化遗产项目及代表性传承人进校园、进社区等地进行非物质文化遗产展示、展演活动，这样不仅宣传了非物质文化遗产，而且大大地提高了非物质文化遗产的保护、传承和发展。创新是事物保持其鲜活的生命力和可持续发展的活力，要采取现代化的手段加强对非物质文化遗产的保护记录，随着现代化进程的加速，我们必须考虑用多种手段记录的方法予以保护，如：多媒体、录像、录音、光盘、数字化、软件化、互联网、书报、杂志、电子书等多种先进的方法加以保护和传承。加强对非物质文化遗产传承人的培养，对传承人采取有效的保护措施，利用现代的学校教育激励新人去学习、去保护、去传承。对传承人进行引导、指导性培训，引导向正规的方向发展，使珍贵的非物质文化遗产项目后继有人。

综上所述，希望抓住中共中央政治局高度重视区块链发展的时代契机，高屋建瓴，顺势而为，做好保护、传承、可持续、产业与人才培养的五个维度的顶层策划；积极发挥巴蜀区域文旅机构活力、加大地方政府扶持与专项引导、非遗 IP 产业精准创新、成渝经济区博物馆和相关高校非遗事业群的聚能效应，开展中国长江上游与成渝经济区非遗国际论坛，逐年开展产业可持续方面的专题学术研讨，确立区块链助力巴蜀大地非物质文化遗产的保护与传承的重大课题研究；从文化产业主题培训与优秀人才梯队入手，培养非遗传承人，对标第三产业聚能，引导更多的人群和有识之士加入中华非遗的保护与传承，更好地弘扬中华传统文化的创新与延续，让穿越历史长河的长江文明之源远流长。

跋

《巴蜀文化论坛·成都共识2021》

2021年5月8日，“巴蜀文化论坛”在四川成都举行。相关领域的领导、专家、学者等齐聚四川省社会主义学院，认真学习领会习近平总书记关于“文化自信”的重要论述，共同研讨中华文化与巴蜀文化等多项内容，与会代表达成《巴蜀文化论坛·成都共识2021》。

山川秀丽的巴蜀大地造就了丰富独特、多元包容的巴蜀历史和巴蜀文化。巴蜀文化是中华文明发生、发展最早的地区之一，有着独立、悠久的文化始源和文化模式，以及丰富多彩的民族文化资源，是中华文化“多元一体”总体格局的重要组成部分。文化兴则国运兴，文化强则民族强。我们倡议：

助力中华文化复兴新格局。

中华文明多元一体，璀璨多彩。有着悠久历史、清晰脉络、鲜明特色和灿烂成就的巴蜀文化，与齐鲁文化、中原文化、秦晋文化、荆楚文化、吴越文化、云贵文化等共同构成中华民族传统文化最可宝贵的精神财富。要追随时代潮流，坚定目标方向，推动巴蜀文化发展在中华文化复兴新格局中取得新突破。

倡导民族文化交融新风尚。

巴蜀地区位于中国西南腹地，自古以来就是各民族迁徙、流动的汇聚之地。千百年来，各民族在辽阔的巴蜀大地上和睦相处，相互交融，丰富了巴蜀文化的民族特性。要促进地域之间、民族之间的交流融合，共同铸牢中华民族共同体意识。

开拓中外文明交流新气象。

巴蜀地区是南方丝绸之路的主经之地，是古代中国同东南亚、南亚、西亚乃至欧洲等地的古老文明之间交流互鉴的重要通道，在中外关系史上具有重要影响。要积极参与“一带一路”倡议，加强对外经济文化交流，讲好新时代中国故事，为提升中华文化海外影响力做出应有贡献。

促进巴蜀地域文化新发展。

坚守与开放、包容与创新、勇敢与勤劳、和谐与进取、仰望星空与脚踏实地等品质特征，共同构成巴蜀文化的奇妙景观。丰沛多姿的巴蜀名物，灿若星河；三星堆遗址的考古发掘，惊艳世界。要保护和传承巴蜀地域文化的多样性，加强研究力度，实现地域文化的创造性转化和创新性发展。

打造巴蜀文化表达新载体。

巴蜀自然、人文、心灵世界的神奇、神秘、神妙，散发着独特的气度和神韵，形成了具有生命力的文化生态圈。巴蜀文化具有相对统一的特质、形象与符号。要创新传播的载体和形式，加大文化创意产品的设计研发，展现中华文化中这浓墨重彩的一笔。

营建巴蜀文旅走廊新环境。

天府文化在自然、人文、生态等方面的禀赋，为文化经典场景再现、观赏体验、乐享认知感悟的文旅开发和产业发展厚植根柢。川渝两地以建设巴蜀文化旅游走廊为联结，正在整合力量、统筹资源、协调发展。要推动川渝两地深度合作，营造良好的美食消费、文化娱乐、旅游休闲环境。

共创美好文化城市新生活。

文化是城市的根与魂，成渝双城经济圈的发展离不开巴蜀文化的丰厚滋养。要留住城市记忆，彰显人文精神，在城市文化建设中促进巴蜀文化的“可阅读、可感知、可欣赏、可参与”；在历史传承与创新发展中凸显成渝城市文化品位和特质，共建城市生活美好家园。

“巴山秀丽蜀水清，文脉绵延又日新。”中华民族复兴之路已步入崭新时代。让我们携起手，彰显巴蜀人文之韵，绽放人类多彩文明，为铸牢中华民族共同体意识、树立中华文化自信增添助力。